ドビュッシーはワインを美味にするか？

音楽の心理学

ジョン・パウエル
John Powell
濱野大道／訳

Why You Love Music

From Mozart to Metallica—
The Emotional Power of
Beautiful Sounds

早川書房

WHY YOU LOVE MUSIC

From Mozart to Metallica – The Emotional Power of Beautiful Sounds

by

John Powell

Translated by
Hiromichi Hamano
First published 2017 in Japan by
Hayakawa Publishing, Inc.
This book is published in Japan by
arrangement with
Little, Brown and Company, New York, New York, USA
through Tuttle-Mori Agency, Inc., Tokyo.

装幀／鈴木大輔（ソウルデザイン）
表紙・扉イラスト（ワイングラス）／©asmakar/iStock

キムに捧ぐ

目次

1章　音楽の好み　7
2章　歌詞と音楽の意味　27
3章　音楽と人間の感情　45
4章　繰り返し、驚き、鳥肌　80
5章　薬としての音楽　100
6章　音楽で頭がよくなる？　114
7章　映画音楽の力　『サイコ』から『スター・ウォーズ』まで　129
8章　あなたには音楽の才能があるか？　150
9章　音《ノート》についての覚え書き《ノート》　163
10章　メロディって何？　177
11章　伴奏からメロディを抜き出す　206
12章　聞こえるもののすべてを信じるな　216
13章　不協和音　239

14章　音楽家はどうやって聴き手の感情ボタンを押す？　247
15章　わたしたちが音楽を愛する理由　275

やっかいな詳細　295
A. 音色《おんしょく》　297
B. ポスト・スキップ・リバーサル　308
C. ハーモニーにはいくつのメロディが隠れている？　312
D. 音階と調　317

謝　辞　327
訳者あとがき　330
参考資料・文献　355
音楽・映像のおすすめリスト　358

1章　音楽の好み

音楽の好みは、あなたについて多くのことを教えてくれる。好きな曲ベストテンのリストを見るだけで、心理学者はあなたの心の奥深くまで読み解くことができる。どれくらい外向的な性格か、どんな生い立ちなのか、さらには年齢まで。年齢を予想するのはそれほどむずかしいことではない。なぜなら、音楽の好みのほとんどは一〇代後半から二〇代前半に形づくられるからだ。また、個人の音楽の好み、音楽に対する人間の感情的反応についての何十年にもわたる研究から、人の〝音楽的性格〟のより心理的な側面についてもさまざまなことが明らかになってきた。控え目にいっても、そのなかには驚くべき事実がいくつも含まれている。この本では、音楽がわたしたちの生活に与える影響について考えていきたい。音楽を聴くと、ときに人は涙を流し、ときにレストランでふだんより多くドリンクを注文するようになる。なぜか？　まず、あなた自身の音楽の好みについて考えてみよう。

現在、この地球にはおよそ七〇億人が住んでおり、言うまでもなく七〇億通りの性格があり、七〇億通りの音楽の好き嫌いがあることになる。そんな途方もない数字に立ち向かうことになった初期の研究者たちは、音楽の好みについての調査を簡単にするため、世界のすべての住人の性格タイプをわずかふたつに分類することにした――「上品」か「庶民的」か。次に研究者らは、音楽にも二種類しかないという結論を導き出した――「上品」か「低俗」か。そこまでくれば、衝撃的な新事実を見つけることは容易なことだった――上品な人は上品な音楽を好み、庶民的な人はそれ以外の音楽を好む。

二〇世紀半ばの生活は、なんと単純だったのだろう。

ありがたいことに、今日《こんにち》までに少しだけ物事は進展した。

一九六〇年代以降、人間の性格をより正確に判定するために、さらにたくさんの研究が行なわれてきた。当然ながら、人間の性格はいくつかの特性の組み合わせで成り立っている。一九九〇年代初めになると、心理学者たちは、人の性格を的確に判定できる五つの基本的な特性があるということに同意するようになった。[1]

・開放性（文化性や知性とも呼ばれる）
・誠実性
・外向性（エネルギッシュさ）
・協調性
・神経症傾向（感情的な不安定さ）

最近では、「公正さ」と「謙虚さ」を組み合わせた六つ目の特性をリストに追加することも検討されている。これら五つか六つの特性についてそれぞれ一〇段階で点数をつけてランクづけすることによって、その人の性格の概要をとらえることができる。

この性格特性を音楽の好みと関係づけるため、音楽心理学者たちは、ありとあらゆる音楽の種類をいくつかのカテゴリーに分類するのが便利であることを発見した。[2] 長年にわたる分析の結果、音楽ジャンルは次のように分類されるようになった。

・内省的で複雑な音楽――クラシック、ジャズ、フォーク、ブルースなど
・激しく反抗的な音楽――ロック、オルタナティブ、ヘビーメタルなど
・陽気で様式化された音楽――ポップス、カントリー＆ウェスタン、サウンドトラック、宗教音楽など
・エネルギッシュでリズミカルな音楽――ラップ、ソウル、電子音楽など

では、それぞれの音楽を好む人の傾向とは？　これまでの研究では、次のような傾向が明らかになっている。

・「内省的で複雑な音楽」が好きな人は、「開放性」の点数が高い。一般的に運動は苦手で、言語的な能力に長けており、リベラルな政治思想をもつことが多い。
・「激しく反抗的な音楽」のファンもまた「開放性」の点数が高く、言語的な能力に長けている。

しかし、運動が得意な人が多い。

・「陽気で様式化された音楽」の愛好家は、「外向性」「協調性」「誠実性」の点数が高い傾向があり、運動が得意で、保守的な政治思想をもつことが多い。

・「エネルギッシュでリズミカルな音楽」を愛するパーティ好きの人々は、「外向性」と「協調性」の点数が高く、リベラルな政治思想をもつことが多い。

もちろん、これは一般的な傾向にすぎない。ジャズを愛する右派プロスポーツ選手もいるだろうし、内向的で気むずかしいポップス好きもまわりに何人かいるはずだ。しかし、心理学者のピーター・レントフローとサム・ゴスリングによって編み出されたこの分類[3]は信頼性が高く、多くの専門家も明確で強力なものだとお墨付きを与えている。誰でも簡単に予想できる結果も含まれてはいるものの、この音楽的嗜好と性格の傾向の分類はきわめて大きな意味をもつものにちがいない。なんといっても、これらは仮定や当て推量にもとづくものではなく、欧米諸国の何千人もの人々を調査した統計的分析の結果なのだから。世界のほかの文化圏においても似たような分類があるのかもしれないが、そちらについてはまだ詳しくはわかっていない。この分野は比較的新しく、いまのところ西洋文化における音楽の好みの傾向の研究しか行なわれていない。

これらの研究から、もうひとつ明確で強力な事実が明らかになった。四つの音楽ジャンルの分類(たとえば、ロックとオルタナティブとヘビーメタルをひとくくりとするグループ、あるいはラップとソウルと電子音楽をひとくくりとするグループ)は、ひとりの人間が好む傾向にある音楽ジャンルの分類としても機能する。要するに、ブルースが好きな人は、同じグループに属するジャズやフォーク、クラシックも好きになる可能性が高いということだ。

音楽をジャンル分けできるという事実は、人の性格と音楽テイストの関係が単純に音楽的なものだけではないことを教えてくれる。もし完全に音楽的に選ぶとすれば、人は特定の種類の響きだけを好きになるはずだ。ところが、ひとつの音楽ジャンルのなかには——一枚のアルバムのなかにさえ——数えきれないほどさまざまな音楽の響きが存在する。わたしが一七歳のとき、ロック好きのあいだでは、「天国への階段」を収録したレッド・ツェッペリンの四枚目のアルバムこそが、ヘビー・ロックの頂点を極めた作品だとみなされていた。しかしながら、このアルバムを冷静に分析してみると、八曲のうち純粋にヘビー・ロックと呼べるのは四曲半しかないことがわかる。たとえば、三曲目の「ザ・バトル・オブ・エヴァーモア」（訳注／邦題「限りなき戦い」）はマンドリンを使ったフォーク・ロックの曲だ。それに、かの有名な「天国への階段」の前半はアコースティック・バラードであり、びっくり仰天、リコーダーのピーピーという音が使われている！　一九七一年当時のわたしと友人たちにとって、リコーダーは〝木製のおもちゃ〟にすぎなかった。わたしたちは何日も悩みぬき、思考回路をあれやこれやと調整した末に、やっとリコーダーをクールな楽器だと認めるようになった。

悩めるティーンエイジャーといえば、人は一〇代後半から二〇代前半までのあいだに聴いた音楽に、とりわけ強いつながりと忠誠心をもつようになるという。[4]三〇歳を過ぎれば誰もが気づくことだろうが、成人期初めの音楽の好みは音そのものだけではなく、ほかのさまざまな物事に影響を受ける。青年期の後半から成人期の初めにかけて、人は大切なことをたくさん経験する——初めての自由、初めてのキス、初めての二日酔い、初めての〇〇、初めての××。人生のこの時期、人は自分の好き嫌いを決める必要に迫られる。心理学者のモリス・ホルブルックとロバート・シンドラーによると、一〇代終わりから二〇代初めのあいだに、小説のジャンルから歯磨き粉の種類まで、あらゆる物事への好みが確立されていくという。[5] 当然ながら、人の好みは独立して生まれるものではない。わたしたちの多くは、友人グループとつき合いながら一連のむずかしい選択を繰り返し、どんな人間になりたいかという現実的な自己像を作り上げていくのである。

一般的な一〇代の若者は、グループのなかで信頼される存在になりたいと願い、少なくとも温かく受け容れられたいと考えるものだ。そして、服や音楽について友人たちと共通の好みをもつことが、グループに受け容れられるひとつの手段になる。このとき、特定のアーティストやバンドの存在が、好きな音楽ジャンルを選ぶ決め手となる。あなたや友人たちは、たんにリコーダーが使われているからといって、一部の曲をそのジャンルから除外しようとするのではなく、アルバムやアーティスト全体を支持するようになる。もうひとつ大切なのは、まわりのほぼ全員を「ダサい」とみなすことによって、あなたと友人は自分たちを「かっこいい」と考えるということだ。あるかっこいいバンドを見つけたら、自分たちだけが彼らのファンなのだと信じようとする。だから、大好きなバンドがメインストリームで人気を集めるようになると、ひどくがっかりするものだ。一三歳と一四歳を対象とした調査によると、音楽に関しては女子よりも男子のほうが友人の影響を受けやすいという。とはいえ、ほとんどの若者が友人から一定の影響を受けていることはまちがいない。[6] 音楽ジャーナリストのカール・ウィルソンは次のように述べる。

わたしたちの多くは素直に認めようとはしないが、かっこいいことにまったく無関心な人などほとんどいない。多少なりともかっこよくなりたいと誰もが思っているものだ……それは、決して浅はかなことではない。ダサいことには、実質的な悪影響がともなう。ダサい人はモテないし、職場で尊敬もされず、出世することができない。さらには、身の安全まで脅《おびや》かされるかもしれないのだ。[7]

かっこいい音楽とダサい音楽の差は、歳を重ねるにつれてたいした問題ではなくなる。けれど、多くのティーンエイジャーにとってはきわめて重要な問題であり、その効果を使って若者の行動を操作する試みも行なわれてきた。多くの自治体では、〝ダサい音楽〟が利用されている。ショッピングセンターなどの場所に若者たちがたむろするのを防ぐために〝ダサい音楽〟が利用されている。二〇〇六年、シドニーの市当局は『バリー・マニロウ――グレイテスト・ヒッツ』に若者の集団を追い払うという驚くべき効果があることを発見した。以来、この現象は「マニロウ効果」として知られるようになった。

一九歳くらいの若者のほとんどは、自分や友人たちが聴く音楽が最高にかっこいいと信じている。ところが、（だいたい一〇年後に）少し考えるだけで、それが客観的な真実ではないと気づくようになる。では、人の音楽の好みに関する客観的かつ普遍的な真実のいくつかを見てみよう。

わたしたちの大多数は、あえて危険を冒そうとはしない。新しい音楽を聴くときに人がまっさきにすることのひとつに、曲の分類がある。[8]ブルーグラス・バンジョーなのか、七〇年代のポップスなのか、クラシックなのか、それ以外なのか。その楽曲がふだんから愉《たの》しんでいる音楽スタイルのどれかに合うものだとわかると、いくらか注意を払って聴き、好きな音楽のコレクションに加えるかどうかを決める。けれど「おっと、これは好きなタイプの音楽だ」のカテゴリーに分類されない曲のときには、それ以上の注意を払うことはしない。すると「好きな音楽」カテゴリーに合う似たような音楽ばかりがコレクションに加わりつづけ、あえて冒険しようとしないかぎり、新しいカテゴリーの音楽を愉しむ機会はますます失われていく。

好きな楽曲の数が増えるにつれて、「典型的な好みの曲」のモデル、あるいはプロトタイプのようなものができあがっていく。新たに聴く曲がこのプロトタイプに近ければ近いほど、人はその曲をより簡単に受け容れるようになる。言うまでもなく、このプロトタイプはひとつに限られるものではない。大好きな音楽ジャンルのなかでも、いくつもプロトタイプが作られていく。あらゆる感情に対応できるように、ゆっくりとしたロマンティックな曲、テンポが速くてにぎやかな曲といったプロトタイプが作られるのだ。もちろん、異なるジャンルを同時に好きになることもあるだろう。こうして音楽の幅が広がることによって、人はそのときの気分や行動に合わせて異なるタイプの音楽を選べるようになる。

聴く曲を選ぶときに人間が（意識的にせよ無意識にせよ）大きく考慮することのひとつが、脳を刺激・覚醒させる力があるかどうかということだ（この「覚醒」は「眠気」の反対を意味する）。人の脳はたいてい速いテンポの複雑で騒がしい音楽によって覚醒され、テンポの遅いシンプルで静かな音楽によって冷静になる。ここでいう「複雑」は必ずしも「知的意欲をかき立てる」という意味である必要はなく、脳が処理するべき情報がたくさんある状態を指すものである。たとえば、テンポの速いバンジョー音楽は複雑ではあるものの、それを知的だと考える人は少ない。

心理学者のウラジーミル・コネクニーとダイアン・サージェント・ポロックは、複雑で覚醒的な音楽に対する人間の反応について調べた。ふたりが突き止めたのは、問題を解決しようとする人が好むのは、複雑で覚醒的な曲ではなくシンプルな曲であるということだった。[9] この研究の結果から、じつに説得力のある結論が導き出された――人間の脳はコンピューターのように機能しており、バックグラウンドで複雑なプログラムを起動させると、メインの問題解決プログラムの動作が遅くなる。

誰もが経験から知っているとおり、わたしたちは自らの感情を鼓舞するような音楽をあえて選ぶこともあれば、それと反対の効果がある音楽を選ぶこともある。たとえば、パーティに出かける支度《したく》をしながらワクワクしているときには、そのワクワク感をさらに高める刺激的な音楽を聴きたくなるかもしれない。対照的に、パーティから帰宅し、好きな人から電話番号を訊かれたことにワクワク感が抑えきれないときには、心を落ち着かせるために静かで落ち着いた曲を聴きたくなるだろう。

人間の脳は刺激の不足も過多も嫌う。また、どんなタイプの音楽を聴くにしろ、なんらかの脳の働きが必要になる。たとえば、高速道路でのつまらないドライブの最中には、複雑で覚醒的な音楽が運転者の退屈を紛らわし、注意力を保つ助けになる。でも、いったん高速を降りて交通量の多い市街地に入ると、音量を下げるかオフにしたほうがいい。あるいは、別のシンプルな曲に変える人も多いかもしれない。人間の脳は、複雑な音楽と道路状況をいっぺんに処理することを得意としていないのだ。

交通量の多い通りの運転といったむずかしい状況に対応していないとき、人間は音楽の複雑さに対して、経済用語でいうところの「ゴルディロックス」のような状態が最良だと考える。つまり、複雑すぎもせず単純（退屈）すぎもせず、ちょうど心地よい状態だ。そのため、知らない曲を聴くときに興味深い現象が起きることになる。

　人がある楽曲を初めて聴くとき、耳がまだ慣れていないため、当然ながら通常よりも複雑さは増す。次にどんな和音《コード》や音がくるかわからないので、脳は何が起きているかを忙《せわ》しなく認識しつづけようとする。その曲を気に入って繰り返し聴くと、耳が少しずつ慣れ、それまでに感じていた複雑さは薄れていく。[10] この慣れによって、一部の曲が「シンプルすぎる」というカテゴリーへと追いやられることがある。それまで気に入っていたはずの曲でも、ラジオから二〇回も立てつづけに流れてくると、不意に興味を失うことがあるのはそのためだ。逆に、当初は「複雑すぎる」とみなしていた音楽について、反対の現象が起きることもある。同じ曲を何度か聴くうちに複雑さが薄れ、「ちょうど心地よい」のカテゴリーに移ることがあるのだ。わたしの場合、とても親しみやすい曲とかなり複雑な曲が一枚のアルバムに収録されているときに、何度かこの現象を経験したことがある。最初の数回のうちは、魅力的で心地よいトラックを聴くためにアルバムを再生し、取っつきにくい別の収録曲のほうは我慢して聴かなければいけない。しかしアルバムの楽曲に耳がだんだんと慣れていくと、初めに好きだった曲への興味が薄れ、複雑なほうの曲を好むようになる。当初は心地よいと思っていた曲が退屈に感じ、むずかしい曲がより心地よく聴こえ、そちらの曲から大きな満足感を得ることができるようになるのだ。

　音楽への情熱は変わらないとしても、歳をとるにつれて人の好みはより洗練され、たんに良いものより興味深いものから喜びを感じるようになる。ほかのさまざまな物事と同じように音楽においても、経験を積めば積むほど、その人の「シンプルすぎる」というカテゴリーの範囲はさらに広がっていく。「洗練」は自動的に「上品さ」とつながるものではないにしろ、クラシックやジャズのような上品とみなされる音楽は、ポップスよりも高いレベルの精神的な刺激を与えてくれることが多い。そのため多くの音楽ファンが、二〇代のときにはまったく興味がなかったにもかかわらず、歳を重ねてからクラシックやジャズといったジャンルに惹かれるようになるのだ。

人はなぜその曲を選ぶのか？　また、ほかの人の選曲にどれほど満足できるのか？　複雑さと覚醒レベル以外に、それを決めるもうひとつ大切な要因がある。その音楽が状況にどれくらいマッチしているかということだ。おそらく、「結婚行進曲」が史上もっとも退屈な楽曲だと感じているのはわたしだけではないだろう。だとしても、結婚式でこの曲が流れると、誰もが笑顔でうなずいてしまうにちがいない。なぜなら、新婦がバージンロードを歩くときの定番曲だと全員が知っているからだ。

まるで葬送曲のようなパッとしないこの曲は、オペラ『ローエングリン』の一部としてリヒャルト・ワーグナーが一八五〇年に作曲したものだった。そのまま世間から忘れ去られてしかるべきだった駄曲は、イギリス王室のヴィクトリア女王の長女（想像力豊かに「ヴィクトリア」と命名された）が、結婚式の行進曲として選んだことで一躍有名になった。きっとヴィクトリア妃自身が結婚生活にそれほどの期待を抱いていなかったにちがいない。一方、式が終わって教会をあとにする際の曲として彼女が選んだのは、メンデルスゾーン版の「結婚行進曲」だった。こちらのほうがずっと陽気ではあるものの、ロマンティックな曲想とは呼びがたく、勝利を祝う軍曲に近いと表現したほうが妥当だろう。

とはいえ、王室がすることはなんでも流行の最先端だと考えられていた当時、有名人がこぞって結婚式でこれらの「結婚行進曲」を使うようになったのだった。

それがすべての悲劇の始まりだった。ところが、のちにこの状況を一変させる（少なくとも、教会を離れるときの音楽を変える）チャンスが訪れる。一九六一年、ケント公がキャサリン・ワースリーと結婚したとき、ふたつの「結婚行進曲」よりもずっと華やかな響きのシャルル＝マリー・ヴィドール作「トッカータ」が使われたのだ。以来、王族たちはなんとかこの方向転換を定着させようと躍起になり、一九七三年のアン王女の結婚式や、一九九九年のエドワード王子の結婚式でもヴィドールの「トッカータ」が使われた。にもかかわらず、六歳児がおもちゃの木琴で作曲したようなワーグナーの「結婚行進曲」がいまだ定番曲として君臨しているのはなぜか？　毎週末、すべての教会でヴィドールの「トッカータ」が鳴り響いていないワケは？　より華やかな「トッカータ」がワーグナーの「結婚行進曲」に勝てない理由は？　答えをお教えしよう。これは、怠惰なオルガン奏者たちによる国際的な陰謀なのだ！　伝統的なふたつの「結婚行進曲」は演奏が簡単だが、ヴィドールの「トッカータ」を弾くにはそうとうなテクニックが必要になる。そのため、下調べに抜かりない花嫁が「トッカータ」をリクエストしても、こんな言い訳が返ってくることになる――「一九七四年に楽譜を暖房器具のうしろに落としたきり、そのまま紛失してしまいましてね」「ぜひ演奏したいのだけれど、少しばかり悪趣味じゃありませんこと？」。花嫁たちよ、これからは断固として自らの意志を貫き、音楽の発展のために「トッカータ」をばんばんリクエストしてほしい。

さて、なんの話だったっけ……そう、音楽の好みの話だ……

心理学者のエイドリアン・ノース教授とデイヴィッド・ハーグリーヴス教授は、特定の状況下で流される音楽の「適切性」について、人間が驚くほど敏感に反応することを発見した。[11] 実際、人の音楽への反応を決定づける要素としては、さきほど挙げた複雑さや覚醒と同じくらい適切性が重要になる。「結婚行進曲」の例が証明するとおり、その場に適切だと感じると、人は退屈な曲でも受け容れる傾向がある。一方、店やレストランの雰囲気に合わないバックグラウンド・ミュージック（ＢＧＭ）を聴かされた客の反応を見ればわかるように、不適切な曲は人をひどく不快な気持ちにさせる。

さっき「結婚行進曲」についての怒りをぶちまけたときのように、ここでもＢＧＭに関してわたしがブチぎれると思っている読者もいるかもしれない。しかし、ＢＧＭの話はもっと複雑だ。

ここで、読者のみなさんにふたつ質問をしてみたい。

1．あなたはＢＧＭが好きですか？
2．ＢＧＭはあなたの行動に影響を与えますか？

わたしと同じように、どちらの質問にも迷わず「ノー！」と声を上げた方も多いだろう。だとすれば、わたし同様、あなたはおそらくまちがっている。不適切なＢＧＭについていえば、わたしたちをイライラさせるだけで、とくだん影響を与えることはないかもしれない。ところが賢く厳選されたＢＧＭは、静寂より好まれるというレベルを超え、笑えるほどのレベルでわたしたちの行動に大きな影響を与えているのだ。

ノース教授とハーグリーヴス教授は、スーパーマーケットの通路の端にあるワイン陳列棚の上にスピーカーを設置し、音楽の種類が客の購買行動に与える影響について実験を行なった[12]。ワインの棚は全部で四つあり、どの棚にも片側半分にフランス産ワイン、片側半分にドイツ産ワインが置かれている。それぞれの棚には価格や甘さ／渋みが似たものが置かれており、両国のワインが公平に戦う場が用意された。

あとはときどき音楽を変え、どの音楽が流れたときにどのワインが売れたかを観察するだけでよかった。

結果は驚くべきものだった。

スピーカーからドイツの音楽が流されたとき、ドイツ産ワインはフランス産よりも二倍の勢いで売れた。

一方、フランスの音楽が流されたとき、フランス産ワインはドイツ産よりも五倍の勢いで売れた。

つまり、マーケティングの一環として使われる音楽についていえば、わたしたち人間はシロナガスクジラに狙われた無力な小魚にすぎないということになる。そのうえ、人は無意識のうちに音楽の影響を受けているという。事実、この実験のなかで音楽がワイン選びに影響を与えたことに気づいたのは、購入者のうち七人にひとりだけだった。

心理学者チャールズ・アレニとデイヴィッド・キムによって行なわれた別の実験では、ポップスとクラシック音楽がワインショップの客の支払金額にどのような影響を与えるかが調べられた[13]。結果、哀れな買い物客がいかに騙されやすいかを示す、新たな事実が明らかになった。ポップスの楽曲は客の購買パターンにまったく影響を与えなかったが、クラシック音楽は明らかに客をより優雅で裕福な気分にさせた。購入本数に変化はなかったものの、クラシック音楽が流れたときに客はより高いワインを選んだ。それも、少し高いワインなどではない。購入価格はなんと三倍以上に跳ね上がった！

それどころか、ＢＧＭはワインの味の感じ方にも影響を与えることが証明されている。この効果を調べたある実験では、数グループに分かれた参加者が無料のワインを愉しむあいだに、四種類の異なるＢＧＭが流された。バックにかける音楽として選ばれた曲調は、①力強くヘビー、②繊細で上品、③元気でフレッシュ、④甘美《メロウ》でソフトの四つ。もちろん、参加者にはＢＧＭが重要であることを知らせず、通常のワイン試飲会かのように実験は進められた。試飲後にワインの味が「ヘビー」「上品」「フレッシュ」「メロウ」のどれに当てはまるかを評価してもらうと、参加者たちに味と音楽の曲調を結びつける傾向があることがわかった。たとえば、力強くヘビーな音楽（カンタータの「カルミナ・ブラーナ」）を聴いている人は、口にしたワインが力強くヘビーだと評価しがちだった。同じように、元気でフレッシュなポップスの曲をかけると、ワインの味が元気でフレッシュだと答える人の割合が多くなった。実際のところ、どの音楽をかけたときにも、試飲用に出されたワインはすべて同じカベルネ・ソーヴィニヨンだった。さらに、参加者は無料のワインを愉しむことに夢中で、ＢＧＭにはほとんど気を留めていなかった。[14]

くわえて、音楽は人のワインの愉しみ方にも影響を与えるようだ。ロンドンで開かれた試飲会（を装った実験）では、参加者たちが一番から五番までの番号がついたワインを順に飲んでいった。[15] 参加者にはそれぞれのワインの感想を訊き、最後にいちばん好きなワインを選んでもらった。試飲会が始まってから一時間ほどのあいだに、ＢＧＭが甘美《メロウ》なドビュッシーの「月の光」から、激しい曲調のワーグナーの「ワルキューレの騎行」にゆっくりと変わっていった。伏せられていたものの、最後に出された五番のワインは一番のワインと同じものだった。この実験でも、参加者たちには音楽の曲調とワインの味を関連づける傾向がみられた。一番のワインは甘美《メロウ》でまろやかな口当たりと評価された一方で、力強いヘビーなＢＧＭとともに五番目に提供された同じワインは……力強くヘビーな味であるという評価を受けた。また、好きなワインの投票では、一番のワインを選んだ参加者はゼロだったが、もっとも多くの人が五番を選んだ。*

人の行動や感じ方がこれほど簡単にＢＧＭの影響を受けるというのは、じつに驚くべきことかもしれない。しかし、ほかの数多くの研究でも、人間が想像以上にＢＧＭの影響を受けていることが証明されてきた。

スーパーマーケットで行なわれた別の実験では、スローテンポの音楽をかけると、速いテンポの音楽をかけたときに比べ、客が三倍以上のお金を支払うことがわかった。[16] 理由は単純。ゆっくりとした音楽を流すと人はゆっくり歩くようになるので、商品を見てまわる時間が長くなり、必然的に買い物する量も増えるというわけだ。この実験を行なったロナルド・ミリマン教授は次に、音楽がレストランの食事客に与える影響についても調べた。案の定、そちらの実証実験でも同じ結果が導き出された。[17]

スローテンポの音楽をかけると、客は一時間ほどかけてゆっくり食事した。速いテンポの曲をかけると、客は四五分でがつがつと食べた。また、スローテンポの音楽を聴いた客は、速いテンポのＢＧＭを聴いた客よりも、食事中のドリンクに一・五倍のお金を支払った。これらの結果は、人々がＢＧ

Mのテンポに示す典型的な反応だと考えていいだろう。この実験は一九八〇年代半ばにアメリカで行なわれたものだったが、その一五年後にイギリスのグラスゴーで同じ実証実験が行なわれたときにも、まったく同じ結果が出た。[18] さらに別の研究では、ゆっくりとした音楽が流れたときに、一分当たりに人が咀嚼《そしやく》する回数が減ることもわかった。[19]

この事実を知ったレストランの経営者たちは、レナード・コーエンの『グレイテスト・ヒッツ』を大急ぎで買いにいこうとするかもしれない。しかし、スローテンポの音楽によって客がより多くのお金を使ったことは事実だとしても、彼らがより長い時間レストランの席にとどまったということを忘れないでほしい。混雑する人気レストランでは、速い音楽で客の回転率を上げるほうが得策という場合もあるだろう。

本書でたびたび登場することになるノース教授とハーグリーヴス教授は、「BGMの種類」が人の行動に影響を与えることも明らかにした。[20] 今回の実験では、大学のカフェテリアで異なる日に異なる種類の音楽を流し、店内の雰囲気についてのアンケート調査が行なわれた。客たちはもちろん知らなかったが、アンケートに記入するあいだに流れる音楽の種類も実験の一部だった。多くの人はBGMがかかっていることを意識してさえいなかったものの、実際には大きな影響を受けていた。アンケートの結果、イージー・リスニング音楽をかけた日には、カフェテリアの雰囲気は「大衆的」だという

＊　五番のワインの人気が高かったのは、たくさんのワインを試飲した参加者たちが酔っ払い、あらゆる物事に対してより前向きな気分になっていたせいかもしれない。正確な結果を導き出すためには、もっと多くの実験が必要になるだろう。新たに実験をするときには、どうかわたしにも参加させてほしい。

回答が多くなった。同じように、ポップスのときには「明るく陽気」、クラシック音楽のときには「洗練された」雰囲気だと多くの客が答えた。

音楽の変化はまた、店で客がどれだけのお金を使う気があるかということにも影響を与えた。同じ実験のなかで、すでに注文を終えた食事客に一四種類の食べ物とドリンクが載ったリストを渡し、それぞれのメニューにいくら支払ってもいいかを書いてもらうという調査も行なわれた。BGMなしでアンケートに記入した客たちは、リストの全品の合計額を一四・三〇ポンド（二〇〇二円）相当だと評価した。イージー・リスニング音楽を流すと、評価額は一四・五一ポンド（二〇三一円）に微増。ポップスをかけた場合には、合計額が一六・六一ポンド（二三二五円）に跳ね上がった。さらに、クラシック音楽は（いつものとおり）客を上品で洗練された気分にさせ、リストの品の評価額は一七・二三ポンド（二四一二円）まで吊り上がった。つまり、BGMなしとクラシック音楽をかけたときの差は二・九三ポンド（四一〇円）で、およそ二〇パーセントの開きがあったことになる。

この分野における研究結果を総合的に判断すると、店舗やレストランで正しい種類のBGMをかけると、平均しておよそ一〇パーセントの売上の増加が見込めるという。[21]反対に、まちがった種類の音楽（たとえば、由緒正しいイタリアン・レストランでラップ音楽のBGM）は客をイラつかせ、店内を大衆的な雰囲気、あるいはたんにまちがった雰囲気に変えてしまう。店の責任者が絶対にしてはいけないのは、スタッフに好きな音楽を選ばせることだ。もしスタッフが店の大半の客と同じ年代で、似たようなバックグラウンドをもっていれば、ウィンウィンの状況が生まれるかもしれない。ところが、たいていのケースにおいて、音楽と客層がマッチしないという状況が生まれる。さらに追い打ちをかけるように、自分の好きな曲がかかっているため、スタッフは当然のように音量を上げることになる。すると、木目調の落ち着いた内装の五〇代向けのレストランが、二三歳のスタッフ向けのバーの雰囲気に様変わりしてしまう。〝風変わりな中年客が食事中に聴く心地よい定番ジャズナンバー〟の響きに発狂寸前の若いスタッフには同情するものの、どうかあきらめてほしい。若者たちは客よりもずっとルックスがよく、ココアのカップを手に一一時半にベッドに行く必要はないのだから。

人の音楽の好みのすばらしいところは、いつでも新たなジャンルへと手を伸ばすことができるという点だ。さきほど述べたプロトタイプについて覚えているだろうか？　自分のなかにたくさんのプロトタイプを作れば、人はより多くの種類の音楽を愉しむことができる。新しいプロトタイプができあがるまで、それほど好みでない音楽を何度か繰り返し聴くことにはなるものの、それだけ苦労する価値があると請け合おう。プロトタイプが増えれば、その後の人生のなかで、あなたはより多くの音楽の喜びを感じることができるようになるのだから。

さらに話を進めるまえに、このタイミングで本書全体についていくつかお知らせしておきたい。これからあとの章でわたしが示す情報は、世界じゅうの専門家によって行なわれた多種多様な研究の結果にもとづくものである。さらに深く知りたいことがあれば、巻末の注を参照して、実際の研究に関する詳細をどこで知ることができるのか確認してほしい。

本書で紹介する情報の多くは、心理学分野の実験の結果から得られたものである。これらは大多数の心理学者が大筋で同意する情報ではあるものの、つねに反対意見が存在することは言うに及ばない。わたしとしては、あらゆる異なる意見を反映させて「もし」や「しかし」だらけの本を作り出すのではなく、多数派の意見を提示するようにした。要するに、ダイアナ・ドイチュ編『音楽の心理学』（寺西立年・宮崎謙一・大串健吾監訳、西村書店、一九八七年）、パトリック・ジュスリンおよびジョン・スロボダ編『*Handbook of Music and Emotion*』（音楽と感情の入門書）（訳注／二〇〇一年刊の *Music and Emotion: Theory and Research* を大幅に改訂した書籍。こちらは日本語版が翻訳出版されている――『音楽と感情の心理学』〔大串健吾・星野悦子・山田真司監訳、誠信書房、二〇〇八年〕）といった権威ある学術書に示されている情報である。

本書の終わりに「やっかいな詳細」というパートを設け、より詳しい情報を知りたい読者のために、特定のテーマに関する短い解説を掲載した。

最後に、わたしの説明について疑問点があるときには、howmusicworks@yahoo. co. uk にメールを送信するか、わたしのウェブサイト howmusicworks. info を通してぜひ連絡してほしい。ちなみにこのウェブサイトでは、ストローで作ったオーボエ、ビール瓶などで音楽を奏でるわたしの動画を見ることができる。

2章　歌詞と音楽の意味

歌詞の力

一九世紀のイギリスの外交政策は、なるべく多くの人を撃ち殺すということに主軸が置かれていた。一八一二年までに、イギリスはロシア、スウェーデン、そしてお決まりのフランスと戦争状態になった（スウェーデンとの諍《いさか》いの原因がまったく思い出せないのだが、おそらくイケアの配送サービスに関するトラブルが発端だったにちがいない）。自然な流れとして、ここでアメリカ人が疎外感を覚え、刺激を求めてイギリスに宣戦布告することを決めた。

出だしで後れをとったものの、アメリカ軍は徐々に優勢に立つようになった。すると一八一四年、元宗主国への敬意が足りないと判断したイギリス政府は、アメリカに罰を与えることを決め、次々に都市を砲撃した。八月、イギリス軍は首都ワシントンDCを焼き討ち。翌月には海からボルティモアを攻撃し、二五時間にわたって一八〇〇発の砲弾をマクヘンリー要塞に発射。夜明けごろ、市《まち》に灯る（朝日をのぞいた）唯一の明かりは、爆発した砲弾の炎だけになった——その炎が、要塞の上に依然としてたなびくアメリカ国旗を照らしていた。

このロケット弾による嘆かわしい攻撃を目の当たりにしたひとりに、アメリカ人の弁護士でアマチュア詩人のフランシス・スコット・キーがいた。すべての詩人と同じように、彼はどんなときでも紙と鉛筆を携帯していた。キーはその場に坐《すわ》り込み、煙と炎のなかにはためく国旗のようすを詠む『マクヘンリー砦の守り』という詩を作った。

おお、見えるだろうか　夜明けの薄明かりのなか
昨日の夕暮れの終わりに　われわれが誇りをもって仰ぎ見たものが
危険な戦いを越えて　広い縞《しま》と輝く星
城塞の上に勇ましく翻《ひるがえ》るものが見えるだろうか？
砲弾が赤く光り　爆弾が宙で炸裂する
夜を越えて　われわれの旗はずっとたなびいていた
おお、星条旗はまだたなびいているだろうか？
自由の地と勇者の故郷の上に

この一節を含めた四節からなるフランシス・スコット・キーの詩は、古いイギリスの酒飲み歌「天国のアナクレオンへ」のメロディに組み込まれた。この無様なタイトルの歌を作曲したのは、フランシス・スコット・キーと同じく名前が三つに分かれたジョン・スタフォード・スミスというイギリス

人の男だった。

かくして、アメリカ国歌「星条旗」が誕生した。現代のアメリカ国民の多くが、三行目と四行目がもっと覚えやすい歌詞だったらと嘆いているのは言うまでもない。だとしても、最後の「自由の地」「勇者の故郷」はまさに国歌にはぴったりの言葉だ。

とはいえ、もし原曲の「天国のアナクレオンへ」がオリンピックの表彰式などの公式の場で歌われたとしたら、場内が騒然とするはずだ。この曲は酒飲み歌の名手であるギリシャの古代の詩人アナクレオンに捧げられたもので、歌詞には次のような一節が含まれている。

歌声、フィドル、フルート——その響きはもう止まらない
わたしは汝《なんじ》に名前を貸し　さらに鼓舞しよう
くわえて　わたしと同じように絡ませたまえ
ヴィーナスの木とバッカスの蔓《つる》を

ローマ神話のセックスの女神（ヴィーナス）とワインの神（バッカス）が出てくるこの歌詞は、二〇〇年後にイアン・デューリーが作った「セックス&ドラッグ&ロックンロール」のまさに一八世紀版といっていい。

国歌「星条旗」を耳にすると、多くのアメリカ人が高揚感を覚えるにちがいない。わたし自身、音楽には人の感情を動かす力があると信じている。しかし「星条旗」の例が示すように、メロディが同

じ曲であっても、歌詞を入れ替えると感情的な側面はまるっきり変わってしまう。

つまり、歌詞は楽曲に新たな次元を与えるということだ。一例を挙げると、「ベイビー、ベイビー、ベイビー」と歌う人間の声を加えるだけで、その曲の雰囲気は一気に変わる。その声がどう使われるかによって、セクシーな曲にも悲しい曲にもなりえるだろう。ときに、声の抑揚だけで感情が伝わってくることもあれば、理解できない言語で歌われた歌詞に感動することもある（アイスランドのロックバンド、シガー・ロスのファンのうち、アイスランド語を理解できる人はごくわずかだろう）。さらに、誰も理解できない人工言語で歌われた曲が人々の心をつかむ例さえある。たとえば、映画「ロード・オブ・ザ・リング」シリーズのサウンドトラックに収録されたエンヤの美しい歌「アニロン」は、エルフの言語であるシンダール語で歌われている。

当然ながら、歌詞には感情を声で表現する役割とともに、物語を語るという役目もある。ヘビーメタルの穏やかで詩的な歌詞から、アイドルが歌うラブソングの現実主義に徹した歌詞まで、人それぞれ好きな歌詞があり、我慢ならない嫌いな歌詞があるものだ。ムカつく歌詞、くだらない歌詞、もはや常軌を逸した歌詞に興味がある人には、『*Dave Barry's Book of Bad Songs*』（デイヴ・バリーの駄曲集）という本をお勧めしたい。人間の英知に迫る哲学的名著であるこの本を読めば、リチャード・ハリスの「マッカーサー・パーク」（雨に濡れたケーキに関する歌）やオハイオ・エキスプレスの「ヤミー・ヤミー・ヤミー」といった歌について、イヤというほど詳しく知ることができる。さらに、（おそらく架空の）カントリー＆ウェスタンの曲「あなたがくれた指輪《リング》はバスタブの輪《リング》ジミだけ」にまつわる示唆に富んだ考察も読みどころだ。

超一流のソングライターでも、リズムや韻《いん》に合わせるために、ときに言葉のルールを無視しなくてはいけないことがある。場合によっては、歌い手が通常とはちがう単語の音節にアクセントを置くだけで乗り切れることもある。たとえば、カーリー・サイモンの「ユー・アー・ソー・ヴェイン」（訳注／邦題「うつろな愛」）の歌詞の四行目の終わりでは、通常の「アプリコット」ではなく、「アプリ**コ****ッ**ト」と発音される。しかし、「プレイ・ミー」を作詞したときのニール・ダイアモンドは、忸怩《じくじ》たる思いに駆られたにちがいない。「sang」と韻を踏むため、一般的には使われない「brang」を「bring」の過去形として使う必要に迫られたのだ。

一九九四年、心理学者のヴァレリー・ストラットンとアネット・ザラノフスキーは、聴き手の反応を変える歌詞の力を調べる実証実験を行なった。[1] 研究者たちは、集まった被験者をふたつのグループに分け、美しい旋律が心地よい「ホワイ・ワズ・アイ・ボーン」（オスカー・ハマースタイン二世作詞、ジェローム・カーン作曲の一九二九年のミュージカル『スイート・アデライン』劇中歌）の歌詞ありバージョンと歌詞なしバージョンをそれぞれの集団に聴かせた。その後に感想を訊くと、歌詞なしで聴いたグループの被験者は、元気な気持ちになったと回答。歌詞付き（叶わぬ恋についての悲しげなリフレイン）で聴いた被験者たちは、反対の感情を抱いた。

ここで注意したいのは、わたしたちはつねに歌詞に気を留めているわけではないということだ。それに、きちんと注意を払っていたとしても、意味を勘ちがいしていることも多い。これはとくに、ポップ・ミュージックのおもなターゲット層である若者にみられる傾向だ。一九八四年に行なわれたある調査では、被験者にポップスの楽曲を聴かせ、歌詞の意味について四つの選択肢を与えた（選択肢のひとつには、作詞者自身が認めた正しい解釈が書かれていた)[2]。実験で使われた曲は、伝えようとするメッセージが明確なものばかりだった。たとえば、スティーヴィー・ワンダーの「ユー・アー・ザ・サンシャイン・オブ・マイ・ライフ」、フランク・ザッパの「トラブル・エブリデイ」などだ。ところが実験に参加した若者(全員が二〇代)は、四曲に三曲の割合で答えをまちがえた。つまり、曲を聴かずに適当に答えを選んだときと同じ正答率ということになる。また、オリヴィア・ニュートン＝ジョンの「レッツ・ゲット・フィジカル」を使った別の実験では、歌詞がセックスについてだと正確に答えたのは全体の被験者のわずか三分の一にとどまり、同じく三分の一の参加者が「スポーツ」や「運動」に関する曲だと回答した[3]。

幸いにも、人は歳をとるにつれて、歌詞の意味をより正確に理解できるようになる。とはいえ、いくら歳を重ねても、モンダグリーン現象の罠に陥ってしまう人は少なくない。この「モンダグリーン(Mondegreen)」という言葉は、一七世紀に作曲された物語詩《バラッド》「ザ・ボニー・アール・マリ(The Bonnie Earl o'Moray)」に由来する。うーん、由来するというと語弊があるかもしれないが……では、バラッドの歌詞の一部を紹介しよう(ちなみに、「hae」は「have」のこと)。

Ye highlands and ye lowlands,(高地の民よ、低地の民よ)
Oh, where hae ye been?(ああ、あなた方はどこにいたのだ?)
They hae slain the Earl o'Moray,(彼らはマリ伯爵を殺し)
And laid him on the green.(そして、芝生の上に横たえたのだ)

一九五四年一一月、アメリカ人ライターのシルヴィア・ライトが、子どものころに母親がよくこの詩を朗読してくれたという記事を『ハーパーズ・マガジン』に投稿した。母親は正しい詩の言葉を読み上げていたものの、子どもだったライトの耳には最後の二行が次のように聞こえていた。

They hae slain the Earl o'Moray,（彼らはマリ伯爵を殺し）
And Lady Mondegreen.（そして、モンダグリーン夫人も殺したのだ）

続けて、ライトはこう提案した。このような歌詞の聞きまちがいを指す単語が英語にはないので、これからは「モンダグリーン」と呼ぼう、と。わたしとしても、悪くない提案だと思う。

せっかくの機会なので、モンダグリーン現象が引き起こす誤解の代表例について整理しておこう。一九六九年のクリーデンス・クリアウォーター・リバイバルの「バッド・ムーン・ライジング」では、とんでもない意味に変わる空耳が発生した――「There's a bad moon on the rise.（悪い月が昇っていく）」のところを、多くの人が「There's the bathroom on the right.（トイレは右側です）」と勘ちがいした。

一九六八年のデスモンド・デッカーのヒット曲「The Israelites」（ジ・イズリアライツ）の冒頭、実際には「Get up in the morning, Slaving for bread, sir.（朝起きて、パンを得るためにあくせく働きます）」と歌われているところを、「Get up in the morning, Baked beans for breakfast.（朝起きて、朝食にベイクド・ビーンズを食べます)」と聞きまちがえた人は多い。くわえて、曲のタイトルは「The Israelites(イスラエルの民)」であって、「Me Ears Are Alight(わたしの耳が燃えている)」ではないので注意しよう。

また、空飛ぶ反芻動物についての超有名曲「赤鼻のトナカイ」の一番の冒頭の歌詞は、「All of the other reindeer(訳注/英語の意味は「いつもみんなの(わらいもの)」。日本語版では「でもその年の」の箇所に該当する)」であり、「Olive the other reindeer(オリーブという名の別のトナカイ)」ではない。つまり、オリーブという意地悪なトナカイだけではなく、仲間たち全員に笑われていたのだ。

歌詞のない音楽の意味とメッセージ

歌詞に物語を伝える力があるという事実を知ると、音楽そのものにも同じ力があると考える人々が出てきた。クラシック音楽好きのなかには、一九世紀に大人気を博した「標題音楽」の概念についてご存知の方も多いかもしれない。これは、作曲家が制作時に頭のなかで描いた物語や風景をそのまま聴き手に伝えるというスタイルの音楽である。なかでももっとも有名なのが、ベートーベンの交響曲第六番「田園」だろう。この楽曲のなかでは、「田園地方を歩きまわる」「農民たちの踊りを眺める」「雷雨の嵐に襲われる」などといったベートーベン自身による標題が付されている。

当初、わたしはこの「田園」を例に標題音楽を説明しようと思っていた。けれど、調べ物をしている途中でもっとおもしろい例を見つけてしまった。

一七〇〇年ごろ、フランスの作曲家マラン・マレーは膀胱《ぼうこう》の結石を取りのぞく手術を受けた。作曲家たるマレーは、これこそ標題音楽にふさわしいテーマだと考えた……まあ、わたしたちに異論を唱える権利はないだろう。
マレーはその曲に「膀胱結石手術」というタイトルをつけ、次のようなナレーションを記した。

手術台が見える
身震いがする
台に上がろうと心を決める
台に上がる
台に坐る
惨憺《さんたん》たる気持ちだ
腕と足に絹糸が巻きつけられる
切開が始まる
鉗子《かんし》が登場
結石が取りのぞかれる
ほとんど声が出ない
血が流れる
絹糸が解かれる
寝台に移される

チェロに似た楽器ヴィオラ・ダ・ガンバのために書かれたわずか二分半の楽曲の楽譜（任意で鍵盤楽器の伴奏付き）のなかに、このナレーションがすべて付されているのだから驚きだ。

言うまでもなく作曲者のマラン・マレーとしても、「絹糸が解かれる」を表現するための特定の音楽的な音を演奏者が見つけ出すことを本気で求めたわけではないだろう。もしかすると、「惨憺たる気持ち」を伝える音の組み合わせはなんとか予想できるかもしれない。とはいえ、ある人にとって「惨憺たる気持ち」を表す音の組み合わせが、別の人にとっては、古代エトルリアの陶器やイギリスの田舎町の日の出を連想させる音だとしてもおかしくはない。

では、もう少しまともな標題音楽であるベートーベンの田園交響曲に話を戻そう。この曲のなかで、農民たちの踊りを表現する箇所で使われるベースラインは異常なほどシンプルで、下降形の長い三音のパターンが繰り返されるだけだ。ベートーベンがそのような構成にこだわったのは、村の楽隊の実情を知っていたからだった。多くの場合、低音楽器を演奏するのは集団のなかでもっとも技術的に劣るメンバーと決まっており、彼らはきわめて単純な音しか弾くことができなかった。より音楽スキルが高いほかの仲間たちは、バイオリンや横笛で高らかにメロディを奏でる。そこでベートーベンは、聴き手が物語をより深く理解できるように、踊りを表す旋律と非常にシンプルなベースラインを使って農民の楽隊を描いたのだった。しかし、（ベートーベンのように）一九世紀のオーストリアの村の演奏者たちのお祭り騒ぎについて熟知していないかぎり、楽譜に隠されたこんな意味に気づく人はいないだろう。わたし自身、楽曲について詳しく調べはじめるまで何も知らなかった。田園交響曲にはほかにも、鳥の鳴き声や雷といった自然の音の模倣がいたるところに組み込まれている。でもベートーベン本人としては、音楽を使って物語を語るという考えには違和感があったという。そのため彼は、この交響曲は音楽的な「絵画」ではなく、「感覚の表現」だと称した。[4]

　特定のメッセージを的確に伝える音楽の例について考えるため、一九世紀のアメリカに戻ろう。この章の初めでお伝えしたとおり、当時のアメリカは、戦争と難解な詩が流行りの場所だった。

　ボルティモアが英国海軍によって（効果のない）猛攻撃を受けていた当時、英米両国の軍隊では伝統的に信号ラッパが合図として使われていた。兵士たちは合図の意味を苦労して覚える必要があったが、それぞれの部隊が似たような合図を使うため、現場では大きな混乱が生じていた。たとえば、騎兵隊の「馬に水をやれ」の合図は、歩兵部隊の「テントを張れ」の合図とそっくりだった。歩兵部隊を率いるトルーマン・シーモア少佐は、部下たちがテント用のペグを取り出すたび、水を求める馬が集まってくることにすっかり辟易《へきえき》していた。そこで一八六七年、シーモア少佐は四〇個ほどの合図をまとめた決定版リストを作り、すべての兵士たちに覚えさせた。これこそ、音楽が細かな情報を伝える力をもつ、実用的な音楽言語の例だった。

　アメリカ軍の信号ラッパのなかでもっとも有名な「タップス」は当初、ビール樽の栓《タップ》を閉めることを伝えるために使われていた。つまり、「明日は忙しくなるのでそろそろ寝てください」という就寝の合図だった。長年のあいだにその役割は変わり、いまでは夕暮れどきや軍葬のときに演奏されるメロディになった。このタイミングで、一九六九年のウッドストック・ロック・フェスティバルへと話を移そう。

世界でもっとも歴史が長く、最大規模を誇るロック・フェスティバルのひとつであるウッドストックが始まったのは、ベトナム戦争が長引きすぎだと誰もが不安に感じていた一九六九年のことだった。ロックフェスに参加するような長髪でマリファナ好きの自由人たちには、とりわけベトナム戦争は不人気だった。

ここで、ギターの神様であり反戦活動家のジミ・ヘンドリックスの登場となる。ウッドストックでの自身のセッションのなかで、ヘンドリックスはフィードバック（ハウリング）を多用して歪んだ響きのアメリカ国歌「星条旗」を三分半にわたって演奏した。彼は国歌だとはっきりわかるメロディを演奏しながら、フェンダー・ストラトキャスターを巧みに操り、悲鳴や爆発音に似せた音を要所要所に混ぜ込んだ。自らの主張をさらにはっきりと打ち出すため、ソロの終わりにかけてヘンドリックスは「タップス」を演奏し、軍葬や戦争で失われた命を聴衆に思い出させた。[5]この偉大な反戦行動が、戦争の終結に一役買ったことはまちがいない。同時に、フェスティバルのあと、フェンダー・ストラトキャスターの販売台数が一気に跳ね上がったことは言うまでもないだろう。

一九六九年のウッドストック・フェスティバルの会場では、言葉ではなく音楽のみによって、明確な意味をもつ複雑なメッセージが五〇万人の観客に伝えられた。もちろん、演奏された二曲のメロディや政治的な背景を知らない人には、このメッセージが伝わることはない。事前に特定のメロディやリズムがもつ意味を教えられなければ、人は音楽からメッセージや物語を受け取ることはできない。音楽だけではなく、すべてのコミュニケーション手段にとって予備知識は必要不可欠なものだ。たとえば手話による会話が成立するのは、参加する全員が手の動きの意味を事前に知っている場合にかぎられる。信号ラッパなどの確立されたシステムや、ヘンドリックスのギター・ソロのようなまれなケースをのぞけば、純粋に楽器だけで明確なメッセージを伝えることなどできるはずがない。なぜなら、事前に取り決められた語彙《ごい》が存在しないからだ。ときに、視覚芸術《ビジュアル・アート》や文学作品は、さまざまなモノ、人、行動を表現するために使われることがある。しかし、音楽がそのように使われることはない。音楽による表現を正確な意味に翻訳するための辞書など、この世には存在しないのだ。

音楽がなんらかの意味を伝えるための方法ではないとすれば、いったいなんの役に立つのだろうか？　なぜ音楽は人間にとってそれほど重要なのか？

この問題に答えるためには、おそらくこの本の残りの大部分の紙幅が必要になるだろう。でも、まずは基本中の基本に立ち返って考えてみよう。

この本の執筆のための準備段階で、わたしは数えきれないほどの「音楽の定義」を調べた。なかでもお気に入りの定義を見つけたのは、片田舎にあるパブでのことだった。暖炉のまわりの棚にずらっと並んだ古い本の一冊のなかに、その定義はひっそりと書かれていた（ちなみに棚の本は、室内を居心地のいいレトロな雰囲気にするために置かれていた。一六三七年に建てられたパブに、なぜレトロ調の小道具が必要なのか、わたしにはさっぱり理解できないが）。その『一般知識A to Z』という地味なタイトルの本のなかでは、「音楽」が次のように定義されていた――「異なるピッチ（音の高さ）の音の連続や集まりを組み合わせることによって得られる響き。その響きが聴き手の耳に届き、受理・理解される」。

ここでは「理解」という言葉がポイントになる。人間は音楽を聴くとき、自らの理解力（知性）を

図1

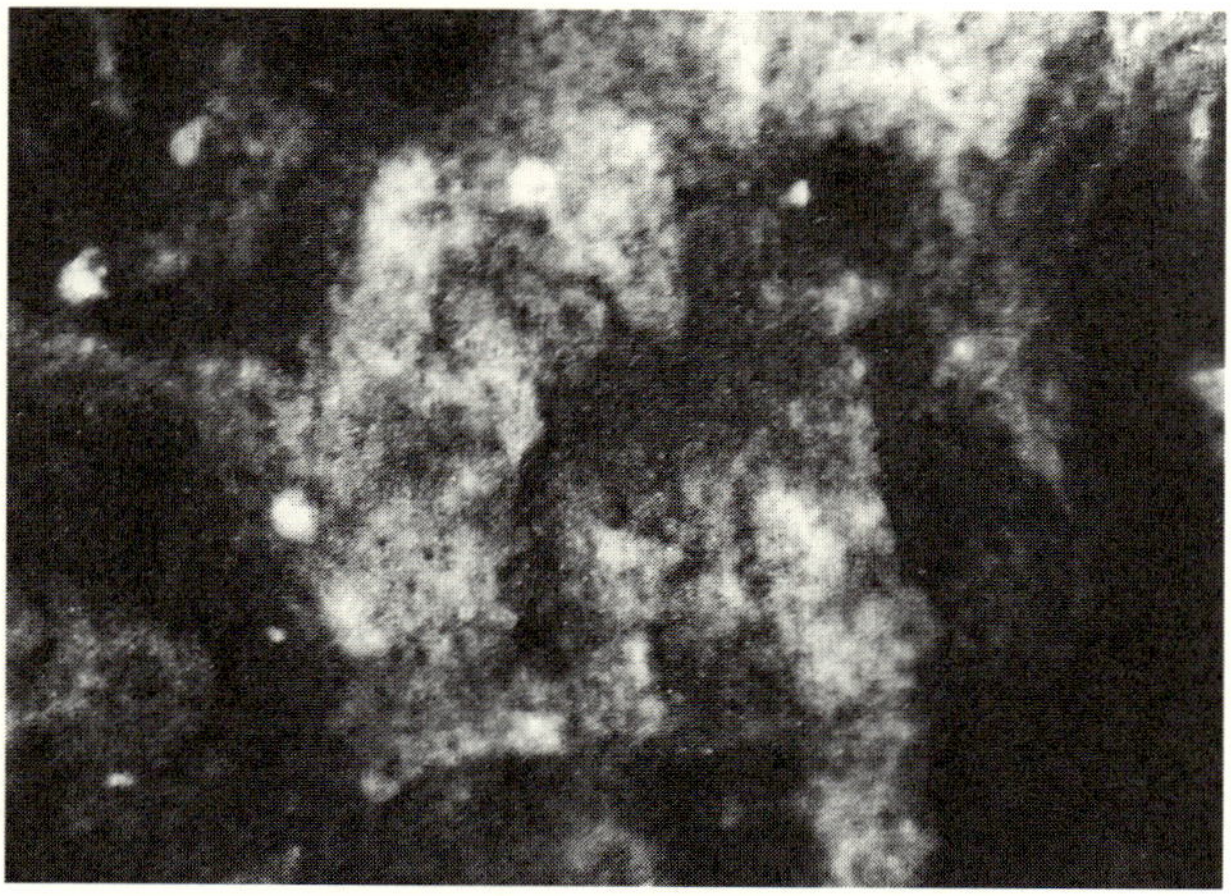

使って出来事を解明しようとしているということだ。しかし物語が存在しないとすれば、いったい何を理解しようとしているのだろう?

説明をさらに進めるまえに、図1の写真を見てほしい。

次に図2も——

あなたの頭のなかで起きたことを当ててみよう。まず、一枚目の写真に写っているものが何かを考え、なんとか理解しようとした……が、あえなく失敗。次に二枚目の写真を見ると、それが岩の層を写したものだとわかる。さらに、岩の一部が人間の顔のように見えることに気づいたかもしれない。それから一枚目の写真に眼を移し、再び理解しようとする……こちらにも人間の顔が写っているのだろうか?

もちろん、どちらの写真にも人間の顔など見えなかったという人もいるだろうが、少なくともこれらの写真に何が写っているのかを理解しようとはした

図2

はずだ（マンチェスター郊外の廃《すた》れたベッドタウンへのロマンティックな週末旅行の三名様分旅行券を賭けてもいい）。あなたが写真に写るものを解釈しようとしたのは、たんにこの本のページに載っていたからではない。ソファーのうしろで同じ写真を見つけたとしても、あなたは理解しようとしたはずだ。なぜなら、それが人間の本能だからだ。わたしたち人間は、すべての経験を理解しようとする。もちろん、音楽も例外ではない。

新しい曲を聴くとき、わたしたちは過去に聴いたことのある音楽が蓄積された頭のなかのコレクションを利用し、なんらかのつながりを探し、無意識のうちに一連の予想図を描いていく。メロディが上がるのか下がるのか、音が大きくなるのか小さくなるのか——その予想は当たることが多い。ときどき予想が裏切られることがあっても、たいていは心地よく感じるもので、聴き手がロバのようにびっくり仰天するようなことはめったにない。つまり、このように「ロバ」という言葉が脈絡なく登場するような裏切りは、音楽的に美しいとはいえない。

過去に聴いたことのある音楽の記憶は正確なものである必要はなく、わたしたちは頭のなかで完璧なコピーを探しているわけではない。たとえるなら、街中の人々のようすを眺めているとき、過去に同じような状況を見た経験があるため、次の展開がだいたい予想できるのと同じだ。たとえば、通りの向こうに女の子がひとり立ち、そこに男性が近づいてくる。ふたりがキスをするかどうかは、その所作を見ればわかるはずだ。あるいは、バス停の横に立つ集団のようすを少し眺めるだけで、彼らが誰かの冗談に耳を傾け、最後のオチを待っている状況だと簡単に予想できるだろう。

わたしたちの多くは驚くほど優秀な聴き手である。その証拠が欲しければ、曲が終わりに近づいていることを察知できる人間の能力について考えてみてほしい。たいていの人は、たとえ初めて聴く曲だとしても、その曲がそろそろ終わりそうだとわかるはずだ。曲の終わりを予想できないとすれば、作曲家が多大な労力を費やして聴き手を騙そうとしている場合がほとんどだ。一九七〇年代後半、曲を途中で不意に終わらせることがオシャレ
……とされていた。しかし幸いなことに、この流行はみるみる廃れていった。

当然ながら、新しい経験を昔の経験と比べることのできる能力は、歳を重ねるにつれて少しずつ研ぎ澄まされていく。赤ん坊は「何が起きているのか？」のコレクションをゼロから作り上げていくが、その時点では比べるものが何もないため、新しい経験を容易に受け容れることができる。作家で哲学者のヨースタイン・ゴルデルは、著書『ソフィーの世界』のなかで次のように指摘する。家族で食事中、突如として祖父が宙に浮かんだらどうなるか？　家族みんながパニックに陥るなか、赤ん坊だけ

は冷静に状況を受け容れるにちがいない。[6] 赤ん坊は、戸惑いだらけではあるが満ち足りた（少し臭い）世界に生きており、成長しながら「これが通常、あれが異常」のルール集を少しずつ作り上げていくのだ。

予測をパターン化するために、人間は新たに見聞きしたものを、すでに熟知しているものと重ね合わせようとする。さきほどの写真の例でいえば、実際には顔など写っていないにもかかわらず、多くの人が二枚目の写真のなかに顔を見たはずだ。いまいちど岩の〝顔〟の眼と鼻の位置を確かめると、実際の人間の顔の構図とはほど遠いことがわかる。

一枚目の写真の正体が気になってしょうがない方のために白状しよう。あれは、ある朝気がつくと私の携帯電話に保存されていた写真だ。おそらく、ポケットのなかでカメラが誤作動し、ズボンの内側の生地をフラッシュ撮影したものだろう。写真を見つけたとき、わたしはガールフレンドと一緒になんの写真かと数分のあいだ愉しく議論し合った。今回は、その興奮を読者のみなさんと共有しようと考えたわけだ。

ここではズボンのポケットのことは忘れ、音楽の話に戻ろう。

人間の体の筋肉のなかには心臓や肺のように、意識的な指令がなくても動きつづけるものがある。反対に、脚、腕、手の筋肉などのように、動かすためには脳からの指令が必要な筋肉もある。しかし、筋肉は何もしない状態を嫌う。そのため実際には、脚、腕、ほかのさまざまな部位は、寝ているあいだにも動きつづけている。このように筋肉が動きつづけるのは、一定の筋力を維持して次の指令に従う準備をしておくためだ。目覚まし時計を止めるために腕を伸ばすだけの動きだとしても、準備は必要になる。もし筋肉が完全にその機能を止めてしまうようなことがあれば、使用頻度の低い筋肉は徐々に衰え、いざというときに機能せずに命が危険にさらされる事態になるかもしれない。

なるほど、自らの意思とは関係のない筋肉の運動こそが、あなたや人類全体が生き残る手助けをしてくれているというわけだ。

同じことは、人間の脳の活動についても当てはまる。脳はつねに刺激を求めており、スイッチを切るという選択肢をもっていない。脳の能力を維持する唯一の方法は、絶えず何かについて考え、健康状態を保つことだけだ。

しかし同時に、脳は過剰な刺激を受けることを嫌う。過剰な刺激は、パニックのような状態を引き起こしてしまうのだ。

人間の脳はつねに活動しているが、刺激の過多も不足も嫌う。エイドリアン・ノースとデイヴィッド・ハーグリーヴスはこう説明する。「適度な刺激を受けたとき、脳はもっとも効果的に機能する。たとえば、眠たいときや大きな心配事を抱えているときに、論文を書くことはむずかしい」[7]

わたしたち人間はなぜ音楽を愛するのか？　それは音楽を聴くことが、脳に適度な刺激を与え、同時に喜びを与えてくれる最良の方法だからだ。サイエンス・ライターのフィリップ・ボールの名言を借りるなら、「音楽は、脳にとってスポーツのようなものなのだ」[8]。

しかし言うまでもなく、脳の健康を保つという能力のほかにも、音楽はさまざまな力をもっている。たとえば、音楽は強力な「感情の刺激剤」にもなる。詳しくは次の章で説明したい。

3章　音楽と人間の感情

歌詞のない音楽が物語を伝えることはほぼ不可能だとしても、感情を表現したり、感情を呼び起こしたりすることはできる。さらに深い話に移るまえに、「感情」の意味についてはっきりさせておきたい。感情は「気分」とはちがう。わたしたち人間は絶えずなんらかの気分を抱いているが、必ずしも感情を抱いているわけではない。[1] 感情は比較的短く激しいもので、皮膚の温度変化といった無意識下の物理的反応とリンクしていることが多い。ある感情的な反応が音楽と結びついたものであれば、その感情はその音楽と密接にシンクロしていることになる。要するに、特定の音楽が特定の感情を引き起こしているということだ。[2]

おそらく感情についてもっとも注目するべきは、それが生物学的に進化した反応であり、人間の生存に不可欠である点だろう。[3] 生存という見地から考えたとき、「嫌悪」や「恐怖」といった感情は、人が潜在的に危険な状況を避けたり、そこから逃げたりする手助けをしてくれる。「怒り」は脅威と向き合うためのエネルギーを与え、「幸福感」は飲食やセックスのような満足感が得られる状況へと人を押し進めてくれる。だとすると、人間の生存とは無関係と思われる音楽のようなものが、感情的な反応を引き起こすというのは少し不可思議なことかもしれない。この点については、またあとで考えてみたい。

音楽と感情のつながり方には二通りのケースがある。ひとつは、作曲家が意図した感情に聴き手が気づくだけで、実際には感情は動かされないというケース。もうひとつは、たんに客観的に音楽を経験するだけでなく、実際に感情が動かされるというもの。たとえば、ジェームズ・ボンドの敵役が出てくる場面で「恐怖」の音楽が流れるとき、観客であるわたしたちは恐怖の感情を抱くわけではなく、「来たな！　くたばりやがれ。この堕落した不愉快な肥溜《こえだ》め野郎！」と頭のなかで考えるだけだ。ところが、ボンドのガールフレンドが出てくる場面で恐怖の音楽がかかると、彼女はどうなるのかと観客も恐怖を抱くにちがいない（ジェームズ・ボンドのガールフレンドの平均寿命が三五分程度であることを考えれば、観客が恐怖に駆られるのもしごく当然の話だ）。

音楽の感情的な側面についての初期の研究は、洞察力や楽観的なヤマ勘にもとづくものがほとんどだった。先駆者であるイギリスの音楽学者デリック・クックは、この分野における興味深い土台を築いたが、音楽が言語と同等のものだという考えにとらわれすぎていた。あとで説明するとおり、話すこと《スピーチ》と音楽のあいだにはある程度のつながりがある。しかし、クックはさらに深く踏み込んだ。一九五九年に出版された著書『*The Language of Music*』（音楽の言語）のなかでクックは、明白な意味をもつ一六の音楽的要素を特定したと主張した。たとえば、長三和音《メジャー・コード》の構成音を最低音から最高音へと順に鳴らすと「喜びに対する友好的かつ活動的な主張」が聴き手に伝わる、といった具合だ。[4] クックの本の長期的な売り上げにとっては残念なことに、このようなスピーチと音楽の直接的な変換は機能しないことがすでに証明されている。

長調が喜びを想起させる、という考えにクックは強いこだわりをもっていた。* 少しあとで解説するように、この考えは必ずしもまちがってはいない。しかしクックはあまりにも強硬姿勢をとり、一部の文化（たとえばスペインやブルガリア）では短調が幸せな音楽のためにも多用されるという事実を認めようとしなかった。この事実について、クックは次のように主張した。スペイン人とブルガリア人はひどく苦しい生活を送ってきたせいで、「個々の喜びを追求する個人の権利という考え」にたどり着く時間の余裕がなかったのだろう、と。[5] 言い換えると、彼らはひどく虐《しいた》げられた不幸な人々であり、正しい種類の（長調の）愉しい音楽を作ることができなかった、ということになる。たとえ一九六〇年代であっても、こんな考えはすぐにインチキだと見破られるものだった。それから数十年のあいだにデリック・クックは表舞台から姿を消し、自分の名前のスペルさえもおぼつかないような人間にまで落ちぶれてしまった。

音楽は人間の感情にどのような影響を与えるのか？　この難解な問題に直面した現代の研究者たちは、まったくのゼロから始めることに決めた。彼らはまず、根本的な問題から取りかかることにした——

＊　長調と短調が何かということは、この章の後半で説明する。この段階で知っておく必要があるのは、楽曲の調《キー》とは、その曲のために使われる音の集まりだということ。長調は短調よりも緊密に結合した音の集まりからなっており、西洋音楽では長調が喜びと関連づけられることが多い。しかし後述するように、それがすべてのケースに当てはまるとはかぎらない。

音楽はほんとうに感情を引き起こすのか？

音楽が感情的な反応を引き起こすことは誰もが認めるところだろうが、だからといってそれが真実であるという証明にはならない。この分野の研究を始めた心理学者たちは、人間のある特性をすぐに発見した。コンピューターによる無機質な演奏であっても、意図された楽曲の雰囲気を人は容易に見きわめることができるというものだ。ある実験では、五人の作曲家たちがそれぞれ制作した「喜び」「悲しみ」「興奮」「退屈」「怒り」「平和」をテーマとする楽曲を被験者に聴かせた。コンピューターによるとりわけ無機質な演奏だったにもかかわらず、被験者たちは各曲のテーマとなっている感情をなんなく言い当てることができた。[6] この実験によって、大多数の聴き手が音楽に対して一致した感覚をもっていることがわかった——その楽曲が表現しようとしているのが愉しさなのか悲しみなのか、あるいは心地よさなのか興奮なのか。これらはもっとも基礎的な感情の四つで、人間がいちばん簡単に認識・予想できるものだ。ボディー・ランゲージを見れば、その人が心地よい状態なのか興奮しているのか、愉しいのか悲しいのかはだいたい予想がつくはずだ。それが電話の会話であっても、たとえ聞いたことのない言語で相手が話していたとしても、声のトーンからある程度の感情はわかる。しかしボディー・ランゲージと同じように、音楽においても、意図された基礎的な感情を見抜くことはできても、細やかな感情の機微まで解釈することはできない。同じ楽曲を聴いたとしても、愉しく陽気な曲だと感じる人もいれば、愉しく壮大な曲だと感じる人もいるだろう。

つまり、意図された感情を認識することができたとしても、それは話の半分にすぎない。音楽はほんとうに聴き手の感情的な反応を引き起こすことができるのか？　この疑問の答えを求める研究者たちが編み出した巧妙な戦略は、音楽が与える影響についてたくさんの人に訊いてみるという単純なものだった。音楽心理学者のパトリック・ジュスリン教授率いる研究チームは、七〇〇人以上のスウェーデン人に、もっとも最近の感情的な音楽経験について尋ねた。[7] その結果は、音楽業界を大いに喜ばせるものだった。

質問に答えた全員が、音楽を聴いている最中になんらかの感情を抱いたことがあると主張した。そのうち八割が、もっとも最近の感情的な反応について「心地よいものだった」と回答した。なかでも多かった感情の例は、愉しさ、憂鬱、満足、懐かしさ、興奮の五つだった。しかし、七〇〇人のスウェーデン人がそう答えたとしても、音楽に感情を変える力があるという証拠にはならない。完全に証明するためには、意見をもたないものを使う必要がある――機械だ。

心理学者たちがもっとも幸せを感じるのは、ビープ音が鳴る機械を不運な犠牲者の体に取りつける瞬間だろう。このような装置を使うと、心拍数、皮膚温、皮膚の電気伝導度、顔の筋肉活動量などあらゆる数値を測定することができる。人が感情的に興奮すると、顔の筋肉が反応して笑顔や渋面になり、心拍数が変わり、皮膚温がわずかに低下する。たとえば、愉しい音楽は皮膚の電気伝導度を上昇させ、指の温度を低下させる。さらに当然ながら、悲しい曲よりも愉しい曲のほうがより人を笑顔にさせる。[8]（笑顔をのぞいて）これらの反応を装うことは非常にむずかしいため、一部の国の警察は、嘘発見器を使った同じ方法によって容疑者のストレスの表れをチェックしている。こういった装置を使った実験がたびたび行なわれた結果、音楽には実際に感情を作り出す力があることが証明された。[9] 穏やかな楽曲を聴くと人はより穏やかになり、愉しい音楽を聴くと人はより愉しくなるという。しかし興味深いことに、怒りのようなネガティブな感情を表現する音楽を聴いても、聴き手は怒りの感情を抱くのではなく、それが「怒り」だと認識するだけ。ただし、映画音楽などの場合は話が変わってくる。映画では映像が音楽と重なり合って観客の反応を刺激し、ポジティブな感情やネガティブな感情を引き出すことがある。[10]

脳のスキャン装置は、ビープ音が鳴る機械のなかでもっとも高価なものであることはまちがいないだろう。このスキャン装置を使えば、人の思考パターンが変化したときの脳のあらゆる場所の活動レベルをモニターすることができる。現段階では、医者が脳のスキャン画像を見て、「おっと、この患者はまたニンジンのことを考えているぞ」と言い当てることはできないものの、人が感情的に興奮状態にあるかどうかは正確に見きわめることができる。この装置が発明されて以来、心理学者たちは、脳の各領域の活動に感情が与える影響について研究しつづけてきた。その結果は、どれも魅惑的なものばかりだった。

扁桃体《へんとうたい》（amygdala）はスクラブル（訳注／英単語をクロスワード状に作っていき、その得点を競うゲーム）で高得点を獲得できる単語であるだけでなく、感情処理においてもっとも大切な脳の領域のひとつだといわれている。数多い機能のなかでも、恐怖反応を引き起こすうえで大きな役割を担っているため、脳の「恐怖中枢」とも呼ばれる。また、扁桃体の機能不全は、うつ病や不安障害などの精神疾患へとつながることがある。二〇〇一年、神経科学者のアン・ブラッドとロバート・ザトーレは脳スキャンを利用し、人が大好きな音楽を聴いているときの脳内の血流の変化について調べた。すると、報酬やポジティブな感情に関連する領域への血流が増え、扁桃体への血流が減ることがわかった。[11] つまり音楽を聴くあいだ、快楽中枢は一生懸命働き、恐怖中枢はゆっくり休んでいたということになる。ステファン・ケルシュらのチームが行なった別の研究では、明るいダンス音楽を聴いている人の脳が調べられた。結果、感情に関連するさまざまな領域の血中酸素濃度が上がった一方で、扁桃体での酸素使用量は減ったことがわかった（血中酸素濃度は、脳のその領域がどれだけ一生懸命働いているかを示すもの）[12]。研究者たちは続けて、不快で耳障りな音楽の効果についても調べ、心地よい音楽とは反対の影響があることを発見した――それまで血中酸素濃度が高かった領域で濃度が下がり、扁桃体では濃度が上がった[*]。この研究によって、音楽が実際に感情を引き起こすということが証明された。さらに視点を変えれば、音楽を使うことによって、適切に機能していない扁桃体を操作できる可能性があるということにもなる。詳しくは5章で説明するが、音楽療法では心地よい音楽を使って、過剰に活動する扁桃体を落ち着かせて不安症やうつの症状を緩和しようとすることがある。

ここで紹介したもの以外にも、さまざまな種類の脳スキャン装置を使った数多くの研究がこれまで行なわれてきた。その総合的な結論は、ほかのさまざまな刺激に反応するのと同じように、脳は音楽にも反応するというものだ。

では、ここまでの話を簡単な言葉でまとめてみたい――

＊　「心地よい音楽」にはクラシックの愉しい楽曲が使われた。不快な音楽を作るために、研究者たちは「心地よい音楽」を異なるピッチ（音の高さ）で二度録音し、オリジナルを含めた三バージョンを同時に再生した。以下のウェブサイトで聴くことができるが、見事なまでに耳障りな音楽なので注意してほしい。http://www.stefan-koelsch.de/Music_Emotion1

図3

	愉しさ	恐怖	怒り	優しさ	悲しさ
テンポ	速い・一定	速い・不規則	速い・一定	ゆっくり・一定	ゆっくり・不規則
調の種類	長調	短調	短調	長調	短調
全体のピッチ	高い	高い	高い	低い	低い
ピッチの変動	激しい	激しい	穏やか	少ない	少ない
ハーモニーの種類	協和音	不協和音	不協和音	協和音	不協和音
音量	中〜大・一定	小・不規則	大・一定	小〜中・一定	小・不規則

心地よい音楽は脳の快楽中枢を刺激し、恐怖中枢（扁桃体）を落ち着かせる。不快な音楽には、その反対の効果がある。

どの種類の音楽がどの感情を作り出す？

楽曲のテンポ（速さ）は、音楽の感情的側面のもっともわかりやすい物差しとなる。たとえば悲しい曲や甘くロマンティックな曲は、テンポがゆったりとしていることが多い。一方のテンポの速い曲は、和声《ハーモニー》の心地よさと調和のレベルによって、愉しい曲にも怒りを表す曲にもなりえる。図3の一覧表では、楽曲のさまざまな特色がどのような感情と結びつく傾向があるかを示した。[13]

どんな音楽的な特性が組み合わさるかによって、特定の感情を引き出す効果が生み出される。この一覧表からわかるように、「愉しさ」「怒り」「恐怖」を引き起こす音楽の多くは、テンポが速く、全体のピッチ（音の高さ）が高く、メロディの音の上がり下がりも激しい。対照的に、優しいロマンティックな曲や悲しい曲の多くは、テンポがゆったりとしており、低音でピッチの動きの幅も小さい。

では、この指針に従って編曲してみよう。たとえば、愉しい曲のテンポを遅くし、（チェロのような）低音の楽器で演奏することによって、曲調を優しくロマンティックに変えることができる。また、悲しい曲を恐ろしい曲調に変えるには、（バイオリンのような）高音の楽器で演奏し、テンポを速めて不規則にすればいい。映画音楽の作曲家は、ありとあらゆる場面の状況に合わせてテーマ曲を調整する必要があるため、このテクニックを多用して観客の感情を操作することが多い。

けれど、音楽に絶対的な規則などない。一覧表で示したのは一般論にすぎず、例外はたくさん存在する。たとえば、映画『ジョーズ』の音楽は低いピッチにもかかわらず、曲調は恐ろしい。ほかにも、高いピッチの悲しい曲など山ほどあるにちがいない。

楽曲の雰囲気を決める最大の要因が速さであるという事実は、スペインやブルガリアの音楽が短調で書かれているにもかかわらず、陽気に聴こえるゆえんだろう。こういった楽曲は比較的アップテンポのダンス音楽であり、その速いテンポが短調の楽曲特有の悲しい雰囲気を吹き飛ばしているのだ。もちろん、一覧表に挙げた五つの代表例のほかにもたくさんの感情が存在するし、音楽はさらに複雑な感覚（懐かしさ、誇り、憧れなど）を聴き手から引き出すこともできる。くわえて、感情に影響を与えるために使われるテクニックはほかにも数多くあるため、簡単な構成だけがわかっていても、その曲が想起する感情効果を的確に予想することはできない。

音楽への感情的な反応を変える大きな要素のひとつがあなた、つまり聴き手だ。年齢、性格、音楽の好み、慣れ、気分など、さまざまな要因によって音楽への反応は変わる。何週間か前、ある楽曲へのわたし自身の反応が、わずか二〇秒のあいだに「穏やかな喜び」から「言葉で言い表せないほどの苛立ち」へと変化した。友人宅での毎年恒例のバーベキューの翌日、ガールフレンドのキムがサウサンプトンからノッティンガムへと車を走らせていた。助手席のわたしは空を眺めながら、ステレオから流れてくる軽快なバンジョー音楽を愉しんでいた。すると突然、どこからともなく高速道路のジャンクションが現れ、わたしたちの車が環状交差点《ラウンドアバウト》の列の先頭に来てしまった。すぐにでも高速に乗らなくてはいけなかった——でも、向かうべきは東か西か？　この類《たぐい》の緊急事態に対処するカップルの古き良き伝統として、キムはこう主張した。運転しているのは彼女で、地図は助手席に坐るわたしの膝の上。だとすれば、わたしはバカみたく景色をただ眺めているのではなく、この事態にもっと早めに備えておくべきだった。

少なくとも、それが彼女の言ったことの要点だった。

わたしは地図を見つめ、道路標識を見つめ、また地図を見つめた。ところが、恐ろしいほどガヤガヤとやかましいバンジョー音楽が邪魔で頭がまわらない。カーステレオのスイッチを切るとすぐに頭が回転しはじめ、「西だ」とわたしは伝えた。その後、車は沈む太陽に向かって進んでいった。数分もすると、やかましい陽気な音楽にぴったりの気持ちへと戻り、再びステレオのスイッチを入れた。そのときに人生の教訓を学んだとすれば、バンジョー音楽と地図を読むことは相性が悪いということだ。これは、1章で触れたウラジーミル・コネクニーとダイアン・サージェント・ポロックの研究結果にぴったりとハマる例だろう——問題を解決しようとするとき、人間は複雑な音楽を嫌う。

毎日の音楽体験

欧米諸国では、日々の生活の三分の一に音楽がともなっており、そのうち半分の時間において音楽が人の感情になんらかの影響を与えているという。[14] 二〇〇八年、本書ではすでにおなじみのジュスリン教授率いる研究チームが、人々の毎日の生活での音楽の効果について詳細な研究を行なった。[15] チームは三二人のスウェーデン人学生を被験者として集め、一日にランダムな間隔で七回ビープ音が鳴るように設定された携帯型端末を渡した。ビープ音が鳴るたびに学生たちは、現在の行動、感情、聴こえる音楽についての一連の質問リストに答えなければいけない。音楽が聴こえる場合には、音楽の種類、その音楽が感情に与えている影響などについての質問が追加される。

この実験の結果は、わたしたちにとってじつに喜ばしいものだった。音楽の有無にかかわらず、人々がもっとも頻繁に抱く感情は穏やかな満足感や幸福感で、罪悪感や嫌悪感といった負の感情が生まれるのはごくまれだった。音楽によって感情が動かされるかどうかは、人によって敏感さが大きく異なった。それでも、ある状況に音楽が加わると、愉しさや嬉しさを感じる回数が増え、怒りや退屈といった感情の発生率が減ることがわかった。

さらに、ある状況に音楽が加わったことによって起きる気分の変化は、ほぼすべてが気持ちを好転させるものだった。つまり音楽を聴くと、被験者たちはより愉しく、よりリラックスした気持ちになったのだ。こういった効果がある理由としては、そもそも多くの音楽が聴き手を心地よくリラックスさせることを狙って作られているということも挙げられる。

さて、もしこの研究の被験者がハメを外しやすい人々——たとえば、ブラジルやウェールズでよく見かけるような、「次のバーに連れていけ」「カーニバルはいつ始まる？」が口癖のパーティ大好き人間——であれば、結果には説得力がなかったかもしれない。しかし、被験者はスウェーデン人だ。つまり、超安全設計のボルボ、ベジタリアン用ミートボール、世界でもっとも不幸な架空の刑事ヴァランダー*、さらに哀れなその父親を発明した国の人々だ。音楽にヴァランダーの父親の同胞たちを元気づける能力があるとすれば、これはわれわれ全員にとって良い話にちがいない。

さあ、これでやっと正式に宣言できる——音楽は実際に人間に良い影響を与える。それも、聴き手を元気づけたり、和らいだ気分にさせたりすることが多い。

ここで、ひとつの疑問が頭をもたげてくる。では、なぜ人はときどき悲しい曲を聴きたくなるのだろう？　何かいやなことがあった日、気分に合わせて暗めの音楽を選んだ経験が誰にでもあるはずだ。そんなときには、ぴったりのサウンドトラックをかけることによって、背負い込んだこの世の不幸が少しだけ軽くなった気分になる。モリッシー（訳注／一九八〇年代に人気を博したイギリスのロックバンド、ザ・スミスのボーカリストで、現在はソロ・アーティストとして活躍。内省的・社会批判的な歌詞の高い芸術性が有名）とふたりで、世界に立ち向かえるような気持ちになる。それどころか、気分がいいときにも悲しい音楽を選ぶことがあるのはなぜだろう？　あまり好ましい行動とは思えないが、心理学者のウィリアム・フォード・トンプソンは次のように説明する。

シェークスピアの悲劇と同じように、悲しい音楽が好まれるのは、その構造が技巧的であり、人間であることに不可欠な部分に潜む感情を照らし出す力があるからかもしれない。わたしたちは音楽のなかに込められた悲しみを分析し、それを味わいながらも、現実の世界でその悲しみに向かい合う必要がないことに安堵しているのだ。[16]

要するに、自身が悲しいと感じていない状態で悲しい音楽を聴くと、一定の心地よい満足感を得られるということだ。これは、カントリー&ウェスタン好きなら誰もが知っていることにちがいない。

BGMと人間の感情

1章で触れたように、平均的な一日のあいだに耳に入ってくる音楽のほとんどは、自分で選んだ曲ではない。それらの楽曲は、靴屋の客の購買意欲を増すために、あるいはオープンしたばかりのオシャレなレストランでランチ客を少しでも長居させることを狙って、営業戦略会議で選ばれたものだ。統計によると、驚くほど多くの割合の人々が、他人が選んだ音楽の定期的な聴取にそれほど大きな不満を抱いていないという。しかし、BGMを心底嫌う少数派もおり、その否定派はある社会集団に集中している――四〇歳以上の男性（より専門的な呼称でいえば「気むずかしい中年オヤジ」）。わたしたち中年オヤジはなぜBGMを嫌うのか？　心理学者たちが導き出したもっとも有力な説は、中年男性はまわりの物事を自分でコントロールすることに慣れているからというもの。[17] つまり、わたしたちは自分に選択権がない状態を嫌うため、勝手に音楽をかけられると怒りっぽく不機嫌になってしま

＊　とはいえストーリーはすばらしいので、ぜひケネス・ブラナー主演のドラマ・シリーズを観てほしい。ただし、愉しい気分で過ごしたい夜には避けたほうがいいかもしれない。

うというわけだ。それに、中年男性はそもそも靴屋が好きではない。そこで不快なＢＧＭが、いちばん近くのパブに逃げ込むためのもっともな口実を作ってくれるのだ。

とはいえ、四人に三人はふだんからＢＧＭを心地よいと感じており、一般的にＢＧＭは聴き手の肯定的な精神状態を支えたり、気持ちを高めたりしてくれる。[18]通常のＢＧＭはシンプルなので、どんな感情に訴えかけるものかを人はすぐさま特定することができる。ときに、わずか数秒のうちに識別できることもあるという。[19]店やレストランでＢＧＭとして流すことを目的とする音楽は、（七〇年代のヒット曲を集めたＣＤとはちがい）あえて目立たず、記憶に残らないように工夫して作られている。いわば耳のための壁紙のようなもので、だからこそ客はターコイズブルーのスエードのサンダルにするか、青のキトンヒールのウィンクルピッカーにするかという難題の解決に専念することができるのだ。目立ちすぎてはいけないという条件を満たすため、耳の壁紙のための音楽には昔ながらの有名な曲が使われることが多い（たとえば「イパネマの娘」）。人の気を惹いてしまう歌詞はのぞかれ、柔らかな音色の楽器で演奏されるのが一般的だ。

ＢＧＭを聴いたときの人の反応は、自ら選んだ音楽を聴いたときの感情的な反応を弱めたバージョンだといっていい。たとえば、つまらない作業をしているときに流れるＢＧＭは、退屈さを少しだけ紛らわせてくれたり、気分を「完全にうんざり」から「少しうんざり」まで徐々に引き上げたりしてくれる。しかし、音楽心理学者ジョン・スロボダが指摘するように、これらの小さな変化を無意味なものだと片づけてしまってはいけない。小さな肯定的な後押しの積み重ねが社会的・知的な行動能力を高め、人生を豊かにしてくれるのだ。[20]

便利な音楽

音楽を愉しむことができるのは、どうやら人間に限られているようだ。これまでの研究から導き出された科学的証拠によって、猿の一種であるマーモセットは音楽にまったく興味がなく、同じく猿の一種のタマリンも音痴であることが判明している。[21] いままで実験の対象となったすべての生き物のなかで、音楽の拍子に合わせて体を自然と動かすことができるとわかったのは一種類だけ。さあ、もうおわかりのはずだ。大きな拍手でお迎えください。人間以外で唯一ダンス・フロアで踊ることのできる動物……オウムです。もしかすると音楽に合わせて動く能力は、オウムと人間が共有するもうひとつの能力――言葉を発音できる能力――と関係するものかもしれないが、その関係性はいまのところ証明されていない。[22] 世界でもっとも有名な踊るオウム、スノーボールを見たければ、ＹｏｕＴｕｂｅで「Snowball our dancing cockatoo」と検索してみてほしい。スノーボールがクイーンの「アナザー・ワン・バイツ・ザ・ダスト」（訳注／邦題「地獄へ道づれ」）のリズムに合わせて踊る姿はじつに印象的であり、どこまでもおもしろい。神経科学者で『*Music, Language and the Brain*』（音楽・言語・脳）の著者であるアニルド・パテルは、この映像を見てびっくり仰天したという。さらに彼が驚いたことに、その動きを調べてみると、スノーボールが音楽のリズムに実際に反応していることがわかったのだった。

音楽の愉しみの一部は、ある活動におけるパフォーマンスを高めるために利用できるという事実から生まれてくる。わたしたちの日々の生活において、音楽はとりわけ五つの場面でその効果を発揮する。

　音楽と体の動きがリンクする代表例ともいえるダンス以外にも、わたしたちは肉体的な作業において**体にエネルギーを与え、集中力を高める**ためにたびたび音楽を利用している。たとえば昔の船乗りたちは、舟歌で自分たちを鼓舞し、全員の動きを連携させた——綱を引っ張り、メインブレースを撚《よ》り継ぎし、木製の支柱を削った。現在では、乗組員たちは舟歌よりも激しくリズミカルな音楽を流し、船内のジムでの運動に役立てているにちがいない。これまでの研究によって、ジムでエネルギッシュな音楽をかけると、人々は器具により長くとどまって運動を続け、音楽の拍子に合わせて動きを速めようとすることがわかった。[23] これは、とりわけ長距離ランナーには効果的だ。そのため全米陸上競技連盟《USATF》の競技規則１４４条３ｂ項では、正式な競技会でのヘッドフォンの使用が禁止されている。競争がメインではないチャリティー・マラソンでもヘッドフォンの使用が禁止されていることが多いものの、その理由は別にある。とくに閉鎖されていない道路でのマラソン大会では、周囲の音が聞こえないと危険だからだ。マラソン関連のウェブサイトを見てみると、このルールは競技者たちにきわめて不人気のようだ。お気に入りの音楽がないと、マラソンやハーフマラソンを完走できないと感じているランナーはじつに多い。そんなランナーたちには同情するものの、わたしとしては正直なところ、二〇キロの移動にはタクシーを使いたい。

　わたしたち人間は、音楽を利用して単調な活動の**退屈さを紛らわせる**こともできる。とくに音楽が大きな効果を発揮するのは、退屈ではあるものの、完全な流れ作業とまでいかない活動のとき。何百冊もの本をただ箱から棚に移動する作業であれば、それほど退屈だと感じることはないかもしれない。

何も考える必要はないし、作業中に空想に耽《ふ》けることもできれば、誰かと会話することもできる。ところが、棚に移動させるときにアルファベット順に本を並び替える必要があるとき、退屈さは頂点に達する。完全な流れ作業ではなくなるものの、かといって脳を使うのは一分のうち二〇秒くらい。このような状況では、音楽は天の恵みとなる。音楽から作業、また作業から音楽へと数秒ごとに注意が移るため、あまり退屈さを感じなくて済むのだ。音楽心理学者ジョン・スロボダのすばらしいフレーズを引用すると、気晴らしとして音楽を使うことは「割り当てられていない注意を惹きつけ、退屈さを減らす方法といえる」[24]（余分な「注意」が人間の脳の片隅をうろつき、どこかに割り当てられるのを待っている——わたしはこの考えが大好きだ）。

ときどき、わたしたちは音楽を使って**状況の意味を深める**ことがある。わかりやすい例としては、結婚式や葬式が挙げられる。さらに、新しい恋人との郊外へのドライブのときにロマンティックな音楽をかける、といった状況にも当てはまる。

ロマンスといえば、音楽にはオキシトシンというホルモンの血液への分泌を促進する効果があることが証明されている。授乳やセックスのあいだにも分泌されるこのホルモンには、人々の**絆の形成**を後押しする効果がある。[25]音楽が社会的な絆を強めてくれる代表的な例としては、集団で踊ったり歌ったりすることが挙げられる。これは、サッカーのサポーターたちの行動を見れば一目瞭然だろう。

ストレス解消のために音楽が使われるのも一般的だ。おそらく誰にでも、ストレス解消のために聴く大好きな曲があるはずだ。穏やかで落ち着いた曲である必要はなく、ただ好きな曲でいい。ストレス解消のための音楽はとても人気が高く、いまではリラックス効果を謳《うた》う多種多様なアルバムが発売されている。わたしが通う歯科医院では、クジラの歌、かき鳴らしたハープの音色、八〇年代のヒットソングのオーケストラ・バージョンをごちゃ混ぜにしたようなリラックス音楽のアルバムがいつも流されている。こちらがどれほどイライラと不快な気分になるか、言葉で説明するのはむずかしい。わたしが治療椅子の上で縮み上がってめそめそ泣いているのは、ドリルや注射のせいではないことを歯医者にいつか説明しなければいけない。パンパイプで演奏されるライオネル・リッチーやカルチャー・クラブの曲をまた二〇分も耐えることを考えると、体が自然と反応してしまうのだ。驚くべきことに、歯医者のお気に入りのアルバムとわたしのこの関係は、音楽によって引き起こされる感情について大切な点に光を当ててくれる――多くのケースにおいて、感情に強い影響が及ぶのは、聴き手がその感情を生み出そうと決めたあと。つまり、音楽だけで仕事が成り立つわけではなく、聴き手がパートナーとして許可を与えなければいけないのだ。

初めての音楽体験

音楽が初めてあなたの感情に影響を与えたのはいつか？　そんなことを覚えている人はおそらくいないだろう。どうしてわたしはそんなに自信たっぷりに言えるのか？　なぜなら、それはおそらく生まれるまえの経験だからだ。人間の胎児は、生まれる二カ月前には音に反応を示すようになる。刺激的な速い音楽は心拍数を上げ、ゆっくりとした心地よい音楽は胎児を落ち着かせる。それから何週かたつと、日常生活の喧騒に入り込む準備を進めるうちに、胎児は音楽に感情的な反応をみせるようになる。その反応の物差しとなるのが、心拍数や子宮内での活動量の変化だ。

生まれてきた赤ん坊に両親（とくに母親）はたびたび陽気な声で話しかける。歌のようなその声は、子どもを喜ばせたいのか、あるいはなだめたいのかによって声色がさまざまに変化する。「はいはい、かわいい子、大丈夫よ」といったなだめる言葉は、低い音、下降するメロディ、非常にゆっくりとしたペースで構成されることが多く、子守歌に似ている。一方、「なんてかわいい男の子なの！　ずいぶんと大きな声ね！」などと陽気に話しかける言葉は、高い音、より広い音域、速いリズム、たくさんの繰り返しで構成されている。実際の遊び歌や子守歌に加え、こうした母親らしい音楽的な言葉は、赤ん坊の血流内のコルチゾール分泌量に影響を与える[26]（血中コルチゾール値は、興奮とリラックスの度合いによって変化する）。

子守歌は赤ん坊にとってとりわけ重要なもので、医療の現場で利用されることもあるほどだ。たとえば二〇〇〇年、医師のジェイン・スタンドリーは、ミルクを自発的に飲めない未熟児のために子守歌を活用した。妊娠三四週目より早く生まれた赤ん坊は嚥下《えんげ》する機能がまだ完全に発達していないことが多く、チューブを使ってミルクを胃まで送り込まなければいけない。ところがチューブでミルクを与えられた赤ん坊は、通常よりも成長が遅くなってしまう。そこでスタンドリー医師は「おしゃぶり起動式子守歌」システム、通称ＰＡＬを発明した[27]。このシステムでは、赤ん坊がおしゃぶりに吸いつくと子守歌が流れ、吸い込みをやめると子守歌が止まる。おしゃぶりを使いはじめてわずか数分のうちに、多くの赤ん坊は吸い込みを続けることで音楽が流れるのだと覚えるという。この例からも、赤ん坊が音楽を愉しんでいることは明らかだろう。

最初の誕生日が近づくころ、赤ん坊は愉しい音楽と悲しい音楽を区別する能力を身につけはじめる。

さらに四歳までに、聴こえる音楽の雰囲気とマッチする人の表情の写真を指差すことができるようになる。[28]同じころから子どもたちは——チョコレートを与えて買収すれば——ひとつの曲を悲しい歌い方と愉しい歌い方に分けて歌うことができるようにもなる。しかしこの段階では、「愉しい」はたんに速いテンポと大きな音を意味し、「悲しい」はゆっくりとしたテンポと小さな音を意味する（大人になると、音楽の雰囲気についてより高度な手がかりに気づけるようにはなるが、愉しさ、テンポ、音量についての基本的な関係性は変わらない）。

　五歳から一二歳のあいだに、人間は音楽についての〝予測リスト〟を頭のなかに作り、その予測に反する音が聞こえてくると、ワクワクあるいはイライラするようになる。たとえば、たくさんのメロディや歌に触れるにつれ、人間は無意識のうちにその音楽の調《キー》を聞き分ける能力を身につける。調が何かという知識などなくても、その音楽を作り出すために使われている一連の音を誰でもハミングできるようになる。それどころか、メロディの終わりにどの音がくるか、ハーモニーのなかでどんな和音が使われるかまで、だいたい推測できるようにもなる。ふつうと異なる音や調子外れの音が使われると、九歳の子どもでもその音に違和感を覚え、おかしいと感じる。[29]この小学校時代のあいだに、人間は短調を悲しい感情と結びつけ、長調を愉しさと結びつけるようになる。[30]なんとも幸運な偶然だが、これが次に説明するトピックだ。

長調が愉しく、短調が悲しい理由とは？

すでに述べたとおり、たとえ誰かに教えられなくても、人間は卓越した音楽の聴き手に成長していく。音楽を聴くたび、人は無意識のうちにあらゆることを分析している。どんなジャンルなのか、どんなリズムなのか、どの調なのか（たとえ「調」が何を意味するのかわからなくても）。

では、調とはなんだろう？　調が何かも知らないのに、なぜ調を識別できるというのだろう？

西洋音楽では一二個の音を組み合わせて曲を作ることができるものの、ふつう同時に使われるのは、そのなかから選ばれた七個ほどの異なる音の集まりだけである（もちろん、曲の途中でそれまでの七音のグループから別の七音のグループへと移行することもある）。西洋音楽では、この一度に使われる七個ほどの音の集まりを「調」と呼ぶ。

音楽が流れてくると、聴き手の頭のなかには、どの七音が使われているかという鮮明な像が描かれていく。そのため同じ調に属さない音が聞こえると、聴き手はその音を場ちがいだと感じ、違和感を覚える。つまり、調子外れに聞こえるというわけだ。

無意識のうちに七音の集まりを聞き分けるのと同時に、聴き手はチームの最重要メンバーを特定する。これが主音と呼ばれる音だ。たとえばCメジャー・キーの主音はC（ド）で、チームメンバーはC、D、E、F、G、A、B（ド、レ、ミ、ファ、ソ、ラ、シ）となる。Dメジャー・キーの主音はD（レ）で、フルメンバーはD、E、F♯、G、A、B、C♯（レ、ミ、ファ♯、ソ、ラ、シ、ド♯）。これらの音のグループの名前を覚える必要はないので、心配しないでほしい。ここでわたしが説明したいのは、それぞれの音の集まり（調）には決まった独自性があるということだ。

西洋音楽では、短調（マイナー・キー）と長調（メジャー・キー）のふたつのタイプの調が使われる。わたしたち人間に潜在的に具《そな》わった音楽分析装置は、聴こえてくる曲がどちらの調なのかを識別するのにさほど苦労しない。さきほど説明したとおり、わたしたちは自然と短調を悲しさと結びつけ、長調を愉しさと結びつける。でも、それはなぜだろう?

おもな理由のひとつは文化的なものにちがいない。ヨーロッパ北部やアメリカでは、悲しい歌詞の曲は短調(ジャズの名曲「クライ・ミー・ア・リバー」など)、愉しい歌詞の曲は長調(ビートルズの「ヒア・カムズ・ザ・サン」)で書かれていることがほとんどだ。こういった社会で育った人々は、当然この組み合わせをつねに期待するようになる。しかしこれらの社会のなかであっても、音楽に絶対的なルールはない。愉しい音楽を短調で作ることもできるし(イギリスの作曲家パーセルの「ラウンドO二短調*」など)、悲しい曲を長調で書くこともできる(カナダのシンガーソングライター、レナード・コーエンの「ハレルヤ」など)。

すでに述べたとおり、一部の社会(スペイン、バルカン諸国、インドなど)では、短調が陽気な曲と悲しい曲の両方に使われる。だとすれば、短調が悲しく聞こえるということに客観的な理由はあるのだろうか?

悲しみや憧れといった複雑な感情を表現するときに、長調よりも短調のほうが適していると考えられるのには、いくつかの技術的な理由がある。とはいえ、これらを厳正な法則だととらえるのではなく、ゆるやかな原則のようなものだと考えてほしい。

短調のほうがより悲しい感情をうまく表現できるひとつ目の理由は、短調そのものが長調よりもずっと複雑だからだ。この考えを理解するために、ハープの弦を長調に調律する方法について簡単に見ていこう。

ハープの弦は一定の「周波数」で振動することによって、音楽の音を作り出す。たとえば、A（ラ）の弦をはじくと、弦は左右に毎秒一一〇回移動し、聴き手の鼓膜近くの空気圧も毎秒一一〇回上下に運動する。この空気圧の変化によって、鼓膜が同じ割合でへこんだり膨れたりを繰り返し、その周波数の音が聞こえてくる（これはA^2の周波数で、ギターの五弦解放音と同じ音）。

ほかのハープの弦を、この最初の音と単純な数学的関係をもつ周波数で振動するように設定すると、心地よい音の集まりが生まれる。** たとえば、弦が毎秒一六五回振動して生まれる音は相性がいい。なぜなら、一六五は一一〇の一・五倍だからだ。

長調の音階（長音階）を作り出すためには、まず基本となる周波数の音を決め、その主音の周波数をそれぞれ$1\frac{1}{8}$、$1\frac{1}{4}$、$1\frac{1}{3}$、$1\frac{1}{2}$、$1\frac{2}{3}$、$1\frac{7}{8}$倍した周波数をもつ音を加えていく。このような単純な関係の音を組み合わせることによって、強く密接に結びついた〝長調チーム〟ができあがる。

ここで、スポーツにたとえて考えてみよう。簡単にいえば、長調チームの三人のメンバーを、チームにそぐわない新人選手と入れ替えると短調チームができあがる。たとえば、「$1\frac{2}{3}$」をあまり一般的ではない「$1\frac{3}{5}$」と入れ替えるといった具合だ。さらに短調の音楽ではたびたび、もともと長調チームにいたメンバーの一部が、新たに入ってきた弱いプレーヤーたちの代わりを務めることができる——

* クラシック音楽の専門用語では、この楽曲は「ロンド」または「輪舞曲」と呼ばれ、最初の旋律を何度も繰り返す曲。だが、パーセルはこの曲にふざけて「ラウンドO」というタイトルをつけた。イギリスの作曲家ベンジャミン・ブリテンによる「青少年のための管弦楽入門」では、パーセルのこの旋律が主題として使われている。

** この原則については、9章と12章でさらに詳しく解説する。

これが問題をさらにややこしくする。

新しい短調チームには概してまとまりがないので、自信満々の長調チームよりも、より複雑な音楽や暗い曲を生み出す傾向がある。

音楽心理学者デイヴィッド・ヒューロンとマシュー・デイヴィスは、わたしたちが短調と憂鬱な気分を結びつけるもうひとつの理由と考えられるものを探り当てた。ありとあらゆる短調と長調の楽曲を調べたところ、短調のメロディは長調よりもピッチの跳躍の幅が概して小さいことがわかったのだ。[31] ふだんの生活のなかでも、愉しいときの会話では声のピッチの差は比較的大きくなる。たとえば、「Hi, glad you could make it! How're you doing?（やあ、来てくれたんだ！ 最近の調子はどう?）」と言うときには、「Hi」と「glad」のあいだでピッチが大きく下がり、「How're you doing?」のところでまたピッチが上がることが多い。一方、悲しいときの会話では、ピッチの跳躍が少なくなる。「I'm sorry to hear about your mother. How're you doing?（お母さんが亡くなったのは残念だったね。最近の調子はどう?）」という文言は、おそらくほとんどピッチの差をつけずに言う人が多いだろう。たとえ話されている言語を理解できなかったとしても、ピッチの跳躍の幅によって相手の気分をだいたいは判断できる。だとすれば、短調の音楽におけるピッチの上がり下がりの少なさが、悲しいと解釈される理由のひとつだと考えるのは妥当なことだろう。

音楽と話すこと《スピーチ》のつながり

これまでの数多くの研究によって、スピーチと音楽における人の感情のとらえ方に共通点があるこ音色《おんしょく》＊から種々のとが証明されてきた。[32] 小さな子どもであっても、テンポ、音の大きさ、ピッチの幅、〝手がかり〟をすぐに見つけることができる。また、脳スキャンを使った研究によれば、音楽やスピーチによって表現される感情を判断するとき、人間は脳の同じ領域を繰り返し使っているという。

人間の言語が発達したのは、話すために必要な発声器官が進化したずっとあとのことだと考えるのが自然だろう。だとすれば、しばらくのあいだ古代人は言葉ではなく声だけを使い、感情（怒りや愛情）や基本的な情報（「何か危険なものが近づいてくるぞ！」「こっちに食べ物があるわ！」など）を相手に伝えていたにちがいない。言語学者ドワイト・ボリンジャーは、その時代、高い上昇形のピッチは興味（「これを見てみろ！」）や情報の不完全さ（「何が起きているの？」）を表現するために使われていたと主張する。のちに発達した言語にもこの伝統が引き継がれ、ほぼすべての近代的な言語では、ピッチの上昇が質問のために使われるようになった。[33] 似たように、あらゆる言語に共通する発言終わりのピッチの下降は、「興味の薄れ」と「終わるという感覚」を示すものである。[34]

古代人はまず話す能力を発達させ、それから歌を作り出した――そう考える人もいるかもしれない。しかし実際には、このふたつはつねに密接に関連してきたと考えられる。言語が発達する以前から、古代人が鼻歌のような音を発し、自分たちや赤ん坊にラララと〝歌〟を歌いかけていた姿を想像するのは、それほど非現実的なことではない。これらの〝歌〟はどうやら、ボリンジャーが主張した「言

＊　楽器の「音色」とは、その楽器が発する音の質のこと。たとえば、クラリネットの低音は豊かで暖かな音色をもち、フルートは澄んだ純粋な音色を奏でる。人間の声の音色は、暖かく心地よいものもあれば、不安で緊張したものに変わることもある。音色については、巻末の「やっかいな詳細」のパートAでより詳しく解説する。

葉を使わない伝達方法」の特性をもつものだったようだ。つまり、それぞれの（言葉のない）フレーズの中間に向かってピッチが上がり、終わりに向かって下がるという特性で、これは現在でも多くの歌にみられるパターンである。

音楽のフレーズのほとんどはアーチ形の曲線を描いている――いったんピッチが上がってから下がり、そして初めと同じ音で終わることが多い。このアーチ形には二種類の代表例があり、どちらもスピーチと共通するパターンである。およそ六〇〇〇曲のヨーロッパ民謡を分析したデイヴィッド・ヒューロンは、ほぼ半分の曲のなかに単純な「中間に向かって上昇、終わりに向かって下降」というアーチ形を見つけた。[35] ふだん自分がどのように声を出しているかに注目してみると、このゆるやかな上下カーブが、あなたの発言の多くに共通するものだとわかるはずだ。たとえば、「I thought we'd go out for a meal tonight, but I don't know where.（今夜は外で食事をしようと思っているんだけど、場所を決めてないんだ）」と言うとき、おそらく声のピッチは「meal」まで上がり、そのあと下がっていくにちがいない。音楽やスピーチのなかでときどき使われるもう一種類のアーチ形は、フレーズの最初で一気に上昇し、そのあと徐々に下降するというもの。この種の曲線は東欧や中東の哀歌によくみられ、人間が嘆き悲しむときのうめき声に似ている。[36]

その多くが何世紀も昔に作られた民謡は、音楽とスピーチのつながりについて別のヒントを与えてくれる。通常のスピーチのなかでは、わたしたちはひとつの音節から次の音節に移るときにピッチを上げ下げする。しかし言うまでもなく、話すときに使われるピッチの幅は、歌うときよりもずっと狭い。だとすれば、メロディとスピーチで使われるピッチの跳躍の幅には、直接的な関連はないと結論づけていいのだろうか？　いや、神経科学者のアニルド・パテルが主張するように、厳密にいえばそれは真実ではない。

パテル博士は、フランスとイギリスの民謡の比較研究を行ない、言語がメロディに与える影響について調べた。すると、どちらの国の民謡でも、歌と言語のあいだにリズム的な類似性があることがわかった。メロディは言葉（歌詞）にフィットしなければいけないため、言語のリズムが音楽のリズムに影響を与えるのは当然といえば当然だろう。また、ふたつの言語における会話内の単語間のピッチ跳躍について分析すると、英語よりもフランス語のほうがピッチ変化の幅が小さいことがわかった。この結果は、イギリス民謡よりもフランス民謡のほうがピッチの跳躍が少ないという事実と一致するものだった。ピッチの差が少ない言語（フランス語）は、ピッチの上がり下がりが少ない歌を作り出す傾向があるということになる。[37]

すでに見てきたように、音楽とスピーチには、共通する一連の感情シグナルが存在する。大きなピッチの跳躍、大きな音、速いテンポ、心地よい音色は愉しさを示し、[38]より小さなピッチの跳躍、小さな音、ゆったりとしたテンポは悲しみを表す。だからこそ前述のとおり、たとえ言語がわからなくても、会話の感情的側面を人はだいたい予想することができる。わたしたち人間は、声の使われ方から感情のシグナルを読み取ることに非常に長けているというわけだ。おそらく、さきほど例として挙げた子守歌や遊び歌からすべてが始まっているにちがいない。

母親と生後六カ月の乳児がお互いに〝話す〟姿を見ていると、あたかも母親が赤ん坊の声を真似ているように聞こえるが、実際はその逆。母親（やほかの大人たち）は、赤ん坊が「ママ」「バブー」

などと反応を示せるようになるずっと以前から、心理学者が呼ぶところの「母親語《マザリーズ》」で子どもに話しかけている。[39] このマザリーズはふだんの話し方とはいくつかの点で異なり、より反復が多く、一定のリズムをもち、よりテンポがゆっくりで、ピッチは高く、たくさんの意図的な強調が含まれることが多い。さらに、音楽心理学者ダイアナ・ドイチュが指摘するとおり、音楽フレーズで一般的な上から下へのアーチ形が多用される（たとえば、「Go - o - od girl!（いい子だね〜！）」）。[40] こういった特色をもつマザリーズは、ふだんの話し方よりもさらにメロディックになる。生後六カ月ごろになると、赤ん坊はバブバブと意味のない声を出してマザリーズを真似しはじめる。喃語《なんご》とも呼ばれるこのバブバブにはとても大きな意味があり、話すことに必要な七〇以上の筋肉をコントロールするための練習となる。そうやってすくすくと成長していけば、のちに高価な誕生日プレゼントを親にせがめるようになるのだ。

バブバブとマザリーズにみられる歌のような性質は、ありとあらゆる地域の人間社会の言語に共通するもので、世界じゅうの子守歌が似ているのも驚きではない。また、乳児のときに愉しい音楽体験を味わうことによって、多くの人が音楽に対して自然と親しみをもちながら成長していく。それも驚く話ではないだろう。

音楽を感情に変える脳の仕組み

さきほど、感情は人間の生存とつながっていることを説明した。では、一見すると人間の生存とはかけ離れた音楽のようなものが、なぜ感情的な反応を引き出すのだろう？　人の脳は、音楽を特別扱いしたりはせず、たんに「音として聞こえてくる情報」「ほかの情報と同じようにすぐさま処理するべき一連の音」として扱う。そして多くの場合、この処理の途中で感情的な反応が生まれることになる。音楽心理学者パトリック・ジュスリンと同僚たちは、音楽が感情を生み出す心理的メカニズムを大きく七つに分類した[41]。

脳幹反射

自分に向かって倒れてくる木の音、ジャズのスタンダード曲のなかの予期せぬサクソフォーンの物悲しい叫び……不意に音が聞こえてくると、人間の脳のきわめて基礎的な部分である「脳幹」が反応し、なんらかの緊急事態が起きていることを認識する。「いったいなんの音？」と口に出すよりまえに脳幹はアドレナリンを放出させ、状況に対処する準備を進める。このとき人は感情的に覚醒した状態になるものの、すぐに脳のほかの部分が止めに入って「大げさだな、落ち着けよ。ただの音楽じゃないか」とまわりに声をかけ、また少しリラックスした状態に戻る。それでも、初めの脳幹の反応から回復する時間が要るので、完全に落ち着いた状態に戻るわけではない。なんとも運のいいことに、人間の脳幹は、次こそ冷静に対応しようなどと学習することはなく、この刺激の作用はいつまでも繰り返される。この仕組みがあるからこそ、突然の音、大きな音、不協和音、速いリズム、急速に変化するリズムを含む音楽に対して、ドキドキするような感情的反応が生み出されると考えられている。

リズム同調

人の心拍数と呼吸数は、落ち着いていると遅くなり、興奮すると速くなる。通常の状況で音楽を聴いているときには、その拍子に合わせて心拍数は上がったり下がったりする。そのため脳は、新しい心拍数に見合う感情を本人が実際に経験しているのだと勘ちがいする。たとえば、クラブで流れるテンポの速いダンス音楽を聴くと、人はしばらくのあいだ興奮して元気になる。一方、薄暗いバーでゆったりとしたブルースを耳にすると、穏やかで落ち着いた気分になる。

このようなリズム同調の影響は、呼吸数にも表れることがある。とはいえ、呼吸をするためには何秒かかかるため、呼吸数は曲の拍子ではなく、何拍か続く音楽の一面（フレーズなど）に同期する。このように、心拍数や呼吸数は音楽の拍子に合わせて数分かけて変化していくことが多い。しかしテンポが遅すぎたり速すぎたりすると、この同期のプロセスが起きないこともある。

評価的条件づけ

大好きなテレビ番組の視聴といった愉しい活動と楽曲がたびたび結びつけられると、番組以外でその楽曲を聴いたときにも人は幸せな気持ちになる。その曲を聴くと愉しい気分になる、と人は自分自身に条件づけ（あるいは洗脳）しているのだ。このような条件づけは、ほかの感情に対して行なわれることがある。たとえば、わたしは大人になったいまでも、サッカー番組『マッチ・オブ・ザ・デイ』のテーマ曲を聴くたび、弟のリチャードを絞め殺したいという耐えがたい衝動に駆られる。テレビがまだ一家に一台しかなかったはるか昔の子ども時代、弟とわたしの好きな番組が毎週土曜日の夜一〇時に重なってしまい、週ごとに交代で番組を見るというルールになった。その結果、わたしは隔週で『おしゃれ㊙探偵』のダイアナ・リグを見逃すことになった。黒い革のスーツをまとった魅惑的なダイアナ・リグを見たことがある人なら、きっとわたしの気持ちをわかってもらえるはずだ。思春期真っただなかのイギリスのティーンエイジャーにとって、ダイアナ・リグの代わりにサッカーの試合を見せられるのがどんなに苦しいことか。

情動感染

ここでいう情動感染とは、音楽がどんな感情を表現しようとしているのかを人が突き止め、その感情を自分自身のなかに自ら受け容れようとすること。明るい人たちに囲まれるだけで気分が明るくなるように、感情は伝染する。前述のとおり、暗い曲や怒りに満ちた曲よりも、明るい曲や落ち着いた曲を聴いたときのほうが、はるかに情動感染は起きやすい。

視覚イメージ

人によって程度の差はあれど、音楽は視覚的な空想を抱くための大きな手助けとなる。音楽を聴くとき、多くの人が風景などのさまざまな視覚イメージを頭のなかに描き出そうとする。すると音楽とのつながりが強まり、より深い感情的な反応が引き出される。一九六〇年代、音楽療法士のヘレン・ボニーは「音楽によるイメージ誘導法（ＧＩＭ）」と呼ばれる方法を編み出した。この療法の参加者は、音楽を聴きながら視覚イメージを心に描き、それを口に出すように促される。このような音楽の誘導による視覚化は、ストレスやうつの改善に大きな効果を発揮するといわれている。

エピソード記憶

これはいわば「あなた、わたしたちの曲が流れてるわ」効果で、ある楽曲によって特定の記憶がよみがえり、その記憶が作られたときの感情に引き戻されるというもの。たとえば、結婚式で流れた音楽を耳にし、その日の喜びを再び感じる例などが一般的。この種の刺激はもともとの感情をただ呼び起こすだけでなく、懐かしさのような感情を同時に引き出すこともある。さらに極端な例では、ひどく不快な感情が湧き起こることもある。

音楽的期待

経験豊かな聴き手は、音楽による次の一手をだいたい予期できるようになる。まったく知らない曲でも、二音か三音を聞いただけで、次にどの音がくるか無意識のうちに脳は予想しようとする。予想が当たることもあれば、遅れてやってくることもあれば、裏切られることもあるものの、なんらかの感情的な反応が起きることに変わりはない。正しく予想できたときには、聴き手は満足感に浸ることができるかもしれない。あるいは予期しない美しい流れを作曲家やソングライターが作り出したとすれば、ちょっとした興奮を覚えることもあるだろう。

なぜ音楽は人の生存に影響を与えるのか？

人間の生存に音楽は必要ではない。しかし感情的反応は必要であり、音楽はそれを作り出してくれる。いま挙げた七つの心理的メカニズムについて、音楽とは関係ない状況でどのように人の生き残りに役立つのか、いくつか例を見てみよう。

・**脳幹反射**は、必要なときに危険を回避してくれる。
・**リズム同調**は、反復的な肉体作業をより効率的に進める助けとなる（音楽は必要なく、好きなリズムを選ぶだけでいい）。
・**評価的条件づけ**は、自分に得になるものが何かを教えてくれる。
・**情動感染**は、一種の共感であるとも考えられ、まわりの人たちとの絆を深めてくれる（たとえば、母親と子ども）。
・**視覚イメージ**によって人は次にとろうとする行動へのリハーサルを行ない、それが安全か危険なのかを想像できるようになる。「鳥の卵を盗むためにあの木に登ったとして、枝は折れないだろうか？」
・**エピソード記憶**は状況の判断に役立ち、どのような状況で自分は満足できるのか、うんざりとするのか、あるいは危険を感じるのかなどがわかるようになる。
・**期待**によって（言語や生活において）次の展開を予測し、それに応じて準備することができるようになる。これは人間にとってきわめて重要なスキルだ。たとえば、ふだんの何気ない雑談のなかでも、話し相手が文章を言いおえそうなときに、すでに次の応答を用意しておかなければいけない。さもないとすべての会話が、小洒落たフランス映画のセリフのように、意味ありげな長い間《ま》だらけになってしまう。フランス映画の世界以外の住人は、相手がどのように文章を終わらせるかをつねに予測する必要がある。すぐさま言葉を切り返すことによって、自分がどれだけ気配り上手で頭がいいかを示すことができるのだ。

これらのメカニズムはどれも、人が生きていくための道標となってくれる。このような感情的な反応は望もうが望むまいが自然と起きることであり、なんとも嬉しい偶然ながら、音楽によって引き起こされることもある。このメカニズムは互いに独立したもので、ひとつの楽曲によって複数の反応が同時に起きることもあるし、それぞれが別々の感情を駆り立てることもある。同じ曲を聴いても、人によってちがう感情的な反応が起きるのはそのためだ。同じダンス音楽を聴いたとしても、ある人の脳ではリズム同調が起き、ワクワクと興奮した気持ちが芽生えるかもしれない。しかし別の人の脳ではエピソード記憶のスイッチが入り、学生時代を思い返して懐かしい気持ちになるかもしれない。いくつかのメカニズムがいっときに起動されるという事実は、音楽を聴いたときに入り混じった感情を抱くことがある理由を説明してくれる。いま挙げた感情を同時に感じることがあるとすれば、ワクワク感と懐かしい気持ちを同時に引き出すダンス音楽というものが存在する可能性もある（いったいどんなダンスのための音楽かは不明だが）。

音楽心理学者のジュスリンとその仲間たちによるこの研究が行なわれたのは、わずか数年前のことであり、将来的には欠点が見つかるかもしれない。でも差し当たりはこの研究の結果が、音楽が感情を引き起こす謎を解明しようとする数少ない理論のひとつであることはまちがいない。

さきほど述べたとおり、音楽学者デリック・クックはその昔、ブルガリア人かスペイン人でないかぎり短調は悲しく聞こえると主張していた。そう考えると、音楽とその感情的側面についての研究が現在までにずいぶんと進化を遂げたことがわかるだろう。

4章　繰り返し、驚き、鳥肌

音楽における繰り返し

すでに聞いたことがある人も多いだろうが、このなぞなぞはお好きだろうか？

質問――パンはパンでも食べられないパンってなんだ？

答え――フライパン。

すでに聞いたことがある人も多いだろうが、このなぞなぞはお好きだろうか？

質問――パンはパンでも食べられないパンってなんだ？

答え――フライパン。

この六行の文章は、繰り返しについてとても重要なことをわたしたちに教えてくれる。じつのところ人間にとって、本物の繰り返しなどというものはない。あなたが一度目になぞなぞを読んだとき、きっとある反応が生み出されたはずだ。この例でいえば、愉しい笑顔や納得の表情が顔に浮かんだかもしれない。そして二度目に読んだときには、「これはミスプリントに決まってる」とか「さっきのやつとどこか差があるのかな?」と思ったにちがいない。しかし、一度目と同じような笑顔や納得の表情をまた浮かべた人はいないだろう。ページに印刷されたのが一度目の文字とまったく同じにもかかわらず、その文章へのあなたの態度は変わった。なぜかといえば、それが繰り返しだったからだ。

ほとんどの場面において(読書、会話、冗談など)、わたしたちは繰り返しを高く評価しないし、愉しいことだとも考えない。でも、ひとつだけ例外がある。人は音楽のなかの繰り返しが大好きで、そのためほぼすべての音楽で繰り返しが多用されている。

ポップスは反復的で、クラシックは反復的で、ラップは反復的……いくら続けても答えは変わらない。

もちろん、音楽の〝反復〟はすべてがまったく同じとはかぎらない。ちがうハーモニーで同じメロディが繰り返されることもあれば、別の楽器によって同じメロディが演奏されることもあるだろう。ところが、電子的に作られた寸分違わぬ音が繰り返されたとしても、一度聴いたことがあるという事実によって聴き手の反応は最初とは異なるものになる。

これが、音楽の反復が退屈ではない理由のひとつ。もし退屈だとしたら、わたしたちは大きな問題に直面することになる。なぜなら、ほぼすべてのジャンルの音楽にとてつもない量の反復が存在しているからだ。

いま、わたしが「すべてのジャンル」にあえて「ほぼ」と書き添えたことに気づいた方も多いかもしれない。例外はまれで、あったとしても、現代音楽のインテリ作曲家があらゆる手を尽くして反復を避けている場合がほとんどだ。音楽心理学者のエリザベス・マーグリスはこのような現代音楽を使い、人間がどれほど音楽の反復を愛しているかを調べようとした。マーグリス教授は大勢の音楽理論家（「反復を避ける」といった新しい音楽の手法を好意的にとらえると予想される人々）を部屋に集め、反復のない無名の楽曲を順に流した。参加者には知らされていなかったものの、もともとの「反復のない」バージョンの曲のほかに、教授自らが短いセクションの反復を加えた曲も加えられていた。たとえば、1、2、3の順で演奏されるべき三パートからなる楽曲の場合、最初と三つ目のパートを繰り返したバージョンを参加者たちに聴かせた。1、1、2、3、3といった具合だ。

最後に参加者たちにどの楽曲が好きだったかを尋ねると、繰り返しが含まれる曲のほうがずっと人気が高いことがわかった。マーグリス教授は、卓越した著書『*On Repeat*』（反復について）のなかで、次のように述べる。

これは驚くべき発見である。オリジナルの楽曲は国際的にも有名な作曲家たちによる作品であり、（より好まれた）反復バージョンは芸術性を無視して、刺激を操作するために乱暴に作られたものであることを考えると、さらに驚きは増す。[1]

ここまでの話をまとめると、人は音楽の繰り返しを好むというだけでなく、繰り返しが含まれていない音楽からあまり喜びを得ることはできないということになる。

音楽の反復が聴き手にとって愉しく便利なものである理由のひとつに、音楽は要約できないという事実がある。たとえば、わたしがあなたにこう伝えたとする。「スティーヴからいま電話があった。弟が勝手にスティーヴのバイクで出かけてしまったから、これからバスで来るんだって。だから、一時間くらい遅れるってさ。ずいぶん機嫌が悪そうだったよ」。このメッセージの要点が「スティーヴが一時間遅れる」であることは明らかだろう。とくに思いやりのある友だちであれば、「スティーヴが一時間遅れる。着いたら励ましてあげよう」とひとこと要約につけ加えるかもしれない。それでも、スティーヴの移動手段についての情報を要約に含める人は少ないだろう。音楽では、この〝要約〟ができない。メロディには要点などない。メロディの一部を聞きたければ、あるいは記憶したければ、本来演奏されるべき速さの音を実際に耳にしなければいけない。さらに、（実際に聴いているとしても、頭のなかで想像しているとしても）その曲の好きな部分で始めたり終わらせたりすることはできても、音楽の流れを壊すことなく不意にメロディの別の部分に移動することはできない。

音楽が脳のなかへと流れ込んでいくとき、その流れを自分で把握するのはたやすいことではない。だからこそ、聞こえてきたばかりのすばらしいメロディやベースラインが何度か繰り返されることが役に立つ。その反復によって聴き手は音楽の流れを理解しはじめ、その流れを追うことができるようになる。心理学者のピーター・カイヴィの言葉を借りれば、「音楽の繰り返しの後押しによって聴き手は手探りで進み、最終的に全体を把握できるようになる」[2]。

繰り返しによって、聴き手は音楽のさまざまな面に注意を向け、楽曲をより深く愉しむことができるようになる。歌であれば、繰り返されるメロディへの集中をいったん緩め、新たに歌詞に耳を傾けることができるかもしれない。楽器だけの曲であれば、ベース音のリズムやサックスソロの感情豊かな音色に注目できるようになるかもしれない。エリザベス・マーグリスは、繰り返しが聴き手に喜びを与えるのは、「その音楽の世界により深く入り込めるという感覚が増すため」だと主張する。[3] これは、小さな子どもが〝お話〟を聞くときの経験に似ている。幼い子どもはお話を繰り返し聞くのが大好きで、できるかぎり同じように繰り返されることを望む。一部のストーリーを省いたり、変な声でウサギのセリフを言ったりすると、三歳児から鋭い軽蔑の眼差しが飛んでくることになる。子どもが繰り返しを好むひとつの理由は、頭のなかで多くの情報を処理しているからだ。小さな子どものためのお話には、聞いたことのない単語がほぼ必ず含まれている。反復によって頭のなかに余裕が生まれると、その処理が愉しいものに変わるのだ。心理学者のジェシカ・ホースト、ケリー・パーソンズ、ナターシャ・ブライアンは子どもが聞くお話について研究し、ある法則を発見した。新しい単語をひとつのお話のなかで繰り返し聞いた場合と、その新しい単語を複数の異なるお話のなかでたびたび聞いた場合とでは、前者のケースのほうが子どもたちは新しい単語をずっと早く使いこなすようになるという。[4] これは、当然の結果とはいえない。いくつかの異なる文脈のなかで新しい単語を聞いたほうが、子どもはその単語を使うべきタイミングの感覚をつかみやすいのではないか、という意見ももっともそうに聞こえる。しかし実際にはそうではなく、ひとつの文脈のなかで単純に繰り返すほうが、新しい単語を使いはじめるための確かな基盤を子どもに与えることができるという。

反復と音楽はきわめて密接に絡み合っており、音楽以外の音を何度か繰り返すだけで、それが音楽の音に変わることもある。その見事な一例として、ダイアナ・ドイチュの「スピーチから歌への錯聴」をぜひ聞いてみてほしい（彼女のウェブサイト*を訪れるか、あるいはＹｏｕＴｕｂｅで「speech to song illusion」と検索すると聞くことができる）。皮肉なことに、ドイチュ教授がこの錯聴を偶然発見したのは、ＣＤ『*Musical Illusions and Paradoxes*』（音楽の錯聴とパラドックス）のコメント部分を編集しているあいだだった。彼女はちょうど、次の文章を話すときの言いよどみを修正していた。

> The sounds, as they appear to you, are not only different from those that are really present, but they sometimes behave so strangely as to seem quite impossible.
> （聴き手の耳に届く音は、実際の音とは異なるだけでなく、ときにありえないほど奇妙にふるまうことがある）

文章のタイミングを微調整するため、ドイチュは「sometimes behave so strangely」というフレーズをリピート再生していた。すると突然、言葉が実際に奇妙にふるまいはじめた……なんの変哲もないふつうのフレーズが、何度かリピート再生するうちに、はっきりとしたメロディ

* http://deutsch. ucsd. edu/psychology/pages. php?i=212

のある短い歌に聴こえるようになった。
ウェブサイト（とＹｏｕＴｕｂｅ）の録音記録では、まず全文が読み上げられ、次に「sometimes behave so strangely」の部分がリピート再生されている。全体の文章と繰り返し部分の最初の数回を聞いているときには、なんの変哲もないふつうのスピーチにしか聞こえない。しかし最後の部分が何回か繰り返されると、ほとんどの人の耳には、あたかも歌声のように聞こえはじめる。じつに奇妙なのは、録音の初めに戻って再び全文を聞いても、まったくふつうのスピーチにしか聞こえないということだ。にもかかわらず、最後の「sometimes behave so strangely」のリピート部分にくると、少なくとも聴き手の大多数（約八五パーセント）には、それが歌の一部のように聞こえる。つまり通常のスピーチも、ただ繰り返すだけで歌に変わることがあるというわけだ。この現象に衝撃を受けたドイチュ教授は、このリピート再生した音源を次回作のＣＤ*に収録した。

この現象をさらに詳しく調べてみると、冒頭のスピーチ部分のピッチの跳躍が、歌のように聞こえる最後の部分の跳躍とはまったく別物であることが明らかになった。[5] スピーチ部分でもピッチはメロディのような曲線を描いているものの、反復部分で出現するメロディのピッチの跳躍ほど大きなものではなかった。

ドイチュ教授はさらに調査を進め、通常のスピーチとして文章全体を一度だけ人々に聞いてもらい、そのあとに最後のフレーズだけを真似するように頼んだ。予想どおり、被験者たちは通常のスピーチのバージョンと同じようなピッチの上がり下がりで言葉を再現した。次に「sometimes behave so strangely」のリピート部分を再生し、参加者の頭のなかで歌に変わったところを見計らって、再びこのフレーズを真似するように頼んだ。被験者のほぼ全員が同じ曲線のピッチで言葉を再現したが、実際に音程があるかのように最初よりもピッチの跳躍の幅が広がった。言い換えれば、被験者は歌を歌っていたのだった。それどころか、みんなが同じメロディを歌った。被験者の脳は受け取った情報（通常のスピーチにおけるゆるやかなピッチの上下）をわざわざ変化させ、音程となるようにピッチの幅を広げたのだ。この現象が起きたのは、たんにフレーズを反復させたからだった。

反復する音が音楽に変わる単純な例は、日々の生活のなかにも紛れている。たとえば、車の方向指示器や時計の音。だいたいの方向指示器や時計からは、同じようなチクチクという音が続けて聞こえてくる——チク、チク、チク、チク。ところが、まだ誰にも解明されていない謎の理由によって、このチクチク音はなぜか「チク・タク」「チク・タク」というサイクルの繰り返しとして人の耳に届いてくる。壁の時計や腕時計のチクという音に耳をすましてほしい。おそらく、チク・タク、チク・タクという音の繰り返しがすぐに聞こえてくるはずだ。くわえて、チクよりもタクのほうが少しだけ低音に聞こえたり、音が小さく、あるいは大きく聞こえたりする。さらに耳をそばだて、その音をふたつではなく三つのグループに分けてみよう——「チク・タク・チク」「チク・タク・チク」……。次にこのチク・タク・チクのパターンを声に出して言い、時計のリズムと合わせて何度か繰り返してほしい。それから途中で言うのをやめると、今度は新しいパターンが耳に届くにちがいない。実際にそ

＊　聴覚の謎について解説した『*Phantom Words and Other Curiosities*』（錯聴の言葉とその他の珍しい事々）。人間の聴覚系がいかに誤りを犯しやすいかに興味がある人であれば、ドイチュ教授のこれらのCDにきっと度肝を抜かれることだろう。

う聞こえた人は、いくつかのタクがチクに変わり、いくつかのチクがタクに変身していることに気がつくだろう。これは、チク・タクという音が実際にはすべて同じ音であることの証だ。この段階までくれば、少し意識するだけで、ほんとうに発生している音を聞くこともできるはずだ――チク、チク、チク、チク、チク。とはいえ、新たに発見したこのスキルを過信してはいけない。はっきりと聞こえていたはずの音はすぐさま消え去り、あなたはまた滑りやすい坂道を転がり落ちてチクタク地獄へと舞い戻る。似た音が繰り返されるとき、どうやら人間の脳はそれを小さなグループに分けて処理するほうが楽だと感じるようだ。

フランスのブルゴーニュ大学の心理学者グループは、この現象の謎を解き明かすための実験を行なった。彼らは被験者に脳波計を取りつけ、連続する同一の音を聞いているときの脳の活動を観察した。すると、脳が自動的に音をペアに組み合わせて処理し、各ペアの最初の音が鳴ったときにより激しく活動していることがわかった。[6] 音はまったく同じでも、聴き手は無意識のうちに音にアクセントをつけ、**チク**・タク・**チク**・タクというパターンに変えているということだ。

多くの心理検査の結果によると、人は親しみのある音楽を聴いたときにもっとも大きな感情的反応を示すという。言うまでもなく、繰り返しは親しみを生み出す大きな要因となる。繰り返しと一言でいってもその種類はさまざまで、一曲全体やサビが繰り返されるパターンもあれば、クイーンの「フラッシュ」の冒頭のように一音だけが繰り返されることもある。

音楽のなかの繰り返しに気づいていないとしても、聴き手は無意識のうちに繰り返しの魔法にかかっている。さきほど挙げた実験に参加した音楽理論家たちも、繰り返しが彼らの満足感を増していた

図4

ことを意識していなかったかもしれない。わたしたちの多くは、〝反復バロメーター〟を意識しながら音楽を聴くわけではなく、すべての反復に気づいているわけではないのだ。ときには、メロディではなくハーモニーやベースラインだけが繰り返されることもあり、その反復に気づくのはさらにむずかしくなる。いずれにしても、反復が人を音楽に惹きつける力をもっていることはまちがいない。

では、潜在意識下での反復の興味深い側面について見てみよう。一九六〇年代、心理学者のロバート・ザイアンスはある現象を発見し、それを「単純接触効果」と名づけた[7]。ザイアンスの研究によれば、人は過去に見聞きしたことがあるものに好印象を抱く傾向があり、経験したことに人が気づいていない場合もそれは変わらないという。この現象は、古い格言「わたしは自分が知っているものが好きで、自分が好きなものを知っている」と似ているように聞こえるが、それよりもっと深く、もっと奇妙なものだ。

ある実験のなかで、ザイアンスは中国人以外の学生を集め、意味をもたない一二個の（漢字のような）走り書きを見せた（図４）。

各グループに分かれた参加者には同じ一二個の画像が示されたが、同じ画像を見せる回数にはグループごとに差がつけられていた。画像の順番はシャッフルされ、ある画像を一〇回見るグループもあれば、同じ画像を五回、あるいは二五回見るグループもあった。一回あたりに画像が見えるのはわずか二秒ほどなので、学生たちが画像を記憶できる可能性はほとんどなかった。

その後、画像がさまざまな形容詞を意味する中国の表意文字であることが学生たちに告げられた。肯定的な意味の漢字もあれば（おそらく「美しい」や「甘い」など）、否定的な意味のものも含まれていた（おそらく「不快な」や「むずかしい」など）。最後に、見た目だけの印象で文字に点数をつけるように学生たちは指示を受けた——〝好ましさ〟によって、最低点の〇点（その表意文字がきわめて悪い意味だと思った場合）から最高点の六点（とても良い意味だと思った場合）まで。きっと学生たちは、文字の見た目にもとづいて自分が評価していると考えたにちがいない。「これはカクカクして怖い感じがするから一点にしよう」といった具合に。ところが実際には、見た回数が多い文字により高い評価を与えているだけだった。

学生たちが画像を見た回数や時間はきわめてかぎられており、その形を記憶することはできなかった。にもかかわらず、どのグループにおいても、もっとも頻繁に見せられた画像がもっとも肯定的な意味だという評価を受け、もっとも見た回数の少ない画像がもっとも否定的な意味だという評価を受けた。つまり、「もっとも肯定的」と「もっとも否定的」な文字が各グループでちがったのは、グループごとに画像を見せられた回数が異なっていたからだった。のちに別の条件で行なわれた数多くの実験でも、ほぼ同じような結果が出た。像や音についていえば、人間は過去に見聞きしたものにより肯定的な反応を示し、よく知らないものに否定的な反応を示す傾向があるということになる。

単純接触効果のもっとも驚くべき点のひとつは、それが意識的な思考や選択とはまったく無関係で、無意識のプロセスだと考えられることだ。事実、画像をわずか一〇〇〇分の四秒——脳が意識的に画像を〝見る〟ことがまったくできないほど短い時間――しか見せない実験でも、同じ現象が起きることが明らかになった。

無意識のうちに起こる単純接触効果は、繰り返しに気づいていないときでも人が音楽の反復を好ましく感じる理由のひとつだろう。また、文字どおりの反復だけでなく、主題の変奏《バリエーション》を聞いたときにも、この現象が一定のレベルで起きる。音楽の反復の多くにリズム、ピッチ、楽器編成のちょっとした変化が含まれていることを考えれば、これも当然の話だろう。

繰り返しはわたしたちに喜びの土台を与えてくれる。けれど、真に美しい音楽的瞬間を味わうためには、繰り返しにくわえて「驚き」というスパイスが必要になる。

音楽のなかの驚き

ふだんのわたしたちは、まわりの出来事のすべてに注意を払っているわけではない。注意を払うにはそれなりのエネルギーが必要となり、人間の生体組織は使うエネルギーを最小限にとどめることを好む。その一方で、何か大切なことや興味深いことが起きているときはいつであれ、人はそれに注意を払わなくてはいけない。その昔、「大切なこと」とは、不意に眼のまえに現れる狼の群れ、あるいは予期せぬ雷雨だったにちがいない。現代における「大切なこと」とは、不意に眼のまえに運ばれてくるデザート、あるいは退屈な会議で予期せず自分の名前が呼ばれることなどを指す。こういったことが起きると、脳の覚醒システムと注意システムの両方が起動する。覚醒システムは状況に対処するために体の準備を進め、心拍数、グルコース取り込み量、呼吸数などを上昇させる。注意システムのほうは、脳の集中を高める。[8] このような反応が起きるのは、置かれた状況が予測不可能だと人が感じはじめるときだ。人間にはすぐ眼のまえの未来が危険かどうかを判断する能力が具わっており、すべてが予想どおりで平穏そうに見えると、エネルギーを食う注意・覚醒システムのスイッチはオフにされる。ところが意外なことが起きるたび、注意と覚醒のレベルは一気に高まる。くわえて、人間はまず初めに最悪の事態を想定する。このことについて、音楽心理学者のデイヴィッド・ヒューロンは優れた著書『*Sweet Anticipation*』(甘い期待)のなかで次のように述べる。

驚きは、将来を予測することに対する生物学的な失敗を意味する。そのため、すべての驚きはまず脅威や危険だと評価される。[9]

とはいえ、驚きのなかには嬉しいものもあるはずだ。予期せぬ贈り物は? 仲のいい友だちからの電話は?

ありがたいことに、不快な驚きがあるように、嬉しい驚きというものがある。しかし、嬉しい驚きだとわかるのは、初めの〝脅威への反応〟が終わったあとのことだ。ちなみに、この脅威の反応はきわめて短いものなので、人の意識に記録されることはほとんどない。

自分が幼い子どもで、寝るまえにベッドで本を読んでいるところだと想像してみてほしい。突然、寝室のドアがカチャと音を立てて開く。おやすみのキスのためにやってきた母親だ。毎晩このくらいの時間に母親が部屋に来ることはわかっているにもかかわらず、脳はカチャという音を「驚き」ととらえる。初めの六分の一秒くらいのあいだ、あなたの心は大騒ぎで非常ベルを鳴らし、狼の群れがすぐ近くまでやってきたのだと確信する。そのあと、そんな否定的な気持ちを抱いていたことにも気づかぬうちに、カチャという音からキスまでの全体の流れを肯定的な出来事だと認識するようになる。これは、子どもならではの現象などではない。二五年後、あなたがベッドに寝転んで日曜日の朝刊を読んでいると、ドアがカチャと音を立て……紅茶とトーストが載ったお盆を持つあなたのパートナーが部屋に入ってくる。ここでも初めの六分の一秒のあいだ、狼、地震、ヴァイキングの襲撃のことが頭のなかを駆け巡る。そういった否定的な無意識の反応は、実際に何が起きているかはっきりとわかった時点で消えてしまう。

カチャという音が鳴った瞬間、〝戦闘配置につけ〟というシグナルが脳の恐怖中枢（扁桃体）にただちに送られる。同時に「何が起きてる？」というメッセージも送信され、およそ六分の一秒遅れで扁桃体にたどり着く。この遅れが生じるのは、メッセージが脳の主要部を経由するためだ。この主要部では、実際の出来事の中身について検討され、恐怖のシグナルが上位レベルまで伝えられるべきか、それともここで遮断されるべきかが判断される。

何度ドアがカチャと音を立てたとしても、最初の否定的な反応はいつも繰り返される。この反応は、はっきりと意識された否定的な反応（ほんとうに地震だ！）に裏打ちされるか、あるいは肯定的な反応（紅茶とトーストだ！）によって取り消される。マンチェスターに建つ家の寝室のドアがカチャと開く音は、往々にして危険な合図であるはずがない。にもかかわらず、人はそれを学ぶことができない。予期せぬ音（接触、味、出来事）に対する〝戦うか逃げるか反応〟を捨て去っていたら、人類は決して生き残ることができなかったにちがいない。わたしたち人間は、最初にいつも過剰に反応する脳に我慢しながら生きていかなければいけない。さもなければ、ごくまれに実際に何か危険なことが起きたとき、脳が弱い反応しか示さないという事態になってしまう。過剰反応する脳はあなたを少しばかり驚かせるかもしれないが、反応の弱い脳はあなたを殺してしまうかもしれないのだ。

　脳波計を使った実験では、耳にする音に予期せぬ変化が起きると、人間の脳が自然と反応を示すことが証明されている。たとえば、生後わずか四カ月の赤ん坊の脳でも、交互に鳴るふたつの音の連続するパターンが変わると、驚きのシグナルを送る（ピン、ポン、ピン、ポン、ピン、ポンという音が続くときに急にピンがふたつ続けて鳴ると、赤ん坊は驚く）[10]。幼児や大人を対象としたこのような数々の実験によって、音のパターンが変わるときに人が警戒心を抱くということがわかった。ピッチ、音色、音量、さらには音の鳴る方向における予期せぬ変化は、一定の割合で人を驚かせる。また、音量が上がることにも下がることにも（あるいは、突然の静けさにも）同じように人が驚くという事実を考えれば、驚きを作り出すのは音の大小ではなく、パターンの変化だということがわかる。音のパターンは、その流れが続くという期待を人に抱かせる。そして期待感が裏切られると、脳が注意を払いはじめる。当然ながら、小さな逸脱は小さな反応を引き起こし、パターンの大きな変化は大きな驚きを生み出す。

　この驚きの反応こそが、音楽という愉しみの核となるものだ。なじみのある種類の音楽を聴くときには、音の流れはだいたい予想どおりで、それほど驚くようなことはないかもしれない。こういった曲のなかでの驚きは、メロディや伴奏における音の選択やタイミングによってもたらされることが多い。音楽が予想どおりに進むと、何が起きているかを理解できるので、人は心地よい満足感に包まれる。これも、音楽の喜びの源《みなもと》のひとつ。ところが、何か驚くべきことが起こると、まずは否定的な反応が最初にやってくる。しかしほぼすべてのケースにおいて、驚きは音楽のなかのことだったという安心感がすぐさまどっと押し寄せてくる。この負から正への変化によって、肯定的な気持ちの効果はさらに大きなものになる。効果が大きくなる仕組みについて、次の段落では比喩を使って詳しく説明したい。

毎月一度の習慣として、あなたは家族と一緒に祖母の家を訪ねる。ティーンエイジャーの貧乏の苦しみを知る祖母はいつも、二〇ポンド札をこっそりとあなたのジャケットのポケットに忍ばせ、帰るときに玄関で手渡してくれる。しかしある日の帰り道、ポケットに手を入れて二〇ポンド札を探すが、入っていない。最悪だ！　今日はおばあちゃんが入れ忘れたにちがいない。

ところが五分後、祖母がいつもとは別のポケットにお金を入れていたことに気づく。それも今回は二〇ポンドではなく四〇ポンド。最高だ！　このケースでは、あなたが期待していたのは二〇ポンドで、いつもと同じポケットに四〇ポンドを見つけただけでも喜びは大きかっただろう。ところが、二〇ポンドを〝失った〟と思ったあとに四〇ポンドを見つけたときの喜びは、さらに大きなものになる。初めの否定的な気持ちが、そのあとの肯定的な気持ちを増幅させたというわけだ。

驚くべきことが起きたあと、起動した脳が恐怖中枢を落ち着かせると、次に無意識の安堵感がやってくる。楽曲のなかで予期しないことが起きたときに、わたしたちが喜び――ときに非常に大きな喜び――を感じるのはそのためだ。不協和音だらけの耳障りなセクションを聴いているとき、同じような流れが近い将来も続くのだと人は予想する。けれど、その予想が裏切られて急に美しく心地よい響きに変わったら、その驚きによって喜びの効果はさらに大きなものになる。[11] 最初の否定的な反応は生物学的なものであり、人間が意識的にコントロールすることはできない。この事実こそ、よく知る音楽だとしても、特定の部分に〝鳥肌〟効果がある理由だ。また、音楽が喜びを引き起こすもうひとつの要因は、鳥肌が立つような驚くべきところがもう少しでやってくるという期待感にある。*

ゾクゾクさせるもの

音楽への感情的な反応はときに、肉体的な反応を引き起こすこともある。ジョン・スロボダ教授は、音楽への肉体的反応を大きく三つに分類し、聴き手はこのうちひとつか複数を同時に経験することがあると論じた。[12]

1. 胸がいっぱいになる感覚。涙が出ることもある（たいてい喜びか安堵の涙）。
2. 鳥肌が立って毛が逆立ち、肌がヒリヒリするような感覚。背筋がぞっとすることもある。
3. 心拍数の上昇。胃が縮むような感覚をともなうこともある。

ここまでのレベルの感情移入が起こるのはまれなことだ。また、なじみのある音楽にじっと耳を傾けるときにこの反応は起きやすく、食器洗い機に皿を入れながら曲を聴いているようなときにはあまり起こらない。この種のゾクゾクとする反応を引き起こすものが何かを具体的に突き止めるのはむずかしいものの、音楽内の意外な変化にリンクするケースが多いことはすでに判明している――このタイプの音楽はふつうならこの段階でこう進行するだろう、という期待が裏切られたときだ。当然、既知の楽曲の場合、聴き手は意外な変化がくることを事前にわかっている。それでも、気分が乗っていればゾクゾク感を味わうことができるものだ。もちろん、音楽によるゾクゾク感への敏感さは人によって異なる。これを調べたいくつかの心理学の研究によると、「経験に対して開放的」な性格特性をもつ人のほうが、音楽を聴いたときに激しい感情を抱きやすいという。[13]

はっきりとした規則性はないものの（音楽に関することではいつものことながら）、いま挙げた三種類の肉体的／感情的な反応は、次のような音楽のテクニックと関連づけられることが多い。[14]

ときに涙がともなう「胸がいっぱいになる感覚」は、さまざまな音楽的効果によって引き起こされるが、音楽家たちが「倚音《いおん》」（あるいはアポジャトゥーラ）と呼ぶものもそのひとつ。平易な言葉でいうと、伴奏のハーモニーに合わない音でメロディを歌ったり演奏したりしてから、よりふさわしい音に一段階ピッチが上がったり下がったりすることを指す。この〝緊張の解放〟は、電車にぎりぎりで飛び乗ったときの「はあ」の音楽版といったところだろう。

＊　最近、ロックバンド、エルボーのアルバム『ビルド・ア・ロケット・ボーイズ！』に収録されている「ザ・バーズ」という歌のなかに〝鳥肌モーメント〟を見つけた。三分二五秒のところで入ってくるシンセサイザーの音に注目してほしい。

＊＊　「経験に対して開放的」の傾向が強い人は、次のような特性でも平均以上のレベルであることが多い――想像力の豊かさ、美的感受性、心情への配慮、多様性を好む考え方、知的好奇心。

鳥肌と寒気は、メロディよりもハーモニーの変化によって起きることが多い。何気なくふつうに進む音楽のなかで、ハーモニーを構成する和音に異なる音が急に使われはじめるようなときだ。たとえるなら、屋外でのスポーツ競技をオレンジ色のサングラス越しに見ているときに、突然レンズの色が緑色に変わるようなもの。このとき、眼のまえの出来事に変化はなくても、何か根本的なものが変わったと人は感じる。

もうおわかりかもしれないが、心拍数の上昇は音楽に変化が加わるタイミングとリンクする。一例を挙げると、一定の単純なリズムで進んでいた音楽が急にシンコペーションのリズムになると、聴き手の心拍数は上がる。シンコペーションとは、ふつうとは異なる拍を強調するという意味だ。たとえば、一般的にはこのように強勢を置くのがふつうだが――

1と2と**3**と4と……

シンコペーションを効かせて次のように変えることもできる。

1**と**2と**3**と4と……

作曲家が聴き手の心拍数を上昇させるために使うもうひとつの方法に、クライマックスへの期待感を高め、それを少し早めに登場させるというものがある。

すでにお気づきの方も多いだろうが、こういった大きな感情的効果はどれも、まず期待値を上げ、それを（ほどよい程度に）裏切るという流れによって生み出される。これは、ストーリーテリングやジョークにも当てはまる原理だ。人は整然とした道を進むことを好むが、ありきたりすぎるのは好まない。（少なくとも大人にとって）音楽がストーリーテリングやジョークと大きく異なるのは、繰り返し聴くと楽曲への愛着が増すということだろう。一般的に、人にもっとも強い感情を抱かせるのは、なじみのある音楽を聴いたときだといわれている。[15]しかしジョークや物語の場合、誰にでも映画やテレビドラマのお気に入りのセリフやシーンはあるとしても、人にもっとも強いインパクトを与えるのはそれを初めて見聞きしたときだ。

わたしたちの多くは、ジェームズ・ボンド並みの冒険を求めているわけではない。人は音楽のなかの驚きを好むが、それは飛び上がるほどの驚きではない場合にかぎられる。くわえて、以前にも聴いたことのある驚きをより好む傾向がある。

5章　薬としての音楽

現代的な音楽療法《セラピー》が始まったきっかけは、第二次世界大戦で肉体や心に傷を負ったアメリカ兵を元気づけるために、退役軍人のための病院でコンサートが開かれたことだった。病院のスタッフはすぐに、音楽が患者の肉体と精神の両方に驚くほど好ましい効果を与えることに気づいた。そこで病院はミュージシャンたちを雇いはじめ、患者がより定期的に音楽に触れる機会を作った。やがて、ミュージシャンが療法士として訓練を受けていると効果が増すことがわかり、一九四四年には音楽療法を学ぶための専門コースが初めて設置された。

音楽療法の目的は、音楽に対する人間の無意識の反応を利用し、肉体的・精神的な疾患からの回復を手助けするということにある。ここ数十年のあいだ、音楽療法は幅広い分野で効果があることが証明されてきた。その仕組みについて、いくつか例を見てみよう。

うつとストレスのための音楽療法

うつの大きな問題のひとつとして、ひどくふさぎ込んでしまって出口が見つからなくなることが挙げられる。うつ状態は悪循環を作り出す――否定的な考えが否定的な気分を生み出し、それが否定的な考えを生み出し、それが否定的な気分を生み出し、それが……

音楽にはこの悪循環を断ち切る力がある。これは根拠のない迷信などではない。心地よい音楽を聴くと人の脳内のセロトニンとドーパミンの分泌レベルが上がり、実際に肯定的な気持ちへの変化につながることが科学的に証明されている。[1] さらに人間だけではなく、ストレスを溜め込んだネズミに音楽を聴かせても、ドーパミンの分泌レベルが増すことが実験によってわかった。

いったん気持ちの変化が起きると、多くのうつ患者は肯定的な気持ちや人の助けを受け容れ、自分やまわりの世界に対してよりポジティブな見方を保てるようになる。[2] おそらくネズミの脳のなかでも同じことが起きるのだろうが、バランスのとれた世界観をもつネズミが必要かどうか、わたしにはわからない。

うつとストレスの強い関連性に注目した心理学者のスザンヌ・ハンサーは、音楽を使った活動がストレスを減らし、それによってうつ症状が和らげられる可能性について実験を行なった。[3] ハンサーはうつを患っている三〇人の高齢者を集め、八週のあいだ抗うつ薬を飲むのをやめることに同意してもらったうえで、一〇人ずつ三つのグループに分けて実験を始めた。

第一グループの一〇人には、音楽を使ったストレス軽減法の個別トレーニングを受けてもらった（八週間の実験中に週に一度、自宅で行なわれた）。トレーニングには、音楽に合わせた運動、音楽を使ったリラクセーション、精神の活性化、視覚イメージの誘導などが含まれていた。このグループの参加者には、使う音楽を自分で選んでもらった。

第二グループの一〇人が受けたのは、最初のグループと同じトレーニングの簡易バージョンだった。彼らには、やるべきことと使う音楽のリストが書かれた指示書が渡された。ハンサー教授はこのグループの参加者に週に一度電話して疑問に答え、アドバイスを与えた。

第三グループの一〇人に与えられたのは、八週間後にセラピーを始めることができるという約束の言葉だけだった。「ふん！」と彼らは思ったにちがいない。「……いつもこうだ！」

八週間にわたる実験の前後、三つのグループの参加者全員がストレスとうつの症状レベルを測る検査を受けた。その結果は驚くべきものだった。実験が始まった時点では、三グループの参加者すべてが臨床的に（軽度の）うつを発症し、ストレスも高い状態だった。なんのセラピーも受けなかった第三グループの一〇人は、実験後の検査でも症状はほとんど同じだった。対照的に、音楽療法を受けたふたつのグループの二〇人の症状は大きく改善していた。彼らのうつと不安障害のレベルは、実験開始時のそれぞれの値よりはるかに改善し、病気ではない人のレベルにまで近づいていた。それどころか、その状態は長く続いた。実験から九カ月後に再び調べたところ、音楽療法を受けたグループの参加者のうつと不安障害の症状は軽減された状態がそのまま続いており、なかにはさらに改善している例もみられた。

この実験に参加したある被験者にとって、音楽療法がとりわけ大きな効果を発揮したわけは、音楽自体が彼女にとって重要なものだったからだ。実験が始まったときに六九歳だったジュディは、夫のバーナードを亡くしたばかりでひどくふさぎ込んでいた。生前のバーナードはクラリネット奏者で、ビッグバンド音楽が大好きだった。スザンヌ・ハンサー教授はジュディに対し、夫バーナードの古いビッグバンド音楽のレコードを療法のために使うことを提案した。わずか一週間のうちに、ジュディの人生への姿勢に著《いちじる》しい変化がみられるようになった。実験の九カ月後、ジュディはハンサー教授にこんな手紙を送った。

このレコードを手に取るまで、もう夫に会うことはできないのだと考えて毎日を過ごしていました。わたしは夫を心から愛していました。彼のいない世界など考えられませんでした。でもいまは、夫のレコードをかけると、彼がここにわたしと一緒にいるかのような感覚になるんです。レコードを聴きながら、過去の愉しい出来事、いつも仲よくふたりで一緒にいたことを思い出します。わたしは夫のレコードを愛し、夫のレコードを聴く時間を愛しています。先生、夫を返してくれてありがとうございました。[4]

これ以上の結果はないだろう。

音楽療法と痛み

痛みとはどれほどの範囲に及ぶものなのか？　どれほど不快なのか？　そんなことを考えてみると、わたしたちが痛みについてほとんど何も知らないことに驚かされる。痛みはモノではなく知覚だ。同じケガをしたとしても、そのときの忙しさや気分などといったさまざまな要因が絡み合い、人によって感じる痛みのレベルは大きく異なる。のんびりと過ごす日曜日の午後につま先をどこかにぶつけたら、あなたは大きな痛みを感じるかもしれない。しかし、バスの前に飛び出そうとする小さな子どもを助けるために猛ダッシュしている最中だったら、同じようにつま先をぶつけても、あなたは痛みに気づきさえしないかもしれない。

幸いにも、痛みは具体的な何かではなく知覚――つまり感情――なので、音楽にはその影響を弱める力がある。これまで見てきたように、音楽にはストレスを減らし、緊張を緩め、気分を改善し、集中力を高める効果があり、それらすべての要素が痛みの感じ方を和らげる助けとなる。くわえて、脳は音楽を邪魔なもの（たとえば、危険にさらされた子どもが視界に入ってくること）として処理しようとするため、そのプロセスが「くそ！　痛い！」というシグナルを妨害してくれる。[5]これまでの研究によって、音楽には、歯の治療時の痛みや頭痛といった一時的な痛みの緩和に大きな効果があることが証明されてきた。とくに、曲と音量を患者が自分で選んだときには効果が現れやすい。おもしろいことに、もっとも大きな効果を発揮するのは、音楽に痛みを和らげる働きがあると患者に伝えられたときだという。要するに、患者が痛みの一部を自らコントロールできると信じると、その考え自体が痛みを和らげる手助けになるということだ。[6]

痛みへの音楽の影響について調べたある研究では、冷水に両手を浸《つ》けた参加者に異なる音楽を聴かせ、限界まで我慢してもらうという実験が行なわれた。実験中に聴く音楽を自分で選んだ参加者は、白色雑音《ホワイト・ノイズ》（訳注／不規則な周波数の音が含まれた雑音。テレビの砂嵐の音が代表例）や適当に選ばれたリラクセーション音楽を聴いた参加者よりも、より長く冷水に両手を浸けることができた。ここでもまた、音楽を選ぶことによって状況をコントロールしているという感覚が強まり、それが助けとなって参加者はより長く痛みに耐えることができたようだ。また、音楽を自分で選んだ女性の被験者には、痛み自体も弱くなると感じる傾向があった。男性のほうは、より長く痛みに耐えることはできたものの、痛みの感じ方に変化はなかった。[7]

音楽と言語療法

子どものころ、わたしには罪深い秘密があった（五〇代になったこれまでのあいだに、いくつか罪深い秘密が増えたことはまちがいないとしても、わたしは記憶力がひどく悪いので、すべて忘れてしまった——万歳！）。九歳のとき、わたしはこんな秘密を抱えて悩んでいた。本の虫だったわたしは、当然アルファベットの文字をすべて知っていたにもかかわらず、その順番を知らなかったのだ。A、B、C、D、Eまでは問題ないものの、そのあとの記憶はあやふやだった。MはQより前？　Tはどこに入る？　毎晩眠れなくなるまで悩んだほどではないにしろ、まわりの全員が順番を知っているようだったので、当時のわたしにとっては大きな悩みの種だった。しかし一〇歳になって誰かからアルファベットの歌を教わり、それを一〇回ほど繰り返し歌って練習すると、順番をすべて覚えられるようになった。その瞬間に世界は新たな輝きを帯び、機会の扉が眼のまえで次々と開かれていった——もし望めば、将来、図書館員にだってなれる！　いまでも、わたしはそのアルファベットの歌に頼っている（ほとんどの人が知るあの有名な曲ではなく、おそらく一九六〇年代のマンチェスターで独自に発展したもの）。同じ人がどれくらいいるかはわからないが、索引のようなものを調べるとき、わたしはアルファベットの歌の一部を小声で歌わなくてはいけない。Ｌのあとにどの文字がくるか知りたければ、「Ｉ、Ｊ、Ｋ、Ｌ、Ｍ」と歌の一フレーズをすべて歌う必要がある。そういう意味では、わたしはアルファベットの文字を正しく記憶しているわけではない。ただ、要求に応じて情報を教えてくれる歌を知っているだけだ。

このような丸暗記をするとき、メロディの存在は大きな助けとなる。たとえば、子どもたちに外国語の歌を教えるのはそれほどむずかしいことではない。メロディがあれば、歌詞の中身はまったくわからないとしても、言葉を正確に発音するように教え込むことはできる。イギリスの読者のみなさんの多くが、学校でフランス民謡「フレール・ジャック」（訳注／邦題「アー・ユー・スリーピング」「かねがなる」など。また、歌詞を変えた「グーチョキパーでなにつくろう」も有名）を習ったことがあるにちがいない。いまでも歌える人も多いだろうが、子どものころに「Sonnez《ソネ》 les《レ》 matines《マティーヌ》」という歌詞の意味を理解していた人は少なかったのではないだろうか。* わたしがその意味を知ったのは、三〇代になってからのことだったと思う。でも、そんなことは関係ない。ランダムな音の連なりでしかなかったにしろ、六歳のわたしでも一四秒ほどの長さのフランス語をきちんと発音できたのだ。こういった記憶の曲芸も、メロディの助けなしでは至難の業となる。

音楽によるこの記憶のトリックは、脳卒中や脳障害によって言葉を失った患者を助けるためにも使われることがある。オリヴァー・サックスによる名著『音楽嗜好症《ミュージコフィリア》――脳神経科医と音楽に憑かれた人々』（大田直子訳、ハヤカワ・ノンフィクション文庫、二〇一四年）のなかでは、脳卒中によって話す能力のすべてを失ったサミュエル・Sという患者の症例が紹介されている。[8] ほかの人が話すことは理解できるものの、二年にわたって言語療法を受けたあとでも、サミュエルは一単語を発音することさえできないままだった。彼の脳は、発声器官が言葉を作り出す仕組みをすっかり忘れてしまっていた。

もはや絶望的かと思われていたある日、サミュエルが「オールマン・リヴァー」の断片を歌っているのが音楽療法士の耳に聞こえてきた。まだ話すことはできず、歌ったのもほんの二言、三言だったが、それが突破口となった。その後、音楽療法士が定期的な歌のレッスンを始めると、サミュエルの口からすぐに「オールマン・リヴァー」の歌詞がすべて出てくるようになり、さらに子どものころに覚えたほかの曲をいくつも歌えるようになった。歌うことがきっかけとなり、彼は話す能力を少しずつ取り戻していった。そして二カ月もしないうちに、サミュエルは短いながらも質問に明確に答えられるようになった。たとえば、週末はどう過ごしたかと尋ねると、「愉しかった」「子どもに会った」などと答えるまでになった。このように、ふつうの言語療法では効果がなかった患者でも、音楽が役に立つ例は多い。

音楽療法、血圧、心臓発作

冠状動脈性心疾患は、アメリカやイギリスを含む多くの国で死因のトップとなっている。長期にわ

＊ どんな内容の歌なのか一度も教わらずに学校でこの曲を歌っていた方々のために、歌詞について軽く説明しておきたい。これはフレール・ジャックという修道士を目覚めさせるための歌で、「Sonnez les matines」は「朝の祈りのための鐘を鳴らしてください」という意味。

たるストレスが時間をかけてゆっくりと血圧を上げて高血圧症を引き起こし、その結果として心臓病や心臓発作を併発するというのがこの病気の特徴だ。これまでの研究によって、一般的な通常の患者ケアと音楽療法（リラクセーションや視覚イメージの誘導）を組み合わせると、血圧、不安レベル、全般的な健康状態に目立った改善がみられることがわかっている。既出のスザンヌ・ハンサーは次のように説明する。

心臓疾患を抱える人々が、音楽に心拍数や血圧を変える力があることを知ると、それまで以上に生活のなかのストレスをコントロールすることができるようになった。[9]

ここで大きく役立つのが、血圧と心拍数を手軽に測定することのできるバイオフィードバック機器だ。お気に入りの落ち着いた音楽をかけるだけで、機器に表示される心拍数と血圧の数値は少しずつ下がっていく。その数値を眺めることが、自分をリラックスさせる訓練となる。

音楽療法とパーキンソン病

パーキンソン病のおもな症状のひとつは、吃音《きつおん》のように体の動きがとぎれとぎれになることである。吃音をもつ人も、歌っている最中には症状が収まることが多いのはよく知られている。同じように、音楽はパーキンソン病特有の動きを解消・軽減することができる。この点について、オリヴァー・サックスは次にように述べる。

パーキンソン病の非流暢性は（吃音と同様）、「適切な」種類の音楽であれば、そのリズムや流れに見事に反応することがあり、その適切な種類は患者によって異なる。[10]

「適切な」種類の音楽の多くは明確なビートをもつことが多いが、それがあまりに威圧的だと患者は音の奴隷となって支配されてしまう。ふつう、音楽がもたらす好ましい効果は、曲の終わりとともに収まる。そのため現代のポータブル音楽プレーヤーの普及は、パーキンソン病患者の多くにとって大きな助けとなってきた。

音楽、健康全般、睡眠

音楽にはストレスを軽減させる効果があり、それが人の免疫システム全体に好影響を与える。たとえば複数の研究によって、音楽には、唾液のなかの免疫グロブリンA抗体の量を増やす効果があることが確認されている。この抗体は、呼吸器系を感染から守る能力を測るための基準となる免疫物質だ。[11]心理学者のシャビル・ラナはさらに、心理的な健康状態を調べるために各国で使われる精神健康調査票（ＧＨＱ）*の点数と、人が音楽を聴く時間数に直接的な関係があることを突き止めた。[12]

ここで、睡眠に問題を抱えている方々に朗報をお知らせしたい。わたしたちの多くが身をもって知

＊　さまざまな形態で幅広く使われる調査票で、過去二週間の感情について尋ねる一二〜六〇の質問で構成されている。

っているとおり、良質な睡眠を充分にとることは生活の質に大きな影響を与える。睡眠障害は疲労、不安、気持ちの落ち込みへとつながり、日中の肉体的・精神的活動の質を悪化させる。睡眠薬も有益ではあるものの、同時に日々の生活に悪い影響を及ぼしてしまう。ありがたいことに、リラックス効果のある音楽を寝るときにかけるだけで、多くの人の睡眠障害が緩和されることが研究によって証明されてきた。心を落ち着かせる音楽には、ストレス・ホルモンの一種であるノルアドレナリンの分泌量を減らす効果があり、それによって警戒・覚醒レベルが下がり、より良い眠りが訪れるというわけだ。

もしあなたが睡眠障害の分野について研究する科学者で、人々の眠りの質がどれだけ悪いかを知るための確かな測定方法を探しているとすれば……「ピッツバーグ」を探せばいい。「ピッツバーグ睡眠質問票（ＰＳＱＩ）」は四ページにわたる睡眠パターンに関する質問票で、人の睡眠がどれくらい正常かを測ることができるテストである。点数が五点以下の場合、あなたの睡眠に大きな問題はない（ただし一点以下であれば、あなたはすでに死んでいるかもしれない）。

ＰＳＱＩという武器を手に入れた心理学者ラースロー・ハーマット率いる研究チームは、睡眠に問題があると訴える一九歳から二八歳の学生九四人を参加者として集め、三つのグループに分けて実験を行なった。参加者が答えたＰＳＱＩの平均スコアは六・五で、実際に全員が睡眠に問題を抱えていることがはっきりとした。ひとつ目のグループには、就寝時に聴くための落ち着いたクラシック音楽、ふたつ目のグループにはオーディオブックが与えられた。三つ目のグループには何も与えられなかった。第一および第二グループの参加者は、毎日寝るまえの四五分間、与えられた音楽やオーディオブックを聞くように指示された。
　三週間後、就寝時に音楽を聴いた第一グループのPSQIの平均点数は三点近くまで下がり、ほとんどの参加者の睡眠が改善したことがわかった——三五人のうち五人は問題を抱えたままだったが、三〇人が正常な睡眠を取り戻した。第二グループの被験者が就寝前に聞いたオーディオブックの効果は低く、睡眠の問題が解消したのは三〇人中わずか九人だけで、三週間の実験前後における気分の落ち込みのレベルにも変化はなかった。音楽を聴いたグループの落ち込みの症状が実験のあいだに著しく改善した一方で、オーディオブックには同じ効果がなかったことになる。[13]
　音楽は若者だけでなく、老人の睡眠の質を上げる助けにもなる。二〇〇三年、研究者の頼恵玲とマリオン・グッドは、六〇歳から八三歳の被験者を集めて似たような実験を行なった。[14] 参加者の平均PSQIスコアは一〇を超えており、彼らは睡眠に大きな問題を抱える人々だった。* 研究者たちは、四五分の音楽が録音されたテープを参加者に渡し、ベッドに入ったあとに聴くように指示した（通常、大人は一三分から三五分で眠りにつく）。ここでもまた、就寝時の音楽は人々に魔法をかけた。音楽を聴いた被験者の半数のPSQIスコアが五点以下まで下がり、睡眠の質が向上したことが証明されたのだ。若者に比べて成功者の割合が少なかったのは、年齢が上がるほど睡眠の問題がより深く体に根づいているからかもしれない。
　あなたも就寝時のリラックス音楽を試したければ、世のなかに数多《あまた》ある『世界／銀河／宇宙でいち

＊　この年齢層の約半数はときおり睡眠障害に悩まされており、かなりの割合の人々が睡眠薬を使ってそれを解消している（しかし、実験中はこの種の薬を飲むことは禁じられた）。

ばん心が落ち着くクラシック／ジャズ／ブルース』といったアルバムを試すか、自分でプレイリストを作ってみよう。音楽をかけるときには、正しいボリュームに設定することが重要だ。小さすぎるとイライラするし、大きすぎると眠れなくなる。さらに、急に静かになると脳が反射的に警戒して眼が覚めてしまうため、最後にはフェイドアウトする曲をもってくることが大切になる。何カ月かたって「G線上のアリア」や「エリーゼのために」に飽き飽きするようになったら、ぜひわたしの真似をしてリュート音楽を試してみてほしい。*

音楽療法の未来

数々の研究によって、いかなる種類の肉体的・精神的障害にも音楽がプラスに働くことが明確に立証されてきた。ここまで説明してきたとおり、大切なのはどの音楽を選ぶかということで、患者自らが選ぶことがなにより重要となる。しかし突然の病に倒れ、自分で選曲することができない状況になったら？

こんな懸念の声によって、〝音楽の生前遺言《リビング・ウイル》〟としても知られる事前音楽指示書[15]が生まれることになった。これは、音楽療法士の助けを借りながら、事前に作ったプレイリストを信頼できる誰かに託すという制度だ。まんがいち恐ろしい事態になったときには、回復を手助けするために適切なプレイリスト（落ち着いた音楽、エネルギーを与える音楽など）が再生されることになる。

これと似たような話だが、わたしは友人たちと、自分の葬儀でどんな音楽をかけてほしいかについて話したことがある。** 唯一ちがう点があるとすれば、病気のときのためのプレイリストのほうが曲数が多く、曲選びにより、いっそうの注意が必要になるということだろう。昏睡状態で病室のベッドに横たわりながら、こう思いたくはないはずだ――いい加減にしてくれ！　また「シーズン・イン・ザ・サン」（訳注／邦題「そよ風のバラード」。死を目前にした男性を描いた、一九七四年のテリー・ジャックスのヒット曲）かよ！

もし寝たきり状態の親友や親戚がいたら、彼らのためにプレイリストをいくつか作ることをお勧めする――きっと、いい効果があるはずだ。彼または彼女と意思疎通ができるのであれば、本人にもプレイリスト作りを手伝ってもらおう（リラックス・睡眠のためのプレイリストをひとつ、元気を出したいときのプレイリストをひとつ）。相手の意識がないときには、あなた自身で曲を選ぼう。でも、次の二点にはくれぐれも気をつけてほしい。

①自分が自分のために選ぶような曲ではなく、相手が選びそうな曲を選ぶこと。
②どんな状況下においても、「シーズン・イン・ザ・サン」や「チャーピィ、チャーピィ、チープ、チープ」（訳注／邦題「チピチピ天国」。一九七一年のミドル・オブ・ザ・ロードのヒット曲）は選ばないこと。

＊　最近のいちばんのお気に入りは、ナイジェル・ノースのアルバム『カンタービレ』。
＊＊　わたしの葬儀ではザ・フーの「ブルー・レッド・アンド・グレー」をかけてほしい。

6章　音楽で頭がよくなる?

モーツァルト効果

一九九三年、心理学者のフランシス・ラウシャー率いるチームによる「音楽と空間認識能力」という論文が、かの有名な科学雑誌『ネイチャー』に掲載された。[1] この研究の目的は、決められた三つの行為のどれかひとつを一〇分間したあとに特定の知能テストをすると、学生の成績がどう変化するかを調べることだった。ひとつ目の学生のグループはリラックス法の説明を聞き、ふたつ目のグループはただ黙って坐っていた。そして三つ目のグループには、一〇分間モーツァルトのピアノ音楽を聴かせた。そのあと、全員が同じテストを受けた。

出題されたのは、紙を折ったり切ったりする手順が書かれた図を見て、最後に紙を広げるとどんな形になるかを予測するという類の問題だった。たとえば、図5のような問題だ――次の図に書かれた順に紙を折ってから一部を切り取ったとき、紙を広げるとA～Eのどの形になるでしょう?　(答えはこの章の最後のページ)

図5

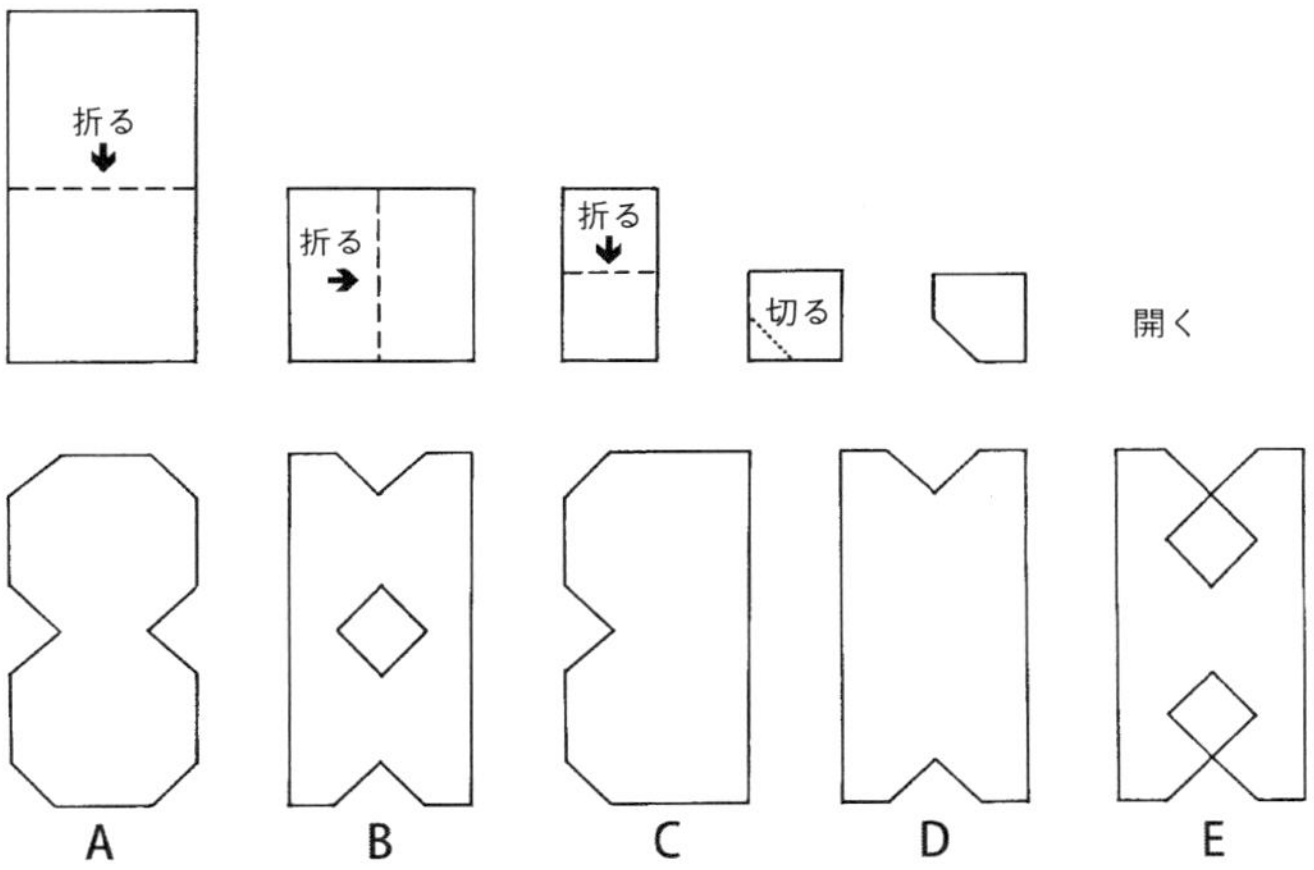

結果、モーツァルトを聴いたグループが、リラックス法を聞いたグループや何もしなかったグループよりも優秀な成績を収めた。ＩＱに換算すると八から九ポイントも成績が良くなっており、これはじつに大きな向上だった。

問題はその後の展開だった。

もしラウシャー教授と彼女のチームが、心理学分野のジャーナルで研究結果をひっそり発表していたら、記事を読んだ同僚たちが脳の仕組みについての考察を加え、結果を丹念に補強していったにちがいない。しかし『ネイチャー』は、世界の常識をくつがえすような興味深い研究結果がたびたび掲載されるほどのメジャーな雑誌だ。そのため、多くの新聞社は有識者（少なくとも眼鏡をかけた誰か）を雇い、毎月『ネイチャー』の隅から隅までチェックさせ、癌《がん》の治療法やアイロンがけの要らないズボンなどといったネタを探している。

眼鏡をかけたやり手の新聞記者がラウシャー教授

の研究結果を次々に報じはじめると、「クラシック音楽が人間のＩＱを上げる」という情報がメディアを駆け巡った。かくして、モーツァルト効果が誕生した。ラウシャーは、モーツァルトを聴くとＩＱが上がるなどとは一度も言っていないし、目先のスクープにしか興味のない記者が集まる会見の席でも何度かそう説明した。が、無駄だった。彼女は、ある行動の結果を視覚化することに関係する特定のスキルについて述べているにすぎなかった。

もちろん、そんなことを気にする人間は誰もいなかった。クラシック音楽が人の頭を良くするという考えはとても魅力的であり、事実は黙殺された。

やがて、さまざまな人々がブームに乗ろうと動き出した。イギリスのラジオ局、クラシックＦＭが『赤ん坊のための音楽』と題したＣＤを発売すると、大ヒットを記録した。海を越えたアメリカでは、ニューハンプシャー州の自治体が新米ママたちにクラシック音楽のＣＤを配り、フロリダ州では州立の託児所でクラシック音楽をかけることを推進する法律が可決され、テキサス州の刑務所では受刑者のために交響曲が流された。[2]その結果として、受刑者のボスたちがラフマニノフとシベリウスのどちらが優れているかで口論となり、シャワー室でのナイフによる暴力沙汰《ざた》が増えたことは想像にかたくない。一九九〇年末に心理学者のエイドリアン・ノースとデイヴィッド・ハーグリーヴスがカリフォルニア州とアリゾナ州で行なった調査では、五人に四人がモーツァルト効果のことを知っているという結果が出た。天国のモーツァルトは大喜びだったにちがいない。

以来、多くの心理学者が、モーツァルトを聴くこととＩＱに関係がある可能性について調べてきた。二〇一〇年、このテーマについての（三〇〇〇人以上の被験者を使った）三九の調査結果がまとめられ、ついにモーツァルト効果が実在することが明らかになった。しかし、それはモーツァルトとはまったく関係のないものだった。[3]

この分野で多くの研究を行なってきたトロント大学の心理学者E・グレン・シェレンバーグと同僚たちは、ある実験のなかで、モーツァルトの音楽だけではなくスティーヴン・キングの小説の朗読テープにも同じ効果があるかについて調べた。奇妙なチョイスに思えるかもしれないが、シェレンバーグ教授と彼のチームは、この現象のなかで大切なのは音楽ではないという仮説を確かめようとしていた。要するに、知能テストの前に何か愉しい音を耳にするだけで、気分が良くなって成績が上がる可能性があるのではないかと考えたわけだ。実験の被験者はみな大学生で、スティーヴン・キングの小説と二〇〇年前のピアノ音楽の両方を充分に愉しむことができると考えていいだろう（きっと誰もがそう同意してくれるはずだ）。驚くなかれ、実験のあとに例の「この紙を開いたらどんな形になる」テストを行なうと、事前に何もしなかったグループよりも、音楽か小説の朗読を聞いたグループの参加者がはるかに優秀な成績を収めた。さらに、もし小説か音楽を選べるとしたら、どちらのほうがよかったかを実験後に学生たちに尋ねたところ、小説と答えた学生は小説を聞いたあとにより高い点数を出し、音楽と答えた参加者は音楽を聴いたあとに高い点数をたたき出していたことがわかった。[4]

モーツァルトの音楽が魔法のように人の脳のパターンを組みなおし、より効率的なものに変える――いまとなっては、その謎を解明しようと考えあぐねる必要はなくなった。モーツァルト効果は、すでによく知られたことの一例にすぎなかった。前向きな気持ちになると、知的能力が向上する。ただそれだけのことだったのだ。[5]

この「前向きな気持ち」は心地いい気分と適度な覚醒が組み合わさったもので、「覚醒」は「退屈」の反対を意味する。退屈なときや眠たいときのように覚醒のレベルが低いと、人の脳はまだ多くの仕事をこなす準備ができておらず、突然差し出されたＩＱテストでも良い結果を出すことはできない。興奮しているときやパニック時のように覚醒のレベルが異常に高いときにも、良いスコアは出ない。もっとも高いスコアが出るのは、適度に覚醒した状態、すなわち音楽や物語を聞いたあとと同じ状態でテストを始めたときだ。くわえて、物語や音楽を愉しめば愉しむほど気分はさらに良くなり、それが成績を向上させる。良い気分になると脳内のドーパミン濃度が上がり、その結果として思考プロセスの柔軟性が増し、問題解決と意思決定のための能力が高まると考えられている。[6]

トロント大学のチームはこの考えをさらに追究するため、テスト前に多種多様な音楽を参加者に聴かせ、結果の差を調べた。すぐさまシューベルト効果が発見されたが、それは当然ながらモーツァルト効果とまったく同じものだった。ほかの多くの作曲家の音楽も同じように効果的だったが、アルビノーニ効果だけは存在するはずがないというのが研究チームの見立てだった。トマゾ・アルビノーニは、クラシック音楽界の一発屋として有名な作曲家だ。「アルビノーニのアダージョ」*を聴いたことがある人は多いかもしれないが、このひどく憂鬱でテンポの遅い楽曲が覚醒レベルを上げ、人を良い気分にさせるとは考えにくい。紙の形を当てる例のテスト前に流しても、やはりアルビノーニ効果は現れなかった。[7]

モーツァルト効果が発見されたときの実験で使われた楽曲は、長調でテンポが適度に速く、陽気で愉しい雰囲気のものだった。そこでトロント大学のチームは、同じモーツァルトの楽曲のテンポを遅くしたバージョンや短調に転調したバージョンでも同じ実験を行なった（これまで学んできたとおり、短調はより悲しい感情を呼び起こす）。その結果、速いテンポのほうが参加者をより覚醒させ、長調のほうがより気分を高める効果があることがわかった。つまり、テンポが速い長調の楽曲を聴いたときに、参加者はもっとも優秀な成績を収めたということになる。

この時点でテストの犠牲者となるトロント市民が不足してしまい、研究チームはイギリスに乗り込むことを決めた。彼らはBBCを巻き込み、同時に八〇〇〇人近くの生徒を使った大実験を行なった。実験当日、二〇〇校ほどの学校に在籍する一〇歳と一一歳の生徒が三つのグループに分けられ、ラジオの置かれた別々の部屋へと誘導された。ひとつ目のグループはBBCラジオ1でロックバンドのブラーの曲、ふたつ目のグループはBBCラジオ3でモーツァルトの楽曲を聴いた。三つ目のグループは、この実験について解説する心理学者スーザン・ハラムの声を聞いた。その後、子どもたちは空間認識能力を調べるいくつかのテストを受けた。これまでの〝良い気分・覚醒理論〟から予想されるとおり、子どもたちは自分がもっとも刺激を受け、もっとも愉しいと感じた音楽や話を聞いたあとに最高の成績を収めた。これで、ブラー効果の存在も証明されたことになる。[8]

これらの研究から導き出された結論は、頭を使う活動の前に何を聞くかは問題ではないということだ。ここで大切なのは、モーツァルトでもブラーでもスティーヴン・キングの小説の朗読でもない。

＊　アルビノーニはクラシック音楽界の〝ゼロ発屋〟だったのかもしれない。実際のところ、「アルビノーニのアダージョ」はアルビノーニ本人が書いたものではなく、イタリア人の音楽学者で作曲家のレモ・ジャゾットによって一九五〇年代に作られた可能性が高いといわれている。

適度に刺激的で、自分が愉しいと感じる何かを聞くという行為が、人の脳のパフォーマンスを一時的に向上させるのだ。

こういった実験はどれも、何かを聞くことによって人の覚醒レベルと気分の両方が向上したときに起きる現象を調べるものだった。覚醒レベルと気分は同時に上がり下がりすることが多いとはいえ、つねに連動しているわけではない。愉しい気分のまま眠たくなることもあれば、愉しくて興奮することもある。一方、人の気分は、そのときに脳のなかでドーパミンがどれだけ跳ねまわっているかによって決まる。覚醒レベルを決めるのは、ノルエピネフリンと呼ばれるまったく別の化学物質だ。

二〇一一年、知的能力に影響を与える音楽、気分、覚醒レベルの効果を選り分けるために、心理学者のガブリエラ・イリーとウィリアム・フォード・トンプソンは、いくつかのグループに分けた被験者にある実験を行なった。知的タスクと創造性テストを始めるまえ、被験者たちはみな七分間のクラシックのピアノ音楽を聴いた。あるグループは高音で大音量のテンポの速い演奏を聴き、別のグループは低音の静かでゆったりとしたテンポの演奏を聴いた。そのほかのグループも、音量、速さ、ピッチがさまざまに異なる組み合わせの演奏を聴いた。覚醒レベルにもっとも大きな影響を与えたのは、音楽のテンポだった――テンポの速い音楽のほうが脳を覚醒させた。気分については、ピッチのほうが重要だった――高いピッチの演奏がより参加者を愉しい気分にさせた。つまり音楽のちがいによって、気分の高揚と覚醒レベルの異なる集団が生み出されたことになる。

この実験の参加者が受けた創造性テストは、「ドゥンカーのロウソク問題」と「メイヤーの二本の紐《ひも》問題」の名で広く知られるものだった。ロウソク問題の紙にはテーブルの絵が描かれ、その上に箱いっぱいの画鋲、紙製マッチ、（当然ながら）ロウソクが置かれている。「与えられたアイテムを使い、テーブルにロウが垂れないようにロウソクを壁に固定する方法を考えなさい」というのが問題だ。（もし答えを考えてみたい気分であれば、次の行を読むまえに解いてみよう）

この問題への創造力あふれる模範解答は、「画鋲を箱からすべて取り出し、そのうち二個の画鋲を使って箱を壁に固定し、その上にロウソクを載せる」というもの。

メイヤーの二本の紐問題はさらに人をイライラさせる。とくに、発想力が冴《さ》えていない日にこの問題を解くのはほぼ不可能に近い。こちらの問題は次のとおり。「天井から長さの異なる二本の紐がぶら下がっています。その二本の紐の先を結びつける方法を考えなさい」。回答者をイライラさせるのは、片方の紐をつかむと、もう一方の紐には手が届かないという条件がついていることだ。この問題を解くために与えられる道具は、ペンチと椅子だけ。

（ここでも、答えを考えたい人は読み進めるのをいったん待ってほしい）

椅子をどう使うべきか考えた人も多いだろうが、椅子は必要ない。まず一方の紐の先に重りとしてペンチを結びつけ、それを揺らす。次にもう一方の紐の先を握り、反動でペンチが近づいてきたときにつかむ。両方の紐をつかんだら、そのまま結べばいいだけだ。

実験の参加者に次に課されたタスクは、ほとんど創造力を必要としないものだった。代わりに求められるのは、単純な知的タスクをこなすためのスピードだった。参加者たちの前に置かれたコンピューターのスクリーンには、四〇八個の幾何学的な文字が並んでいる。画面の別の場所にお題となる文字が現れたら、同じ文字を見つけてなるべく早くクリックするというのが課題で、全部で五八問が出題された。

結果は？　まず、音楽による気分の大きな向上はなく、覚醒レベルだけが上がった参加者は、スピードが求められる単純なタスクでより優れた成績を収めたものの、ロウソクや紐の問題のほうはいまいちだった。対照的に、気分だけが大きく向上した参加者は、ロウソクや紐問題の創造性テストは良い成績だったが、単純な文字認識テストのほうの結果は芳《かんば》しくなかった。この実験から導き出された結論はふたつ。①気分の向上によって、人はより創造的に考えるようになる。②刺激（覚醒）が増すと、簡単な思考タスクのスピードが上がる。[9] まえにも述べたように、音楽は聴き手の気分と刺激レベルを同時に向上させ、両方の利益を同時に与えてくれることが多い。

ここまで、知的タスクをするまえに音楽を聴くことの影響について見てきた。では、勉強や確定申告書の作成といった思考力と集中力を必要とする作業の最中にBGMを流すと、どんな効果があるのだろう？

BGMは思考を助ける？

知的な活動のあいだ、BGMは助けになるのか、それとも邪魔になるのか？　学生からコールセンターの責任者まで、ほぼ誰もが気になるこの疑問について、これまで数多の心理学者が答えを見つけ出そうとしてきた。人々の読解力、直前に読んだ内容の記憶力、計算力などについて調べたこれまでの研究の結果は……「時と場合による」の大合唱だ。

ここまで見てきたとおり、音楽（とくに自分の好きな音楽）は人を良い気分にさせ、良い気分は思考力を高めてくれる。その一方で、脳が処理できる量は限られており、一部が音楽を処理するために忙しくなると、知的な活動に使われる処理能力の割合は減ってしまう。当然、耳を閉じることはできないので、このBGMの処理を意図的に止めることはできない。

BGMが役に立つのか邪魔なのかは、行動の中身と場所によって大きく変わる。たとえば、新しい手術の術式を学ぼうとしている外科医は、BGMがかかっていると作業がよりむずかしくなると感じるという。[10]対照的に、大学の騒がしい食堂でコンピューターの画面に映るニュース記事を読む学生たちにとっては、BGMが読むスピードや記憶力を上げる助けとなった。[11]外科医のケースでは、音楽を消すと落ち着いた静かな環境が生まれる。この場合、音楽は思考能力の容量の一部を食う邪魔なものだった。ところが学生にとっては、音楽（速いテンポのクラシック）は喜ばしい救いであり、ガチャガチャと鳴る食器の音、試験の成績についての不満を漏らす友人たちの声、誰かの新しい髪型について意見を言い合う声を遮るものだった。音楽はそういった騒音を覆い隠し、邪魔なものを減らし、てくれたのだ。

あなたが静かな環境にいるとすれば、BGMを邪魔だと感じる度合がもっとも高くなるのは、（テンポが速くてガチャガチャと忙しない）騒がしい音楽がかかっているときだろう。騒がしい音楽は、より活発な脳の活動を要求してくる。音楽が忙しないほど、それを処理するためによりたくさんの脳の力が必要になる。これまでの実験の結果から、インストゥルメンタルよりも歌詞付きの音楽のほうが、より人の気を逸《そ》らす傾向があることも明らかになっている。わたし自身、仕事の最中にそう感じることが多い。

税金の問題についての解決策を考えたり、娘の科学の宿題を手伝ったりしているときにBGMをかけたければ、静かで落ち着いたインストゥルメンタル音楽を選ぼう。このようなBGMにはふたつのメリットがあり、あなたの気分を良くするだけでなく、まわりの騒音（近所の掃除機の音や娘のすすり泣き）をほどよく覆い隠してくれる。

楽器を学ぶと頭がよくなる？

多くの研究によって、音楽の訓練を受けていない子どもよりも、訓練を受けた子どものほうが知的能力も学校の成績も上だというはっきりとした結果が出ている。しかし同時に、高い知能レベルをもつ子どものほうが、音楽のレッスンを受ける傾向が強いということも事実である。

では、音楽の上達が知的能力の高さを生み出しているのだろうか。それとも、もともと高い知的能力の持ち主だから音楽の上達が早いだけなのだろうか？

こと人間の行動の話になると、因果関係の問題はきわめて微妙なものになる。たとえば、幸せが人を笑顔にさせるのであって、笑顔が人を幸せにするのではないという意見も多い。ところが、話はそんなに単純ではない。笑顔と幸せは密接に絡み合い、互いが互いを支えている。笑うという機械的な行動が、実際に人をより明るい気持ちにしているのだ。でたらめに聞こえるかもしれないが、何人か知り合いを集めて人数分の鉛筆を用意すれば、すぐに証明することができる。集まった半分の人には、鉛筆を横にして唇で挟み、軽く嚙むように指示しよう（馬がハミをくわえている姿と同じ）。残りの半分には、鉛筆の根元を口にくわえ、鋭い先っぽがまっすぐ前に突き出すように口をすぼめるように指示する。実験の参加者は気づいてもいないだろうが、あなたはひとつ目のグループに笑うことを強制し、ふたつ目のグループに顔をしかめることを強制したことになる。これまでの研究の結果によると、風刺漫画のような何か愉しいものをこの被験者たちに見せると、「笑顔を強いられた人々」のほうが「しかめ面《つら》を強いられた人々」よりも愉しさを強く感じることが明らかになっている。[12] じつのところ、「笑っていればいいことあるよ」という母親のアドバイスはあながちまちがっていなかったのだ。

ここまでくれば、もうおわかりのはずだ。一見すると単純と思える笑顔の因果関係がこれほどややこしいものだとすると、音楽の上達が子どもの高い知能を生み出しているのか、高い知能の持ち主だから音楽の上達が早いのかを解き明かすのは、とんでもないほど難解な作業になる。

ここで、過去二〇年ほどのあいだに、さまざまな心理学者のチームが発見したいくつかの事実について確かめておきたい。

・音楽の訓練を受けた人は、受けていない人よりも耳がいい。たとえば、文章の最後の単語のかすかなピッチ変化を察知する能力も高い。この能力のおかげで、音楽の訓練を受けた大人や子どもの一部は、他者が表現する感情の機微を見きわめるのがほかの人よりもやや得意。[13]
・音楽の訓練を受けた人々は、音楽であれ言葉であれ、聞こえてきたことに対する記憶力が優れている。
・音楽の訓練を受けた小さな子どもは、言語能力のテストにおける成績がいい。たとえば、ほかの子どもたちよりも語彙が増えるスピードが速い。[14]

・音楽の訓練を受けた人々は、視空間能力（形や距離を認識して周囲のことを理解する能力）に優れている。たとえば、複雑な線画のなかに隠れた何かの形を見つけ出す問題やまちがい探しでは、概してミュージシャンのほうが非ミュージシャンよりも成績がいい。[15] また、視空間能力が高くなることによって、ある奇妙な現象が起きる。ミュージシャンが水平な線をまんなかでふたつに分けるとき、非ミュージシャンとは異なる場所で分ける傾向があるという。横に引かれた線の中間点を特定するように言うと、非ミュージシャンは中間よりも左に印をつけることが多い。ミュージシャンは中間点をほぼ見きわめることができるが、印がわずかに右にずれていることが多い。

音楽のスキルと数学の能力につながりがあると信じる人は多い。これについては心理学者も研究を重ねてきたが、つながりはきわめて薄いか、存在しないというのが大方の見方のようだ。小さなつながりを見いだしたとする研究も少なからずあるものの、七〇〇〇人以上の一五歳と一六歳を対象に行なわれた二〇〇九年の研究でも、はっきりとした関係性は証明されなかった。[16]

音楽と数学のつながりを別の角度から見たある研究では、高い数学スキルをもつ人の音楽の能力が高いか否かが調べられた。しかし、アメリカ数学会のメンバーと米国現代語学文学協会のメンバーを比べて調査しても、両者に音楽スキルの差はみられなかった。[17] 残念ながら、音楽と数学の能力が関係するという広く浸透したこの考えは、都市伝説でしかないようだ。

音楽の訓練によってリスニング能力、言語能力、視空間能力が高くなるという事実は、脳の機能が向上した証でもある。では、ＩＱで測ることができるような一般的な知能も、音楽によって向上するという意味なのだろうか？

この分野の研究によると、音楽の訓練を受けている子どものＩＱは、それ以外の子どもよりも一〇から一五ポイント高いことがわかった。ここまで大きな開きがあるとすれば、やはり頭のいい子どものほうが音楽の訓練を受ける傾向があるということだろうか？　ところが心理学者のグレン・シェレンバーグ教授はある実験を行ない、音楽の訓練にＩＱをわずかに引き上げる効果があると主張した。[18]

この実験は、一四四人の六歳児を三つのグループに分けて行なわれた。ひとつ目のグループの参加者は（ふだんの学校の授業のほかに）一年間の音楽レッスンを受け、ふたつ目のグループは演劇のレッスンを受けた。三つ目のグループはなんのレッスンも受けなかった。参加した子どもたちは、一年の実験の最初と最後にＩＱテストを受けた。すると、音楽レッスンを受けたグループの子どもたちのＩＱだけが、約三ポイント上昇したことがわかった。この結果だけを見れば、効果は小さいながらも、音楽の訓練にＩＱを引き上げる力があるということになる（本題とは関係ないものの、この実験ではある興味深い結果も明らかになった。演劇のレッスンを受けたグループとなんのレッスンも受けなかったグループには、ＩＱの向上はみられなかった。しかし一年の実験のあと、演劇のレッスンを受けた子どもたちの「社会的スキル」が向上し、三グループのなかでトップになった）。

幸せと笑顔の関係のように、ＩＱと音楽レッスンのあいだのリンクは双方向につながっているようだ。頭のいい子どもは音楽のレッスンを受ける傾向があり、音楽のレッスンを受けると頭が良くなる傾向がある。

この章の初めに出てきた、紙を開くとどんな形になるかという問題の答えはB。

7章　映画音楽の力　『サイコ』から『スター・ウォーズ』まで

嫉妬など決して愉しいものではないとわかってはいるものの、正直に告白すると、わたしは同姓同名のジョン・パウエルに嫉妬している。彼のことを知らない稀有《けう》な方のために説明しておくと、ジョン・パウエルは『ヒックとドラゴン』やマット・デイモン主演の「ボーン三部作」など、数多くの有名な映画作品の音楽を手がけてきた作曲家である。* わたしはいつも、映画音楽の作曲家になれば夢のような生活が待っているのだと考えていた。金持ちの有名人と友だちになり、自分も金持ちの有名人の仲間入りをするのだろう、と。しかしながら、この職業に唯一の欠点があるとすれば、仕事量がは

＊　人前で音楽の話をするときはいつでも、わたしは最初にこう忠告しなければいけない。「始めるまえに言っておいたほうがいいと思いますが、わたしはあのジョン・パウエルではありません。わたしはただのジョン・パウエルです」。ほとんどの人はここで笑ってくれるものの、がっかりした表情の人が必ず何人かいる。けれど、彼らの失望はそう長くは続かない。わずか数秒のうちに、わたしのボディーガードが客席から彼らを連れ出し、外の通りへと追い出してくれる。

んぱなく多いということだろう。映画音楽の制作スケジュールは非常にタイトなことが多い。劇中のアクションとぴったり連動する音楽が求められる一方で、同時に目立ちすぎてもいけない。さらに、音楽そのものがひとつの美しい作品として成立していなければ、アカデミー賞への道は遠い。要は、あらゆることを求められる厳しい仕事ということだ。ジョン、もしこの本を読んでくれていて、何日か休みが欲しくなったら、遠慮なくわたしに電話してほしい。すぐに飛んでいって、きみの代わりを務めるよ。才能が必要なむずかしい仕事は何もできないとしても、「空港で男性がタクシーに乗り込む」場面や「女性がハンドバッグに手を入れて家の鍵を探す」シーンなどの音楽であれば、わたしにも書ける可能性はあるかもしれない。

現実に話を戻そう……

サイレント映画の時代には、映画館でピアニストが生演奏で音楽をつけるのが一般的で、立派な劇場では小さなオーケストラが雇われることもあった。当初、映写機のガチャガチャ音を隠すために音楽は使われていたが、すぐに音楽に物語の進行を手助けする効果があることが明らかになる。[1] これをきっかけに、多種多様な動きに合わせて演奏するための楽譜集が作られることになった——必死の逃亡、こそこそと動きまわる悪党、情熱的なキス……。この種の「ムード音楽」はサイレント映画でとても大切な役割を担うようになり、俳優の気持ちを高めるために撮影中に演奏されることもあった。[2] もっとも初期の発声映画《トーキー》の監督たちは、動きとセリフがあれば充分で、音楽にたいした役割はないと踏んでいた。ところが、観客の反応によってその考えが誤りであることがすぐに証明され、その後はほぼすべての映画でサウンドトラックが制作されるようになった。

多くの点において、映画の音楽は観客の愉しみをより大きなものにする。スクリーン上の動きがあいまいなときでも、何が起きているのか音楽が観客にヒントを与えてくれる。とくに映画の冒頭では、音楽がその本領を発揮することが多い。たとえば、誰かが通りを歩く姿だけが映っているとしよう。もしドラマティックで激しい音楽が流れてくれれば、何か大きな動きがあるのだと観客は予期する。もし明るくゆったりとした音楽であれば、愉しい場面が待っているはずだ（ただし、作曲家はときどき、悪い出来事の前に心地よい音楽を流し、観客が受ける衝撃を増そうとすることがある）。この分野における心理学の研究によってわかったのは、音楽は観客がスクリーン上の出来事を理解することに役立ち、次の展開を予測するのを容易にするということだった。[3] こういった連想を引き起こす音楽は、人の注意を特定の視覚イメージに向けさせる力ももっている。たとえば、ひとりの兵士が一般市民の群衆のなかを歩く場面では、音楽に軍隊ラッパのソロが含まれていたら、観客はより素速く簡単に兵士を見つけることができるだろう。

映画音楽の効果

映画のサウンドトラックのなかにはアルバムとして発売されてヒットするものもあり、それは観客がその音楽を意識的に愉しんでいることの証といっていい。なかでも、映画の最初と最後でクレジットが表示されているときに流れる曲は、とりわけ意識的に聴かれることが多い（「ジェームズ・ボンド」シリーズのタイトルバックで流れる数々のテーマ曲を思い出してほしい）。しかしながら、ほとんどの映画音楽は無意識のうちに人に影響を与えるように意図されており、観客が音楽に注意を向けることは少ない。何人かを集めて映画の一場面を見せ、内容について話し合ってもらうと、ほとんどの人が自分の意見は純粋に視覚情報のみにもとづいていると考えるものだ。実際には、音楽にも大いに影響を受けているかもしれないのに、そんなことには誰も気づかない。[4]

映画音楽の効果を調べたある実験では、ヒッチコックの映画『めまい』のなかの五分間のクリップが使用された。三つに分かれたグループが見た映像は同じだったが、それぞれに異なるサウンドトラックがつけられていた――音楽なし、感情に訴える音楽（バーバーの「弦楽のためのアダージョ」）、耳障りで非友好的な音楽（タンジェリン・ドリームの「ルビコン」の一部）。男性（ジミー・ステュアート）が女性（キム・ノヴァク）のあとを追いかける場面が含まれたクリップが終わると、その男性に対する印象を被験者に尋ねた。音楽なしの映像を見た参加者のあいだでは、男は知的で分析能力の高い私立探偵だという意見が多かった。感情に訴える音楽付きで見た人々の多くは、男が恋に溺れる繊細な恋人だと答えた。ところが、耳障りな電子音楽を聴いたグループでは、男は冷淡で孤独な殺し屋だという答えが多くなった。[5]眼で見た動きに対する解釈がここまで大きく異なるというのは、音楽が人に与える影響がいかに強いかを示す証拠だろう。

すでに説明したように、音楽そのものは物語を伝えることがそれほど得意ではない。しかし映像とともに使われると、大きな効果を生み出すことがある。その一例を紹介しよう。

ハリソン・フォード主演の映画『刑事ジョン・ブック　目撃者』（一九八五年公開）には、殺人を目撃したアーミッシュの少年が登場する。映画の前半、警察署に連れていかれた少年は容疑者候補の写真を見せられるが、そこに目撃した殺人犯は写っていない。ひとりになったすきに部屋のなかをふらふらと歩いていた少年は、陳列ケースに置かれたフレームに警察官の写真を見つけ、それが殺人犯であることに気づく。この瞬間、警察署内の雑音が、モーリス・ジャール作曲による異世界風の音楽に取って代わる。まわりの雑音が消えてこの音楽が流れたおかげで、視聴者は（無意識のうちに）写真が重要なアイテムだという事実に注意を向けることになる。この映画では、犯人特定のこの場面に残りのストーリーがかかっているため、音楽がここで果たす役割は非常に大きい。

心理学者のアナベル・コーエン率いるチームはこの場面の映像を利用して、映画音楽の効果を調べる実験を行なった[6]。被験者が見た一分間の警察署のシーンには、五つの異なるサウンドトラックがつけられていた――無音、セリフのみ、音響効果のみ（タイピングの音など）、セリフと音響効果と音楽の組み合わせ、もともとの「音楽のみ」バージョン。最後に、参加者にはそれぞれのクリップへの没入感、つまりどれくらい場面に惹き込まれたかを評価してもらった。その結果は、映画の世界に観客を惹き込む音楽の力を見事に証明するものだった。より効果的にメッセージが伝わってきたと参加者たちが感じたのは、会話付きバージョンではなく、音楽のみのクリップだったのだ。

音楽は起きている出来事についてのヒントを与えてくれるだけでなく、その場所と時間を知るための手がかりも示してくれる。たとえば、一九三〇年代にフラッシュバックする場面では、当時のようなパチパチ音を立てる古いラジオから聴こえてくるジャズの音が流れているかもしれない。それどころか、楽器の種類がヒントを与えてくれることもある[7]。ドリス・デイが車を止めたときにブルース調のサックスの音が流れていれば、彼女は恋人に会いにいくところだろう。バイオリンとピアノの畳みかけるような音であれば、夫に会いにいく場面。バンジョーの愉快な音のなかで車を止めたとしたら、彼女の夫は田舎者。アコーディオンの音色が流れていれば、当然ながら、彼女はパリにいるはずだ（パリで田舎者の恋人と結婚するところだとしたら、オーケストレーションは少しばかり複雑になる）。

これらのヒントの多くは、文化特有のものである。金管楽器の音は、ハリウッド映画では「勇気」を表すことが多いが、インド映画では悪事を意味する。[8] あなたがインド人でなければ、二〇〇一年公開の映画『モンスーン・ウェディング』のテーマ曲が、花婿の行進のためのインドの伝統音楽にもとづいているということなど知る由もないだろう。

緊急性のレベルを示す音楽

イギリスのテレビドラマ『ドクター・フー』の主人公ドクターは、時空を旅する知的な異星人だ。ドラマが始まった当初から脚本家たちは、ドクターの旅の仲間（コンパニオン）がたびたび眼のまえの出来事に慌てふためくという展開を使ってストーリーを進めてきた。物語のなかで、コンパニオンにはおもに三つの仕事がある。まず、ドクターに救われること。次に、ドクターを救うこと。そしてもっとも重要なのが、何が起きているのかドクターにバカな質問をすること。この質問に対する答えが、視聴者にとって貴重な情報となる。

コンパニオン　ドクター、何が起きているんですか？

ドクター　四〇秒以内にこのハイパードライブ・トランスグリギュレイターをネガティブにコン

ファビュレイトしなければ、銀河全体が氷に変わってしまう。

この場面における唯一の真のメッセージは、「緊急事態だ！」ということだけ。こうやって緊急性をときどき示すことは、映画やドラマのなかできわめて大切な要素になる。しかし、必ずしもつねに言葉で説明したり、時限爆弾の映像を流したりできるわけではない。

そこで音楽の出番となる。ある状況における緊急性のレベルを示すには、音楽はまさにうってつけだ。くわえて、過度に説明的な会話よりも音楽のほうがずっと愉しいことは言うまでもない。作曲家はリズムの変化と音の強弱を使って観客や視聴者をハラハラさせ、危機が過ぎ去るとまた落ち着いた和音へと戻す。映画のなかで緊張感を高めるために使われるひとつの方法に、音楽の音量を少しずつ大きくするというものがある。[9] 音が大きくなっていくと、観客は自動的に警戒心を強める。なぜなら、音量の増加は一般的に何かが近づいてくることを意味するからだ。生き残りのための反射として、脳は無意識のうちに最悪のシナリオを想定し（「何かが攻撃してくる！」）、危険に対処できるようにアドレナリンを放出させる。4章で述べたとおり、大きくなる音が実際には象の群れの突進からくるものではなくサウンドトラックだとしても、この反応のスイッチを意図的に切ることはできない。大きくなる音量はさらに、スクリーン上の出来事がより速く進んでいるかのような印象を与える。興味深いことに、この効果は逆には働かない。だんだんと小さくなる音には、出来事がゆっくり進んでいるように感じさせる効果はない。[10]

ここで大切なのは、人は音を自分から遠ざけることよりも、視覚イメージを遠ざけるほうがずっと簡単だということ。[11] 音楽はスクリーンの存在を忘れさせ、観客が映画の世界に没頭する手助けをしてくれる。映画館の客を恐怖で飛び上がらせるには、突然の映像よりも、突然の音（音楽や何かの音）を使ったほうがはるかに簡単だ——もちろん、両方を使うともっとも効果的だろう。映画音楽がどれほど効果的に観客をハラハラさせるかを自ら確かめてみたければ、ホラー映画の恐ろしい場面（セリフなし）を音なしで観てみるといい。一九二二年公開の映画『吸血鬼ノスフェラトゥ』は不気味な音楽と合わせて観るとじつに怖いが、音楽がないといかにも滑稽《こっけい》だ。

接着剤としての音楽

映画音楽のおもな仕事のひとつは、場面どうしに連続性を与えること、あるいは全体をいくつかの区切りに分けることにある。映画は映像の連続で成り立っているが、それらは必ずしも明確につながっているわけではなく、音楽がすべてをつなげる接着剤の役割を果たしてくれる。たとえば、街の別々の場所にいる複数の登場人物たちのランチ時のようすを次々と映すシーンでは、音楽の規則的な拍子によって連続性をもたせることができる。ひとりは通りに車を走らせ、ひとりは混み合ったレストランにおり、もうひとりは静かな公園を歩いている……。本来であればそれぞれの短いシーンには異なる背景音が必要になるが、音楽はその事実をあいまいにしてくれる。

フラッシュバック（回想シーン）もまた、音楽が接着剤としての役割を果たす例のひとつだろう。同時に、フラッシュバックを映画の本筋のタイムフレームから分けるためにも音楽は役に立つ。音楽を使えば、回想する時代を特定することさえ可能になる。ここで大切になるのは、回想する当時の音楽を流すこと。わざと音質を悪くして古さを演出することもできる。一九三〇年代を回想するシーンであれば、当時のレコード・プレーヤーの質の悪い音を再現するといった具合だ。また、スローモーションの背景音としても音楽はよく利用される。スローモーションで音楽を使わないとすれば、無音にするか、あるいは速度を落とした音やセリフをそのまま流すことになる。とくに後者は、ごく限られた場面でしか効果を発揮しない。たとえば、こんなセリフであれば効果的かもしれない――「そ……の……ボ……タ……ン……に……触……わ……る……な」。

観客の映画への没入度を心理学的側面から調べるひとつの方法に、内容をどれくらい覚えているか単純にその人に訊いてみるというものがある。心理学者のマリリン・ボルツ率いる研究者のチームは同様の実験を行ない、さまざまな映画のクリップを見た被験者が内容をどれくらい正確に覚えているかを確かめた。用意された映像は悲しい場面と幸せな場面のふたつで、それぞれのクリップには悲しい音楽か幸せな音楽のどちらかがサウンドトラックとしてつけられていた。また、出来事の進行と同時に音楽が流れる場合と、出来事が起きる直前で音楽が止まる場合の二パターンに分かれていた。結果はじつにわかりやすいものだった。音楽が出来事の進行と同時に流れる場合、「正しい気分」の音楽（たとえば、幸せな出来事のときに幸せな音楽）が流れているほうが、人々はより映画に没頭し、その内容を細かく覚えていた。しかし驚くべきことに、出来事が起きる数秒前で音楽を止めたときには、「まちがった気分」の音楽のほうがより効果的だった。幸せな出来事が起きる直前まで不安げな悲しい音楽を流すと、観客はより大きな感動を覚えた。反対に、幸せな音楽によって期待を抱いたあとに状況が悪くなると、感情への影響はさらに大きなものになった。この結果は、観客や視聴者の期待を高めるために音楽が使われていることをはっきり証明するものだろう。期待どおり進んだときよりも、期待が裏切られたときのほうが、人々はより大きく感情を揺さぶられる。[12] 引き起こされた感情は、驚きによってさらに大きくなるというわけだ。

映画はわたしたちを感情の旅に連れていってくれる（心理学者のE・S・タンは映画を「感情の機械」と呼ぶ）。[13] 気分とはちがって感情には引き金が必要になるが、映画のなかには感情の引き金がいたるところに隠されている。母と子どもの再会、追跡劇の恐怖、脱出のあとの安堵感……。だとすれば、映画と音楽の組み合わせについて、こんな見方もできるはずだ――映画は感情的になるための一連の出来事を人に与え、音楽はその感情的な体験をより深いものにする。さらに、スクリーン上の動きに感情に訴えかける要素がなくても、音楽を使って感情的反応を引き起こすこともできる。ある実験では、感情をともなわない中立的な映画クリップを見たときの視聴者の脳の状態が調べられた。その結果、バックグラウンドで恐ろしい音楽や愉しい音楽がかかると、脳内で音楽に見合った感情中枢の引き金が引かれることがわかった。ところが、音楽のない映画、あるいは映像のない音楽に対しては、脳は最小限の感情的反応しかみせなかった。[14] これは、映画制作者にとってはとても有益な事実だろう。なぜなら、人生（つまり映画）には、眼に映るものに感情がともなわない瞬間が多々あるからだ。正しい種類の音楽を使うことによって、映画監督は観客にヒントを与え、登場人物が店へと歩くこの場面が悲劇的な終わりを迎えるのか、それともロマンティックな結末を迎えるのかを事前にほのめかすことができるのだ。

ライトモティーフ

映画音楽の作曲家はときどき、オペラ作曲家ワーグナーのお気に入りだったトリックを使うことがある。物語の主要な登場人物のそれぞれに、ライトモティーフと呼ばれるちょっとしたテーマ曲（メロディ）を与えるというものだ。たとえば一九三八年の映画『ロビンフッドの冒険』では、リチャード王のテーマ曲のメロディは威厳たっぷり、ロビンの曲は勇ましく元気いっぱい、マリアン姫の曲は可愛らしく純粋なものだった。悪役のガイ・オブ・ギスボーンのテーマ曲には、言うまでもなく威嚇的で不協和音に満ちたメロディが使われた[15]。ハリウッド全盛期、映画音楽の制作期間はわずか三週間ほどということも多く、作曲家たちはその短期間で壮大なオーケストラの楽譜を作り上げなければいけなかった。そのため、サウンドトラックに自動的に骨組みを作り出してくれるライトモティーフが作曲家たちに多用された。この手法では、いったん一連のライトモティーフを書き上げたら、あとはそれぞれの状況の雰囲気やリズムに合わせ、メロディのハーモニー、テンポ、オーケストレーションを変えることができる。ライトモティーフは登場人物の多い複雑な話に一貫性をもたらす手助けをしてくれるので、現在でもときどき使われている。たとえば、「スター・ウォーズ」シリーズの帝国軍のテーマ曲は、威風堂々としたいかにも軍隊風のメロディだ。「ロード・オブ・ザ・リング」三部作の音楽でも、ゲール文化に影響を受けた穏やかな土地であるホビット庄のテーマ曲から、ドラマティックなローハンのテーマ曲まで、ライトモティーフが大切な役割を担っている。

ライトモティーフの技術が使われているかどうかにかかわらず、一、二曲のメインテーマが全篇を通して繰り返されるというのが映画では一般的だ。物語が進むにつれ、各場面のさまざまな雰囲気に合わせてテーマ曲は調整されることになる。たとえば『ティミーの愉しい時間』というタイトルの底抜けに愉しい映画があったとしても、ティミー少年が死んだ金魚を土に埋めたり、学校でドラッグを売って逮捕されたりと、悲しい出来事や緊張感ただよう場面が必ずあるはずだ。そういった場面では、陽気なメインテーマ曲を調整し、悲しい雰囲気を醸し出さなくてはいけない。

愉しいメロディを悲しい曲調や緊迫した雰囲気に変えるもっとも一般的な方法のひとつに、短調に書き換えるというやり方がある。一部の音の跳躍の調整は必要になるものの、調を変えた曲はもとのメロディと同じリズムをもち、次の音へと移るときにほぼ同じ上下運動の曲線を描くため、たいていは同じ曲だと認識される。この技術は、一九四二年の映画『カサブランカ』でとりわけ効果的に使われた。作曲家のマックス・スタイナーは、フランスとドイツの国歌を楽譜のなかに組み込んだ。ほとんどの国歌と同じように、どちらももともとは長調で書かれていた。そこでスタイナーはナチスへの否定的な見方を強調するために、ドイツ国歌を短調に転調させて耳障りな伴奏をつけ、曲に威圧的で恐ろしい雰囲気を与えた[16]。

物語世界の音

映画のなかには、登場人物が観客と同じ音を聞いている場面が出てくることがある。俳優が車のラジオを聞いていたり、コンサートに行ったりする場面だ。さらに、この「物語世界の音」（専門用語では「ダイジェティック・サウンド」と呼ばれる）が、通常の映画音楽の〝序章〟として使われることもある。たとえば、映画のなかで演奏していたピアニストが立ち上がり、ガールフレンドとダンスを踊りはじめると、それまで続いていたピアノの音がオーケストラの伴奏付きのサウンドトラックに変わるといった具合だ。

この「物語世界の音」のもっとも巧みな使用例のひとつが、ヒッチコックの一九五六年の映画『知りすぎていた男』のなかに登場する。[17] 主人公を演じるジェイムズ・ステュアートは、オーケストラのコンサートの最中に政治家を暗殺する計画があることを知る。クライマックス場面の冒頭でコンサートが始まると、オーケストラがアーサー・ベンジャミンのカンタータ「ストーム・クラウド」を演奏する映像が流れる。次のカットに移ると、バックで引きつづき音楽が流れるなか、魅力的で勇敢なジェイムズがコンサート・ホールへと駆け込み、どこかに隠れた暗殺者を探す。映画のこのパートでは会話の音は消され、主人公の不安な心境を代弁するかのように音楽が流れ、さらに彼の行動に合わせて音楽も変化していく。主人公が妻と会うと音楽は少し穏やかになり、妻のもとを離れて悪者探しを再開すると、また音楽も激しさを増していく。その後、暗殺者が銃を引き抜くと同時に、打楽器奏者がシンバルを持ち上げる。映画の観客はその時点で、暗殺者がシンバルの大きな音で銃声をかき消そうと企んでいることを理解する。緊張感はみるみる高まり、打楽器奏者が自分の見せ場をまえにシンバルを肩の高さまで持ち上げると……これ以上話すとネタバレになってしまうのでやめておこう。

多くの場合、わたしたちにとって「物語世界の音」を聞くことは、通常の映画音楽を聴くこととは異なる経験となる。日々の生活のなかで、人の脳はまわりの出来事をつねに理解しようとしている。それを実現するためのひとつの方法が、見たものと聞いたものを結びつけ、ひとつの情報にまとめるというものだ。たとえば街中を歩いているとき、通りに立つバイオリン奏者に出くわすと、その人物の姿とバイオリンの音が脳のなかで融合してひとつの考えになる――「そこに大道芸人がいる。なんて愉しげなメロディだろう」。「物語世界の音」付きで映画を観ながら、大道芸人が似たような曲を演奏している場面を眺めるとき、観客は日常生活とまったく同じ感情を抱くことになる。ところが、主人公が空《から》の通りを歩く場面で、サウンドトラックとして同じ愉しげなバイオリンの曲が流れてくると、観客は「主人公は機嫌がいいみたいだ」と考える。映画を観ている最中、観客は音楽を〝本物の音源〟と結びつけることはできないため、音楽の感情面に着目し、それを眼に映る動きに重ね合わせようとする。

言うまでもなく、映画の音楽面へのこだわりのレベルは映画監督によって異なる。なかにはチャーリー・チャップリンやクリント・イーストウッドのように、自分の映画のための音楽を自ら作曲してしまう監督さえいる。一般的なのは、お気に入りの作曲家とチームを組むというものだ。たとえば、ヒッチコックのお気に入りはバーナード・ハーマンだった。ハーマンは人間の叫び声に想を得て、『サイコ』のシャワー・シーンのあの恐ろしい「キー！　キー！　キー！」という有名な音楽を作り上げた。ふだんは仕事の相性もぴったりのふたりだったが、このシーンの音楽については完全に意見が分かれた。ハーマンによると、ヒッチコックはこう指示したという。「きみの好きなようにやってくれてかまわないが、シャワー室での殺人の場面には音楽をつけないでほしい」[18]。観客にとっては幸運なことに、ハーマンが巨匠の指示を無視した結果、あの最高傑作が生まれたのだった。それ以来、多くの作曲家たちが似たような手法で恐怖を表現するようになった――メロディなし、断続的なリズム、高音、不協和音のハーモニー。実際、『サイコ』のシャワー・シーンの音楽はそれ自体が象徴的なものとなり、恐怖を示す音として広く使われるようになった。[19] たとえば、ディズニーのアニメーション映画『ファインディング・ニモ』では、すべての魚たちが恐れおののく少女ダーラのライトモティーフとして、『サイコ』のシャワー・シーンの音楽が使われている。

テンプトラック

ありがたいことに、『サイコ』のケースでは最後にはヒッチコックのほうが折れ、この場面の音楽についてはハーマンの考えのほうが優れていることを認めた。とはいえ、作曲家の意見がいつも通るとはかぎらない。ふつう、映画音楽が完成するのは撮影が終わったあとになるので、監督が映画を編集する時点では音楽はまだ用意されていない。そのため、映画内の音をより完成形に近づけ、自身がイメージする音楽の種類を作曲家に伝えることを目的に、監督が「テンプトラック」を作ることも多い。これは、それぞれの場面に合う一般的なクラシック曲などを使い、サウンドトラックの代わりに既存曲を映像に当てはめるというものだ。ときには、映画の編集に日々明け暮れるうちに監督の耳がテンプトラックのほうにすっかり慣れ、映画のために書かれた新しい楽曲ではなくテンプトラックがそのまま採用されてしまうこともある。その有名な例が『卒業』と『２００１年宇宙の旅』だ。前者の監督であるマイク・ニコルズはサイモン＆ガーファンクルの大ファンで、映画のために新しい楽曲の執筆を彼らに依頼し、編集のあいだは既存曲で作ったテンプトラックを使った。しかし最終的にできあがったサウンドトラックは、新曲（「ミセス・ロビンソン」）とテンプトラックで使った数曲（「サウンド・オブ・サイレンス」など）を組み合わせたものだった。『２００１年宇宙の旅』のスタンリー・キューブリック監督は、クラシックの既存曲を使ったテンプトラックをそのまま完成作品のサウンドトラックとして採用した。これには、作曲家のアレックス・ノースも怒り心頭だったにちがいない。ノースはオリジナルのサウンドトラックを書き、録音まで済ませていたのだ。さらに、スコアがボツになったのを彼が知ったのは、公開初日だったというから怒りはさらに増したことだろう。それどころか、キューブリックは別の作曲家リゲティ・ジェルジュも怒らせていた。彼が作曲した数曲をサウンドトラックに採用したにもかかわらず、キューブリック側は承諾を得ることも、事前の説明もしていなかったのだ。[20]

映画音楽のトリック

わたしたち人間には、眼に入ってくるまわりの出来事について物語を作り上げるという非常に強い傾向がある。小川を流れる葉っぱを眼にしたときでさえ、その出来事の種類を見きわめ、人間にとって典型的な動機（たとえば競争心）や性格（たとえば、自信家なのか内気なのか）のパターンを用いて物語を状況に当てはめようとする。命のないものにも動機があると考える人間の傾向をはっきりと証明したのは、心理学者フリッツ・ハイダーとマリアンヌ・ジンメルが一九四四年に作った無声動画だった。わずか一分半のこの動画は、四角い線の内部や周囲を動きまわる二個の三角形と一個の円の冒険を追ったものだ。この映像を見た視聴者は反射的に三つの形に性格と動機を与え、その動きについて物語を作り上げようとする。だいたいの人は大きな三角形をいじめっ子だと考え、ほかのふたつの形には異なるレベルの同情を抱く。映像を確かめてみたければ、ＹｏｕＴｕｂｅで「Heider and

Simmel」と検索してほしい。わたしもさきほど見てみたが、やはり大きな三角形はひどく意地悪で、お仕置きが必要ないじめっ子だと感じた。ただし、小さな三角形のほうにも非があるような印象を受けた。

この映像が作られてから数十年後、もう一組の心理学者のペア、サンドラ・マーシャルとアナベル・コーエンが、映像内の出来事に対する人間の知覚への音楽の影響を調べようとしていた。実験で使うための短い映像を探していたふたりは、ハイダーとジンメルの映像がぴったりだと考えた。一九八八年、彼女たちは集めた参加者を三つのグループに分け、ひとつ目のグループには無音の映像を見せ、残りのふたつのグループにはそれぞれ〝弱い音楽〟と〝強い音楽〟をつけた映像を見せた。* ふたりの心理学者は当初、音楽によって映像全般への視聴者の態度が変わると考えていた。強い音楽を聴くと映像内のすべての形をより行動的あるいは邪悪だと考えるようになり、弱い音楽には反対の効果があるだろう、と。ところが、実際の結果は少し驚くべきものだった。

無音または弱い音楽とともに映像を見た参加者は、小さな三角形よりも大きな三角形のほうがより行動的だととらえた。しかし強い音楽と一緒だと、小さな三角形のほうがより行動的だと考える人が多くなった（大きな三角形がいじめっ子であるという見方は変わらなかった）。要するに、音楽は映像全体に影響を与えるのではなく、異なる〝登場人物〟に異なる影響を与えていたということだ。[21] マ

* 実験のための音楽は、サンドラ・マーシャル自ら作曲したものだった。〝弱い音楽〟は穏やかなテンポの長調の曲で、基本的に一度に一音だけが使われていた。〝強い音楽〟はゆっくりとした出だしから徐々にテンポが上がる短調の曲で、一度に複数の音が使われていた。

ーシャルとコーエンがこの実験の結果をまとめて提唱した興味深い理論は、のちに大きな影響力をもつようになる。どうやら、人間の脳は二段階のプロセスで機能しているようだ。まず人が注意を惹かれるのは、流れる音楽のリズムと共通する動き、あるいは似たような動きをもつものだ。つまり音楽のテンポが速ければ、速く動きまわる物体に注意が向けられる。いったん物体に注意が集中すると、人間の脳はそこに音楽の性格（愉しい、恐ろしい、悲しいなど）を投影しようとする。[22] この実験の場合、強い音楽のリズムは小さな三角形の動きともっとも近かったため、その物体がとても行動的だという印象を参加者に与えた。逆に、大きな三角形の動きは強い音楽と一致しなかったので、それほど注目を浴びなかった。実際には小さい三角形よりも大きな三角形のほうが動く距離は長いものの、その事実は重要だとは考えられなかった。

映画監督と作曲家はたびたびこのトリックを使い、音楽の特定の側面を映像の動きと連動させることによって、スクリーン上の人やモノに観客の注意を向けさせようとする。ときに、純粋にリズムだけでトリックの効果が発揮されることもある。その典型例が、『ロッキー2』のなかでロッキーが音楽の拍子に合わせてフィラデルフィアの街中を走り抜け、美術館の階段を駆け上る場面。[23] また、スクリーン上の動きを、メロディが描く曲線に反映させることもできる。たとえば、『ベン・ハー』の船を漕ぐシーンでは、メロディがオールの上下運動を追っている。[24] ロッキーの動きは必ずしもつねに音楽の拍子と合っているわけではないものの、同期のちょっとした遅れに対して人間はとても寛容だ。動きとそれに付随する音が四分の一秒近くずれると、*やっと人間は違和感を覚えるようになるという。[25]

これはおそらく、見たものと聞いたものの多少のタイムラグに、わたしたちがふだんから慣れているせいだろう。実生活のなかで、一〇〇メートル先にいる男性が柵の支柱をハンマーで打ちつける姿が見えたとする。音が進む速さは光よりもずっと遅いため、音が聞こえるのは視覚情報が眼に届いてから約四分の一秒後となる。くわえて、人の体は聴覚・視覚情報を同じ速度で処理するわけではない。このふたつの種類の情報は、それぞれ別の生化学的プロセスを経て電気信号へと変わり、脳へと飛んでいく。人の視覚系は脳に情報を伝えるのが聴覚系よりも遅く、視覚信号を処理するには音を処理するより二〇分の一秒ほど多く時間がかかる。[26]

音と光が届くまでの速度の差、それぞれの情報を処理するための速度の差の両方を考えたとき、眼と耳の情報が人の脳に完全に同時に到達するのは、柵の支柱を打ちつける男性が約一五メートル先にいるときになる。[27] ほかの距離の場合、聞いたものと見たもののあいだに小さなタイミングのずれが生じてしまうが、その事実を脳は無視しなければいけない。一五メートルよりも遠くで出来事が起きると、音の情報は視覚情報よりも少し遅れて脳に届く。それよりも近い場所で起きているときには、反対に少し早く届く。しかし、人には見たものと聞いたものを反射的に同期化するという傾向があるため、映画のなかで音と動きが完全に一致しないことはさほど大きな問題にはならない。

これによって、ある一風変わった現象が起きる。誰もが家で再現できる実験があるので、ぜひ試してみてほしい。

まず、なんでもいいので適当に映画を選んで再生し、音を消す。

＊　四分の一秒は、「it」という英単語を発音するのとだいたい同じ時間。

次に適当に音楽を選び、それを映画のサウンドトラックとしてかけてみよう。

心理学者ハーバート・ツェットルの言葉を借りるなら、「映像と音がたびたびマッチすることに、あなたは驚かされるにちがいない」[28]。なぜこんな現象が起きるかというと、一般的に映画のなかには多種多様な動きがあり、聴こえてくる音楽の拍子、フレーズ、盛り上がりと一致する動きに人は注目する傾向があるからだ。

言うまでもなく、どんなに心の広い人であっても、このような音楽と映像の組み合わせのすべてに満足がいくわけではないだろう。それでも、映像と音が何度もぴったりと一致することに誰もが驚かされるはずだ。不思議なことに、音楽を流すタイミングを気にかける必要はなく、いつ音楽をスタートさせても映像の動きがすぐに音に同期してしまうかのように見える。でも、どうしてこんなことが起きるのだろう?

たとえば、適当に選んだポップ・ソングを流しながらテニスの試合の映像を見たとしよう。何秒かたつと、選手たちの脚の動きの一部に音楽がシンクロしていく。さらに数秒後、音楽と脚の動きの同期はなくなり、今度はボールがラケットに当たるタイミングに音楽が重なっていく。それから二、三秒後、今度は拍子に合わせてボールが地面に当たるようになる……じつに不気味だ。

実際のところ、これはまったく不気味なことではない。映像のどの時点を切り取ったとしても、音楽とだいたいタイミングの合う動きが何かしらあるものだ。物事が単純であることを好む人間の脳は、ふたつの情報をつねに別々に処理するのではなく、動きの一部と音を組み合わせて処理することによって労力を減らしている。[29]

適当に選んだサウンドトラックが不思議なほど映像とシンクロするようすを見たければ、ミネソタ大学のスコット・リプスコム教授のアドバイスに従ってみるといい。[30] まず一九三九年の映画『オズの魔法使』の映像を流し、冒頭でＭＧＭのロゴの上のライオンが三回吠えたタイミングで、一九七三年のピンク・フロイドのアルバム『ダーク・サイド・オブ・ザ・ムーン』（訳注／邦題『狂気』）を再生しよう。あとはくつろいで坐り、見事なシンクロを愉しもう。

8章　あなたには音楽の才能があるか？

　多くの人が、自らの音楽愛をさらに一歩先に進めて楽器を学ぼうとする。ところが、必要な才能をもち合わせていないと考えてあきらめてしまう。とても残念な話だ。この章で説明するとおり、「わたしには音楽の才能がない」という不安は見当ちがいでしかない。奇妙なことかもしれないが、プロの音楽家であっても、生まれつき音楽の才能をもつ人などごくわずかしかいない。

　この「才能」という言葉はいくつか異なる意味合いで使われるが、もっとも一般的な例は次のふたつ。

1．ほかの誰かの技能に対する心からの誇らしさを表すとき。（例）「妻とおれは、娘のジェシカのアザラシ狩りの才能をとても誇りに思っているんだ。これが、八歳の誕生日のときに娘にプレゼントした棍棒《こんぼう》さ」
2．プライド、怠け心、強い憤りが入り混じった、人生の不公平さに対して誰もがときどき感じる奇妙な気持ちを表すとき。（例）「いや、ぼくはチームのメンバーには選ばれなかったよ。ろくに練習もしない弟は選ばれたけどね。あいつは生まれつきの才能があるのさ」

どちらの例でも、才能は人間に生まれつき具わった特別な能力だとみなされている。そのような側面も少しはあるにせよ、才能など大した問題ではない。くせ毛の人もいれば、氷の彫刻の才能がある人もいる――そんなのは運でしかない。

とりわけ音楽という分野では「才能」という言葉がむやみやたらと使われがちで、この世のなかには〝才能豊かな〟バイオリニスト、指揮者、ロック・ギタリストが山ほどいるらしい。当然ながらバイオリンを弾く能力とともに生まれてきた人などいるわけもなく、ほかの全員と同じように、才能豊かな人も楽器をゼロから学ばなければいけない。にもかかわらず、一般的には次のように考えられている。才能のある人のほうがより早く簡単に楽器を習得し、才能に恵まれていない哀れな人々がどんなにがんばったところで、彼らの足元にさえ及ぶはずがない。

ここで、良い知らせと悪い知らせをお伝えしよう。

良い知らせ――才能はほとんど神話でしかない。だとすれば、これまで以上にあなたの子どもたちや憧れのヒーローを誇りに思ったほうがいい。彼らは、特別なスキルをもって生まれてきたわけではないのだから。

悪い知らせ――才能はほとんど神話でしかない。だとすれば、「わたしには音楽的な才能がないからピアノの練習をしても無駄」という言い訳はもう通用しない。

そんなのはおかしい、と考えている方も多いかもしれない。明らかに、ほかの人より音楽が得意な人がいるはずだ、と。才能ではないとすれば、ちがいを生むのはいったいなんなのか？

ここで、ある研究について紹介したい。

一九九二年、音楽心理学者のジョン・スロボダ教授率いるイギリスの学者チームは、音楽の才能に関する大規模な研究を行ない、二五七人の若い〝音楽家〟について調査した。楽器を学びはじめてわずか数カ月で挫折した人から、プロを目指して厳しい練習を積む人まで、調査の対象になった人々の能力のレベルはさまざまだった。[1]

研究者たちにとっては運のいいことに、それぞれの参加者の能力を正確に測るシステムがすでに存在していた——イギリスのグレード・システムだ。イギリスで音楽レッスンを受けると、学習者は一年おきくらいの間隔でグレード試験を受けることを推奨される。もっともむずかしい八級の合格者の楽器の腕前はかなり高いレベルで、ちょっとした演奏会を開いたり、姉の結婚式で演奏したりしても、気まずい空気で周囲を凍りつかせることはない。ほとんどの音楽大学でも、この八級を入学のための条件として定めている。

研究に参加した二五七人の音楽家たちは、さまざまなレベルの能力をもった若者たちだった。しかしグレード・システムの記録を見れば、彼らの音楽教育の成長の歴史、各グレード試験の合格時期は一目瞭然であり、全員がどの程度のレベルなのかを研究者たちは簡単に比較することができた。

この研究の被験者は五つのグループに分けられた。

グループA　コンクールで優秀な成績を収め、難関の音楽大学に合格した音楽家。プロになるための訓練を受ける学生。
グループB　音楽スキルは高いものの、コンクールで優秀な成績を収めることができず、難関の音楽大学に合格できなかった学生。
グループC　本格的に音楽を勉強し、音楽大学への志願も考えたものの、最終的にはコンクールに参加しなかった学生。
グループD　趣味で楽器を学んでいるが、音楽大学に行くレベルだとは（自分も周囲も）考えなかった人々。
グループE　楽器の勉強を始めたものの、途中であきらめた人々。

おそらく誰もが、次のように想像するにちがいない。コンクールで良い成績を残し、プロになるための訓練をすることになったグループAの学生は、平均してグループBの学生よりも優れた才能をもっている。グループBの学生はグループCの学生よりも才能に恵まれ、グループCはグループDよりも……。そこでスロボダ教授らは白衣を羽織《はお》ってコンピューターを起動させ、才能あふれる学生たちと才能乏しい学生たちのグレード試験の昇級スピードの差を調べた。
資料の精査だけでなく、学生たちと両親へのインタビュー調査もあわせて行なった結果、研究者たちは予想どおりの答えにたどり着いた。成績優秀者は、実際にほかのグループの学生たちよりも早く昇級していた。楽器の練習を始めてから三年半後、グループAの学生は平均して三級に合格していたが、グループCの学生たちは二級にしか達していなかった。
ところが、研究者たちがさらに詳しく調べてみると、才能が成功のカギではないという疑いが生じはじめた。次の級に合格するために要した練習時間を平均すると、グループAの学生たちもほかのグループの学生たちもほぼ同じだったのだ。どのグループの学生であっても、一級から二級に昇級するためには平均二〇〇時間の練習が必要だった。六級から七級に上がるためには、平均して八〇〇時間。まったくの初心者から八級に合格するまでには、どのグループの学生でも平均して三〇〇〇時間強の練習が必要だった（もちろん、全員がそのレベルに達したわけではない）。

結論は単純なものだった――たくさん練習すればするほど、より早く上達する。グループAの学生たちがもつ唯一の〝才能〟は、努力する才能だった。彼らは初めの段階からほかのグループの学生たちよりも多く練習し、練習時間は年がたつにつれて増えていった。楽器を習いはじめた一年目、グループAの学生たちの一日の練習時間は三〇分ほどだったが、四年目には一日一時間以上に増えていた。下位グループの学生たちの練習時間は、習いはじめのころも三〇分以下で、その後もたいして増えなかった。たとえば、グループDの学生たちの当初の練習時間は一日わずか一五分。それが少しずつ増え、四年後にはなんと二〇分に達した！

平均してみると、グループAの学生たちがとりわけ才能に恵まれているというわけではなかった。彼らは毎週、より多くの時間を練習に費やしただけだった。

一九九〇年代初めにベルリンの音楽学校の学生に対して行なわれた別の研究でも、スロボダ教授の調査と同じ結果が出た。[2] プロジェクトを起ち上げた研究者たちは初めに、西ベルリン音楽アカデミーの教員に依頼して、学生バイオリニストたちを三つのグループに分けてもらった。ここでは、「優秀」「まあまあ」「ふつう」と呼んでおこう。研究者たちはすべての学生の行動を一時間単位で分析し、これまでの音楽訓練の経緯についても調べた。すると、学生たちが多くの点においてきわめて似ていることがわかった。彼らはみな八歳くらいで楽器の練習を始め、一週間のうち約五〇時間をさまざまな音楽的な活動のために費やしていた。

　グループのあいだで唯一大きな差があったのは、ひとりで練習した時間だった。優秀な学生は一八歳になるまでに平均して七四一〇時間を個人練習に充てていた。まあまあの学生は五三〇一時間、ふつうの生徒は三四二〇時間だった。これらの数字は、一般的に知られる「一万時間の法則」にぴったり当てはまるものだった――運動競技から動物学まで、なんらかの技術を必要とするほぼすべての活動において、プロのレベルに達するには誰でも一万時間ほどの練習をしなければいけない（ピンとこない方のために説明すると、一万時間の練習というのは、一日約四時間の練習を毎日休みなく七年間続けることに相当する）。

　これまで才能というコンセプトにとらわれ、音楽の上達が単純で退屈な努力のたまものであるという真実を受け容れてこなかった人も多いだろう。でも、どうか忘れないでほしい。この真実によって、優れた音楽家はこれまで以上の称賛を受けるべきであり、才能がないと非難されるべきではない。

　愛するわが子の音楽の才能と将来性について誇らしげに語るとき、彼らは、子どもがどれほど上達したかについて話していることに気づいていない。[3] 世のなかの親たちは、小さなヘンリーがべとべとする指でバイオリンに触れるまえに、「この子はすばらしいバイオリニストになりそうだ」などと指摘したりはしない。実際には、両親は子どもがいくらかの技術を身につけるまで待ち、「メリーさんの羊」や「スモーク・オン・ザ・ウォーター」をこんなに早く弾けるなんて天才にちがいないと宣言する。この時点になると、それまでの何週間にもわたるキーキー音やたゆまぬ努力のことなどすっかり忘れてしまうらしい。

高いレベルの音楽技術を身につけるためのカギは、「計画的訓練」と呼ばれるものに隠されている。計画的訓練をすればするほど人は上達する――これは、なんらかの技術を要するすべての活動に当てはまる。ここで注目したいのは、計画的訓練はふつうの練習とはちがうということ。ふつうの練習は、すでに上手にできていることをただ繰り返すだけのことが多い。対照的に、計画的訓練とは、さらに一歩踏み出すことを意味する。要は、自分がむずかしいと感じる練習をすること。それをマスターできれば、熟練の域に一歩近づくことになる。計画的訓練を象徴する特色のひとつに、あまり愉しくないということがある。だからこそ、卓越した技術を身につけるのは容易ではないのだ。

映画プロデューサーのサム・ゴールドウィンがかつて「懸命に働けば働くほど、運が良くなる」と言ったことは有名だが*、音楽の世界では「一生懸命練習すればするほど、才能豊かになる」と言い換えることができる。

しかし、ここで話が終わるわけではない。

読者のなかには、わたしがこれまで各グループの平均的な行動にしか言及していないことに気づいた方もいるかもしれない。当然ながら、なかにはグループの平均値からかけ離れた学生もおり、練習量が平均よりはるかに多い学生もいれば、はるかに少ないのに優れた成果を残している学生もいた。

この調査のもっとも興味深い結果のひとつは、グループの平均の五分の一以下の時間しか練習していないにもかかわらず、まわりと同じようにグレード試験を合格した人がすべてのグループに「ほんの一握り」[4]ずついたということだ。もし才能というものが存在するなら、その人たちのなかに持ち主がいるにちがいない。

しかしながら、彼らの才能とは具体的にどんなものだろう？　音楽の才能？　それとも、効率的に練習する才能だろうか？　それに、ほんとうに才能豊かだとすれば、なぜ彼らはみんなグループAに属していないのだろう？

ここではあえて、彼らはまわりよりも練習が得意だと仮定してみよう。ふつうの人が一〇〇時間の練習のうち三〇時間ほど計画的訓練に充てられるところを、彼らは九〇時間も充てられるのかもしれない。あるいは、計画的訓練というチャレンジを愉しめる人たちなのだろうか。うまくスムーズに弾けるようになるまで、むずかしい一節をひたすら繰り返すという退屈な作業に愉しみを見いだせる人たちなのかもしれない。だとすれば、それは才能のもうひとつの定義にすぎないのではないだろうか。「生まれつきの能力」という才能の一般的な定義に、「達成に必要なことをするための生まれつきの能力」という意味合いが含まれているのは当然の話だろう。

＊　ゴールドウィンは奇妙な言い回しの名手として有名で、「わたしを除外してくれ（Include me out）」「口約束は文書で残さなければ価値がない」などの数多くの名言を残してきた。しかし、働くほど運が良くなるという名言は、ゴールドウィンの完全なオリジナルではなかった。これは、トーマス・ジェファーソンの名言「わたしは運というものを強く信じている。懸命に働けば働くほど、幸運はさらに訪れる」を言い換えたものだった。

ジョン・スロボダ率いるチームは最初の指導者からの影響についても調べ[5]、音楽学習者が最終的にプロのレベルに達することのできる最大の要因のひとつが、最初についた先生がどれだけ愉しくフレンドリーな性格だったかであることを突き止めた。のちに訓練のレベルが上がると、愉しい人柄よりも、指導者の技術の高さのほうが重要になった。しかし、習いはじめの段階で子どもたちが懸命に練習するのは、好きな先生を喜ばせるためであることは明らかだろう。その逆もまた然り。情けも容赦もない、独裁国家の秘密警察のような指導者に教えられたせいで、子どものころに楽器を学ぶのをあきらめてしまった人をわたしは何人も見てきた。

二〇〇三年、心理学者のスーザン・ハラムとヴェネッサ・プリンスは、一〇〇人以上のプロの音楽家に対してアンケート調査を行ない、「音楽の能力は……」に続く文言を答えてもらった。結果、圧倒的多数の回答が「学び取るもの」「身につけるもの」などに集中した。ところが、音楽家以外に同じ質問をすると、「生まれながらの才能」という意味を含む文言を選ぶ傾向があった[6]。

どのように定義するにせよ、なかには明らかに音楽的な才能に恵まれている人がいる。とはいえ、プロの音楽家でもそんな才能をもつ人はきわめて珍しい。ジョン・スロボダの調査結果によると、交響楽団を構成する一〇〇人あまりの演奏者のうち、天性の才能をもつと考えられるのはわずか一〇人ほど。それに才能をもつといっても、ほとんどの場合、はるかに少ない練習で同僚たちと同じ（非常に高い）演奏スキルを身につけたという意味だ（ごくまれなケースとして、仲間たちと同じ練習量をこなしただけでスターソリストになる人もいるが）。

残り九〇パーセントのプロの音楽家の親たちも、自分の子どもが天性の才能に恵まれているのだと誇らしげに自慢するだろうが、その説明はまちがっている。より正しいのは、彼らがこれまで積み重ねてきた努力を褒め称えることのほうだ。

「才能」という言葉を誤用する人々の反対側には、自分が「音痴」だとまちがって宣言する人たちがいる。ほんとうに音痴な人にとってはたいへんな問題（あるいは、少なくとも音楽的な欠点）なのだろうが、幸いなことに実際に音痴な人はあまりいない。

音痴

正式には「失音楽症」として知られる音痴とは、メロディの把握や再現ができないことを意味する。先天的に失音楽症の人もいれば、脳の障害によって音痴になる人もいる。メロディのさまざまな構成要素（リズム、調、音調曲線など）の知覚をチェックする「モントリオール失音楽症総合評価テスト」の結果によると、実際に失音楽症と診断されるのは一〇〇人中わずか二、三人だけだ。

西洋音楽におけるもっとも小さなピッチの跳躍は半音で、その差はピアノの隣り合う鍵盤のあいだの隔たりに相当する。半音離れた音を交互に弾いたら、わたしたちのほとんどはどちらのほうが高い音か簡単に言い当てることができる。それどころか幼児の大多数は、半音の半分しか離れていない差でも区別することができる。[7]

ふたつの音のピッチ差を半音より小さくする方法として、ハープのふたつの弦をほぼ同じピッチになるまで調律していくというものがある。半音から始めてピッチの差を徐々に狭めていくと、ふつうの聴き手には二音のどちらが高いかを区別できないポイントがやってくる。さらに狭めていくと、今度はプロの音楽家でも頭を抱えるようになる。逆にいえば、曲のなかのピッチの上下が半音以上であれば（西洋音楽ではつねにそうなる）、わたしたちは音と音のピッチの差を聞き取り、メロディの上がり下がりを追うことができる。そうやってメロディを覚え、あとで思い出して歌うこともできる。ところが、ピッチの跳躍が通常よりもずっと小さいと、やっかいな事態が起こる。

たとえば、標準的な四七弦のオーケストラ・ハープを、それぞれの弦のピッチ差が半音よりも小さくなるように調律したとしよう。この場合、2弦は1弦よりかすかに高く、3弦は2弦よりかすかに高く……と47弦までほんの少しずつピッチは高くなっていく。このハープで〝メロディ〟が演奏されたとしたら、聴き手はふたつの問題にぶつかることになる。まず、隣り合う弦や近くの弦を奏者がはじいたとしても、ピッチが上がったのか下がったのかを聴き手は判別することができない。さらに、大きな跳躍があったときにも問題が発生する。たとえば、4弦から35弦に移ったとき、聴き手としてはふたつ目の音が高いことはわかるとしても、それが35弦なのか、36弦なのか、はたまた34弦なのかを区別することはできない。ただ、30番台の中盤くらいだとわかるだけ。このようにピッチの差が非常に小さい音楽を聴くとき、半分のあいだ聴き手は何が起きているのか理解できず、残りのあいだも漠然とした考えが頭に浮かぶだけになる。

失音楽症の人の頭のなかでは、通常の音楽でも同じ現象が起こる。彼らにとって半音はとても小さな隔たりであり、その差をはっきりと区別することはできない。大きな跳躍はより明確に聞こえるものの、その幅についてはあいまいな予想くらいしかできない。失音楽症の人にとって、聴いたばかりの歌を歌うのは、目隠しで前に進むのと同じこと。次の音が上下どちらに移動するのかわからないことも多く、たとえわかったとしても、ピッチの跳躍の幅をざっくりと見積もることくらいしかできない。

あなたに音楽の才能はある？

一〇〇人に二、三人いる不幸な失音楽症の人たちは、音楽を聴いたり作ったりすることに関して明らかに大きなデメリットを抱えていることになる。そう考えると、彼らは音楽的な才能に恵まれていないといえるかもしれない。その反対側には、同じようにごく少数の幸運な連中がいて、彼らは音楽技術をいとも簡単に素早く身につけてしまう。たんに効率的に練習するのが得意なだけなのか、その真相ははっきりとはわからない。はっきりとしているのは、その能力をもつからといって、必ずしも全員がプロレベルに達するわけではないということだ。

さらに、プロの音楽家の圧倒的大多数が、何千時間にもおよぶ練習の末に技術を身につけているというのも事実。

あなたが音楽家であるかどうかにかかわらず、これらの統計は自明の理のようなものだろう。独学にしろレッスンを受けるにしろ、音楽の勉強を始めれば、ほぼ誰にでも才能を発揮するチャンスはある。そこで重要なのが、好きな先生を見つけ、レッスンを愉しむこと。独学で始めるのであれば、自分が愉しいと思える本やウェブサイトを見つけよう。とはいえ初めの数カ月は学ぶことばかりでたいへんなことも多く、この期間の練習は必然的にどれも計画的訓練（退屈な練習）となる。しかし最初の試練と苦難を乗り越えることができれば、すべてがずっと愉しくなるはずだ。

さきほども述べたように、プロの音楽家になるためには一般的に一万時間の練習が必要だといわれている。けれど、カーネギー・ホールの舞台に立つことを目指すのでなければ、わずか数週間の練習で愉しいと感じるポイントにたどり着けるはずだ。週に二時間ほど楽器の練習をするという新年の抱負を守りつづければ、春までには一、二曲を友だちに披露できるようになっているにちがいない。

楽器の練習を始めることに興味があり、手元にキーボードやピアノがある方には、わたしがＹｏｕＴｕｂｅにアップした動画をお勧めしたい。大胆にも、動画にはこんなタイトルをつけてみた――「まったくのピアノ初心者が午後の数時間で即興演奏できるようになる方法」*。

午後の練習を終えたあとに何かご意見があれば、気軽に howmusicworks@yahoo.co.uk までメールを送ってほしい。寄せられた質問には、なるべくすべてお答えするようにしたい。

* learning to improvise on a piano in an afternoon for people who can't play www. youtube. com/watch?v=WzVJBjETBQU

9章　音《ノート》についての覚え書き《ノート》

わたしたち人間は、音楽のメロディやハーモニーから感情的な側面を感じ取る。言うまでもなく、メロディやハーモニーは音の連続と組み合わせからできている。音楽についての議論をさらに続けるために、ここで「音」について少し触れておきたい。この短い章では、音に関する基礎知識にくわえて、音楽の話を進めるうえでもっとも重要なオクターブの秘密について説明したい。これさえわかれば、人間の脳がメロディやハーモニーにどう反応するのか、なぜ不協和音に自然と負の感情を抱くのかについて、さらに深い議論へと移ることができるはずだ。

まず、音とはなんだろう?

わたしたちの鼓膜は高感度の小さなトランポリンのようなもので、空気圧の変化にすぐさま反応する。完全に無音の環境でなければ、耳の近くの空気は毎秒何十、何百、何千、何万回と圧力を受けて上下に動きつづける。この波打つ空気圧の変化が毎秒二〇回より多く、二万回よりも少ないとき、人間はそれを音だと認識する。* 空気圧が上がるたびに鼓膜は内側にへこみ、空気圧が下がると鼓膜は外

図6

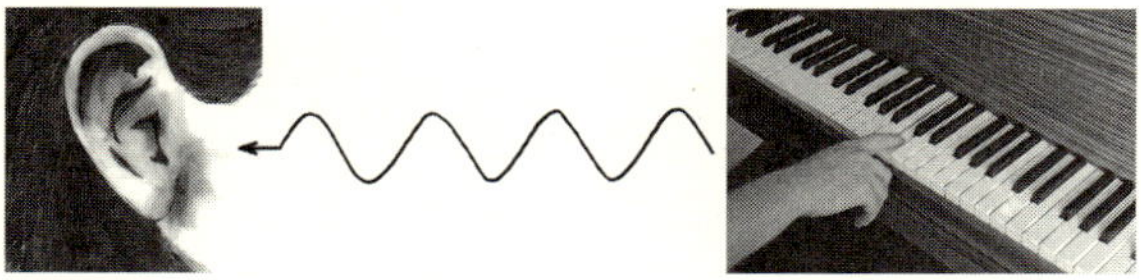

振動する楽器から発生した圧力の波は、空気を伝わって移動する。耳に届いた波が規則正しいパターンと速さで鼓膜を繰り返し内外に振動させると、人はそれを音楽の音として認識する。

側に小さく膨れる。

紙袋をまるめたときのガサガサ音など、音楽以外の音が作り出す空気圧の波には一定のパターンがない。しわくちゃにされる紙の動きは、とても複雑に絡み合った圧力波を生み出し、池の水面のさざ波のように空間を広がって耳までやってくる。この空気圧の複雑な波は、同じように複雑に鼓膜を振動させる。やがて脳が〝典型的な音のリスト〟とこの音を比べ、「なるほど、紙でできた何かが近くでしわくちゃにされている」という結論を導き出す。

一方、音楽の音の圧力波には反復するパターンがあり、鼓膜はそれに合わせて内外にたわむ。ピアノの鍵盤を押したり、ギターの弦をつまびいたり、サクソフォーンに息を吹き込んだりすると、楽器内やまわりの空気に振動が広がる（音が鳴っているときに楽器に触れると、この震えを感じることができる）。楽器による規則的な振動は、反復する空気圧の波のパターンを発生させ、人の鼓膜をへこませたり膨らませたりする。聞こえてくる音の高さは、振動のサイクルがどれくらい頻繁に起きるかによって決まる。たとえば、ピアノのいちばん低い音は鼓膜を二秒間で五五回振動させ、いちばん高い音は毎秒四〇〇〇回を超える速さで震わせる。

どれほど頻繁《フリークエントリー》に鼓膜が内外に振動するかは、その音の周波数《フリークエンシー》と呼ばれている。ある音が一秒間に四四〇回の反復サイクルで鼓膜を震わせたら、「この音は四四〇サイクル毎秒の周波数である」と表現される。一般的に、この「サイクル毎秒」は、ドイツの科学者ハインリヒ・ヘルツに敬意を表して「ヘルツ」という単位に置き換えられ、さらに「Hz」と縮めて表記されることが多い。つまり、鼓膜を毎秒四四〇回震わせる音は、440 Hzの周波数をもつことになる。

図6では、とてもスムーズな反復パターンで上下する空気圧が描かれているが、本物の楽器の波はこれよりももっとでこぼこしていることが多い。たとえば図7で示されているのは、フルート、オーボエ、バイオリンが同じ音を出したときのそれぞれの典型的な空気圧の反復パターンである。** これらの波形は三つの楽器の録音された音から記録されたもので、生み出された空気圧の上下波動のようすが、線の高低差によって表されている。

図7

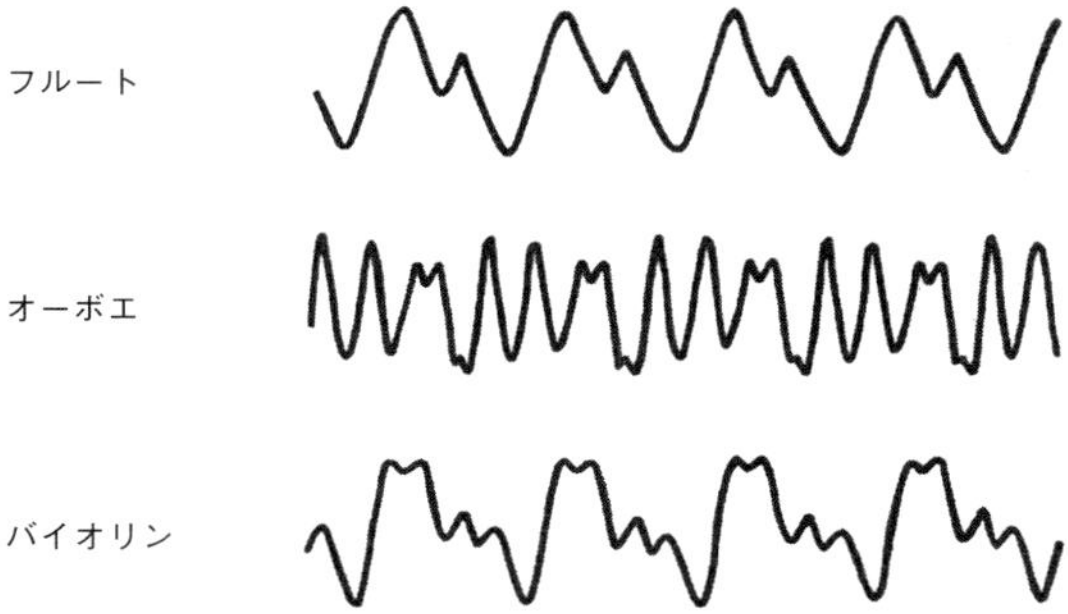

音楽の音は、同じパターンが反復するという共通点があるだ

＊　空気圧の変化が毎秒二〇回より少ない音波は「亜音速波」、二万回を超える場合は「超音波」と呼ばれる。
＊＊「まんなかのA（ラ）」つまり「A^4」の音で、周波数は440 Hz。

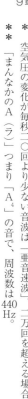

図8　「ＡＢＣの歌」の冒頭。

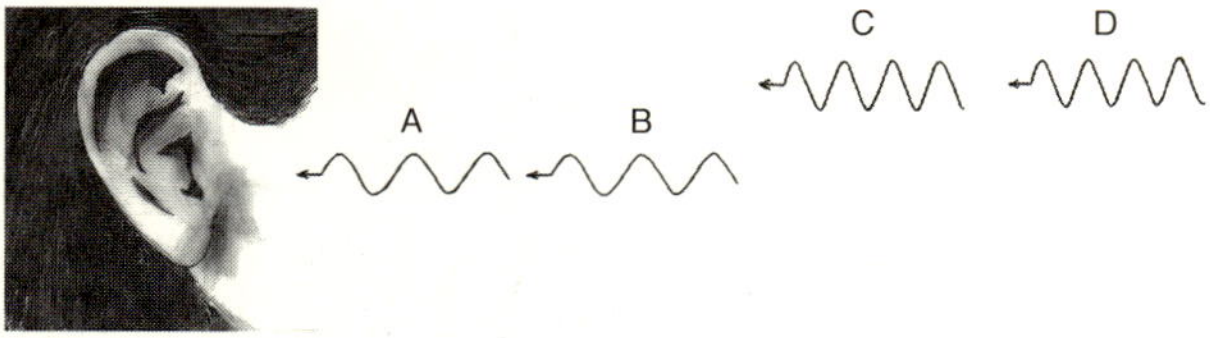

けで、空気圧が描く波形は千差万別だ。図7を見てわかるように、フルートの反復パターンでは、なめらかなふたつの山が連なり、次に谷が続く。オーボエのパターンは上下の変動がもっと激しく、ふたつの山のあとに二連続の小さな山がやってきて、最後に谷が続く。反復する空気圧のパターンにおけるこの複雑さのちがいが、それぞれの楽器の異なる音色《おんしょく》に反映されているというわけだ。フルートの音は純粋でシンプル、オーボエはより豊かで複雑な音色をもっている。図7で示した三つの音のピッチはどれも同じで、ひとつのパターンが反復するのには同じ時間がかかる（図内の波形では、同じパターンが四・五サイクルほど繰り返されている）。この音が耳に届くと、複雑ではあるが反復を繰り返すサイクルに合わせて、人の鼓膜は内や外に毎秒四四〇回振動する。

音色の話が出たところで、楽器の音色はすべての音域にわたって同じではないことを確認しておきたい。たとえば、クラリネットの低い音は豊かで温かみがあるが、高い音はずっと鋭い。どの楽器であっても、空気圧のパターンは音によってそれぞれ異なる曲線を描く。

これ以降は、最初に示した単純な波形パターンを使って説明する。でも、楽器が奏でるほんとうの音には、はるかに複雑なパターンがあることを忘れないでほしい。

伴奏のないメロディが耳に届くとき、人は連続するさまざまなピッチの音を聞いている。そして音が高いほど、一秒間の空気圧のサイクルは多くなる（図8）。

メロディについては次の章で触れるとして、ここでは複数の音が同時に鳴らされたときに起こることについて解説しておきたい。話を単純にするために、ふたつの音が同時に出された場合についてだけ考えてみよう。

当然ながら、ふたつの異なる音を同時に鳴らすと、どちらか一方の音は他方よりも速い上下運動のパターンをもつことになり、耳は大忙しでふたつの音を同時に処理しようとする。音の組み合わせによって、落ち着いた心地よい響きになることもあれば、緊張感のある不安な響きが生まれることもある。どんな種類の楽曲でも、作曲家やソングライターは不安な響きをもつ音の組み合わせを使い、そのあとに落ち着いた心地よい組み合わせへと続け、再び不安な響きへと変化させることがある。ハーモニーにおけるこの緊張と解放のサイクルは、聴き手の感情を操作するために音楽家が使う道具のひとつだ。

同時に奏でられるふたつの音に注意深く耳を澄ましてみると、たいてい異なる二音を区別できるはずだ。多くの人は、まず低いほうの音を口ずさみ、そのあとに高いほうの音を口ずさむことができる。しかし（これは大きな「しかし」）、ある音と一オクターブ高い音を同時に弾いたとき、不思議なことが起きる。

「ちょっと待った！　オクターブって何？」と首をかしげている読者の方もいるかもしれない。

この質問の中心にあるのは、世界各地のすべての音楽界によって発見された現象であり、すべての音楽体系の歴史を支える礎《いしずえ》だ。音楽に関するあらゆる情報のなかで、もっとも重要なものだといっても過言ではない――それが、「オクターブ等価性」と呼ばれるものである。

オクターブ等価性

音楽家は早い段階で練習中に次のように教わる――一オクターブ離れたふたつの音は、ピッチの跳躍がかなり大きいにもかかわらず、とても似ている(「虹の彼方に」の冒頭のふたつの音は一オクターブ離れている)。しかし、そんなに離れた音がなぜそれほど似ているのかと先生に尋ねても、だいたいこんな短い答えが返ってくるだけ。「音が似ているのは、一オクターブ高い音の周波数が下の音の二倍だから」

周波数の概念を詳しく知らない人にとっては、この答えは「そういうことになっているんだ、いいね?」よりもわずかに情報量が多いものでしかない。

オクターブ等価性は、ピアノの鍵盤にA(ラ)やB(シ)などが八つずつある理由でもある。ピアノの鍵盤を見てみると、左から右に向かって反復するパターンで鍵が並び、音も反復するパターンで名づけられていることがわかるだろう(図9)。音名はA(ラ)から始まってG(ソ)シャープ(G♯と表記されることが多い)で終わり、また同じ音名が繰り返される(その理由についてはこのあとすぐに触れる)。

どのA(ラ)やD(レ)やF(ファ)について話しているかを区別するため、それぞれの音名のあとには、低いほうから高いほうに向けて0から8まで小さな数字がついている。たとえば、A_4と

図9

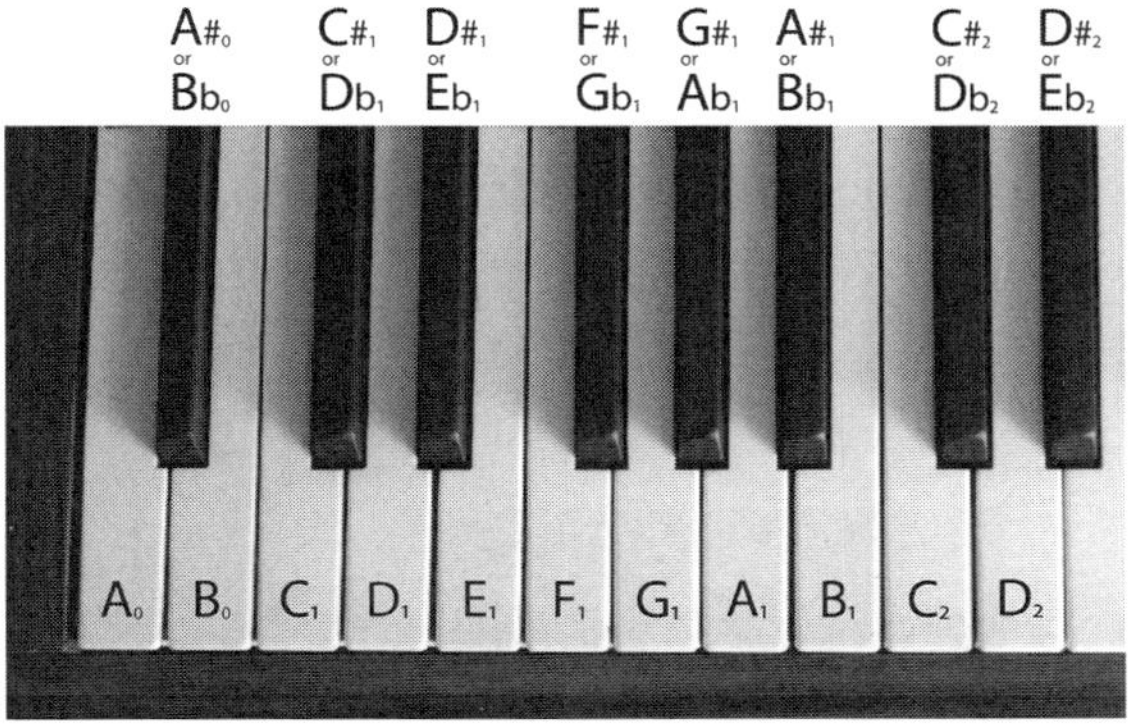

C^3では、前者のほうが高いピッチの音になる。

どこかの音を起点として、ピアノの鍵盤を右に進んで次に同じ名前をもつ音に出合ったとき、それが一オクターブ上の音となる。A^3（ラ^3）はA^2（ラ^2）の一オクターブ上で、D^2（レ^2）はD^1（レ^1）よりも一オクターブ上の音。同じように続けると、E^4（ミ^4）はE^1（ミ^1）よりも三オクターブ上で、B^6（シ^6）はB^2（シ^2）よりも四オクターブ上の音となる。

一オクターブ離れたふたつの音を代わる代わる弾くと、ピッチには大きな差があるはずなのに、おかしなほど似通って聞こえてくる。さらに、低いほうの音を初めに鳴らし、それから一オクターブ高い音を加えると、二音が区別できなくなるほどひとつにまとまってしまう。もし一オクターブ離れていない二音を同じやり方で組み合わせようとしても、このように互いに溶け込むことはなく、それぞれの音の個性が消えることはない。

わたしと同じくらい記憶力が悪い人のために、スムーズな音色の楽器が聴き手の耳に届くまでの空気圧の波の図を

図10

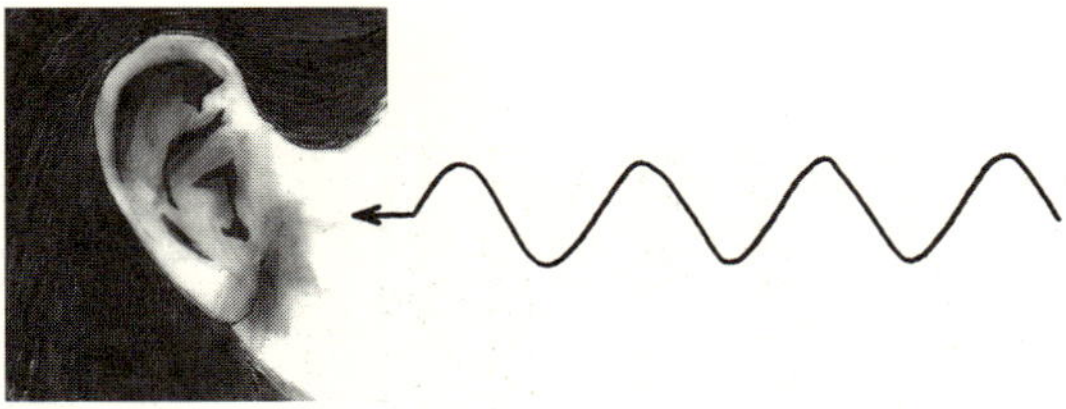

図11

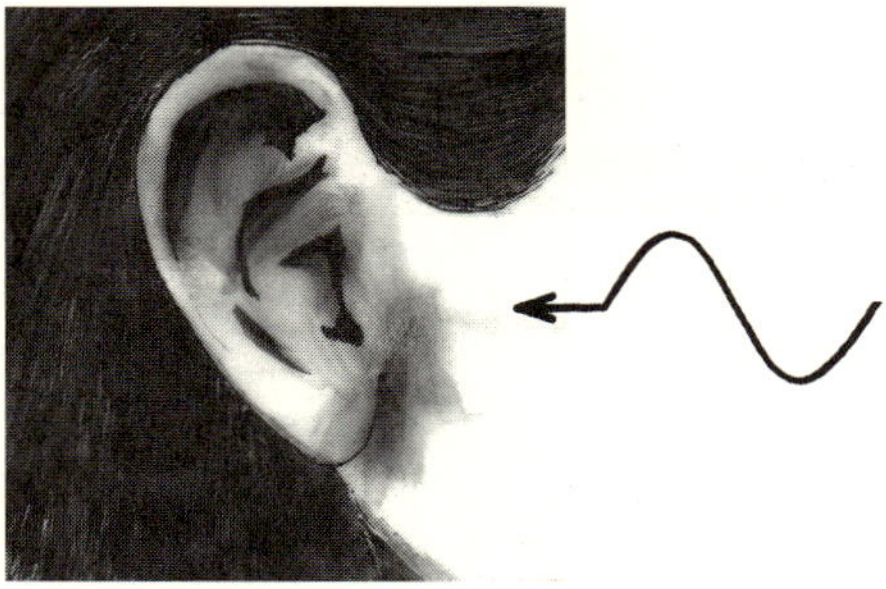

もう一度図10に載せておきたい（あなたも同じかどうかはわからないけれど、何ページか戻ってさきほどの図をまた見るようにと著者が読者に指示するたび、わたしはイライラしてしまう）。

オクターブ等価性の説明をわかりやすくするために、物事を単純にして、上下する空気圧のサイクルひとつのあいだの出来事だけに注目したい。図で表すと、このようになる（図11）。

実際の生活でこんな経験をすることはないとしても、ここでの説明ではひとつのサイクルだけを使ったほうがよりわかりやすくなるはずだ。本物の音はこういったサイクルの連続的な流れからできているため、そのひとつだけについて考えれば済む話なのだ。

このサイクルが実際に鼓膜を動かすま

でには一定の時間が必要になるため、ここではあなたが静かな部屋におり、いまにも耳に届きそうな音の最初の部分がこのサイクルだと仮定しよう。この時点での鼓膜はなんの力もかかっていない平らな状態で、耳の外の空気圧は〝ふつう〟。ここで、空気圧のサイクルが耳に到達する。初めに空気圧は上昇するため、鼓膜は内側に押される。少したつと空気圧がもっとも大きくなり、そのあと圧力が下がるにつれて鼓膜にかかる力も弱まっていく。ところが、空気圧が〝ふつう〟よりも下がると、鼓膜は外側に膨れはじめる。圧力のもっとも低い部分を過ぎ、また圧力が上がり出して〝ふつう〟のレベルになると、鼓膜は平らな状態に戻る。このサイクルが何度も何度も繰り返されると、音楽の音が聞こえる。

ここで、簡単な専門用語を紹介したい。音のひとつのサイクルが終わるまでに必要な時間は、その音の「サイクル・タイム」と呼ばれる。音楽的な観点からいえば、音についてもっとも重要なのはそのピッチであり、すべての音のピッチはそのサイクル・タイムと直接的に関連している。

たとえば、ギターの二番目に太い弦の開放音であるA2（ラ2）のサイクル・タイムは、一〇〇〇分の九秒（九ミリ秒*）となる。これより高い音ならサイクル・タイムはより短くなり、低い音なら長くなる。

さらに一オクターブ高いA3（ラ3）のサイクル・タイムは、その半分の四・五ミリ秒**。つまり、

＊　一秒を110 Hzの周波数で割ることになるので、正確には九・〇九〇九ミリ秒となるが、ここでの説明では近似値の九ミリ秒を使う。
＊＊　正確には四・五四五四ミリ秒。

サイクル・タイムが半分になると音が一オクターブ離れ、そこに特別な関係が生まれることになる。

　ある音を鳴らしたあとに、その半分のサイクル・タイムをもつ音を加えると、聞こえてくる音色は変わるとしても、耳が経験するサイクル・タイムは変わらない。高いほうの音のふたつのサイクルが、低い音のひとつのサイクルにぴったりとハマるため、低い音のゆっくりとしたサイクル・タイムが繰り返されるパターンとして人の耳に届く。また、サイクル・タイムに変化がないので、ピッチも変わらない。そのため耳は、異なる上下運動をする二音を処理する心配から解放される。かくして、ふたつの音は見事にひとつに融合する。

　初めの音のひとつのサイクル（図12）に、一オクターブ上の音のふたつのサイクル（図13）を加えると、少しだけ複雑なサイクルがひとつできあがる（図14）。この新しい音は最初の音と同じサイクル・タイムをもつため、最初の音と同じピッチになる。

図 12

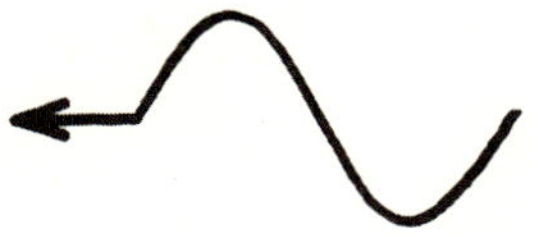

図 13

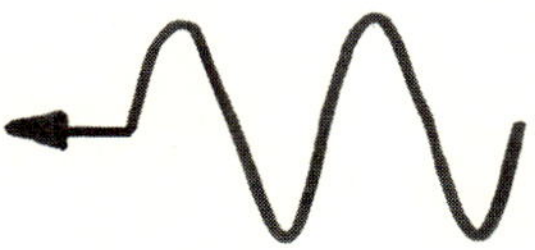

図 14

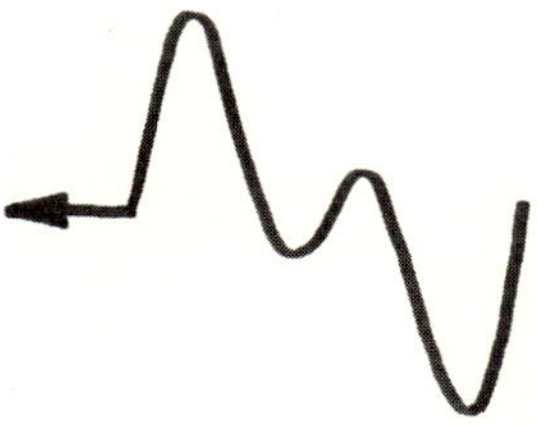

　図15のように複数のサイクルをまとめて見ると、反復するパターンがよりはっきりと表れる。
　このとき、人間の聴覚系はこう考える――最初の音が「一オクターブ高い音」を飲み込み、その過程でより複雑な性格をもつ音に変わった。
　この現象は、一オクターブ離れた二

図15

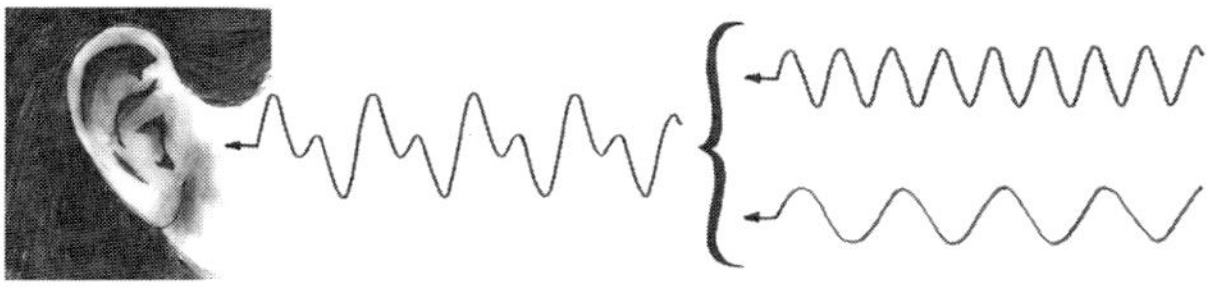

音であれば必ず起きる。ここではA_2（ラ$_2$）とA_3（ラ$_3$）を例として使ったが、D_6（レ$_6$）とD_7（レ$_7$）でも、$F^{\#}_4$（ファ$^{\#}_4$）と$F^{\#}_5$（ファ$^{\#}_5$）などでもかまわない。さらに当然ながら、A_2とA_3に当てはまることは、A_1とA_2やA_3とA_4などにも当てはまる。これは、すべてのＡに近しい家族のつながりがあるという意味で、だからこそ同じ音名を共有しているのだ。数オクターブ離れた二音（たとえばA_2とA_6）のつながりは、一オクターブしか離れていない場合よりは弱くなる。たとえるとすれば、自分と曾祖母の関係よりも、自分と母親の関係のほうが強いのと同じ。それでも家族の絆は強く、Ａ（ラ）はひとつのチームとなり、Ｂ（シ）もＣ（ド）もそれぞれチームを形成する。

一オクターブ離れた音どうしが完璧に合体するという事実は、ふたつの音を代わる代わる弾いたときに奇妙なほど似通って聞こえる理由でもある。たとえば、図16のような空気圧のパターンをもつ音が聞こえてきたとしよう。

続けて一オクターブ上の音（図17）が聞こえてくると、脳はすぐさま新しい音について判断を下さなくてはいけない。サイクル・タイムは半分なのか？　あるいは同じサイクル・タイムで、空気圧の波形にふたつの山があるのか？

そのため脳は、この新しい音がより高い周波数をもつのか、それともたんに異なる音色なのかを判定する必要に迫られる。このような混乱が起きるのは、おそらく一オクターブ離れた音どうしの場合だけで、それこそが二音がおかしなほど似ている理由でもある。
さて、一オクターブ離れた二音がきわめて近い関係のグループであることはわかった。でも、なぜ「等価性」という言葉が使われているのだろう？

図 16

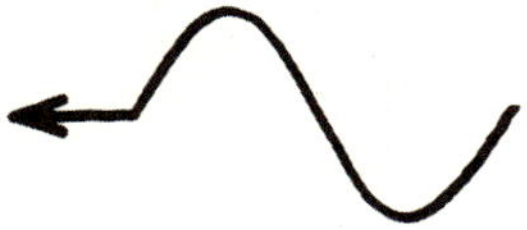

図 17

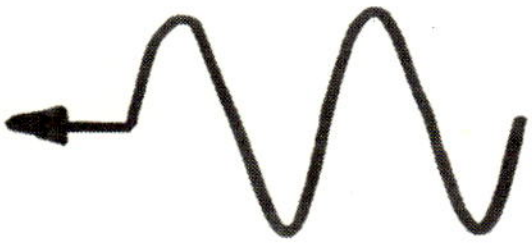

では、歌手のピアノ伴奏をするところを想像してみてほしい。ピアノは正確に調律されているが、弦が何本か壊れて一、二音が出ない状態だ。ソングライターが書いた楽譜を見ると、歌の最初の和音はGメジャー・コードで、当然ながら音の高さも指定されている――G^4、B^4、D^5（$ソ^4$、$シ^4$、$レ^5$）。

しかし、ちょうどG^4の弦が壊れていて音が出ない。鍵盤の上で指をうろうろさせながら、「なんてことだ！」とあなたは仰々しくささやくかもしれない。でも落ち着いてほしい。まだすべてが終わったわけではない。きっと、G^3かG^2かG^5がG^4の代役を見事に務めてくれるはずだ。和音の響きはまったく同じではないかもしれない。それでも、指定された和音に必要な音を選ぶときには、音の番号よりも文字のほうが大切になる。そのためハーモニーに関していえば、一オクターブ離れた音に「等価性」があるとされているのだ。

ところがメロディでは、和音と同じようにオクターブ等価性が機能するわけではない。メロディの音を一オクターブ上か下の音と入れ替えると、うまく機能することもあるものの、大きな音の跳躍のせいでメロディラインが壊れてしまうことが多い。さらに、メロディのなかで何度かオクターブを入れ替えると、途端になんの曲かわからなくなってしまう。よって一般的には、メロディでのオクターブの頻繁な上げ下げは避けるのが無難だとされている。ただし、あなたがジャズ歌手で、わざとメロディをあいまいにして聴き手を焦《じ》らしたいなら話は別だ（あるいは、わたしのガールフレンドのキムの言葉を借りるなら、「あなたがジャズ歌手で、あえて聴き手を惨めな気持ちにさせたいなら話は別」だ）。

ここまでの説明を読んで、不思議に思っている方もいるかもしれない。一オクターブ離れた二音が見事に融合し、ときに入れ替えることができるという事実はわかった。しかしそれを別とすれば、音楽を理解するうえでなぜオクターブがそれほど重要なのだろう？

まず頭に入れておきたいのは、世界じゅうのあらゆる音楽体系では異なるピッチをもつ音が使われているということだ。では、音程の大きさ、つまり異なる二音のあいだのピッチの跳躍の幅をどうやって決めればいいのだろう？　もしこの世のなかに自然発生する音程というものが存在し、それが音楽体系を築くための明確な基礎をわたしたちに与えてくれたとしたら、それほど便利なことはない。

もうおわかりだろう。オクターブは自然に発生する音程なのだ。「自然に発生する」とは、モノを使って簡単に作り出すことができるという意味。たとえば、びんの口に唇をつけて息を吹き込むと、心地よく低い口笛のような音、つまり音楽の音が出る。次により強く息を吹き込むと、一オクターブ高い音が出る。あるいは、あなたが先史時代の狩人で、弓矢の弦《つる》をはじいて音を出したとしよう。振動する弦のまんなかに触れると、それが一オクターブ上の音に変わることに気づくだろう。

オクターブはすべての音楽体系の基礎となるものではあるものの、一オクターブは音の高さの幅がとても広い。事実、訓練を受けていない人の声域は二オクターブくらいしかない。そのため、世界じゅうのあらゆる音楽界では大昔から、オクターブを小さな音程へと分割する方法が編み出されてきた。西洋音楽では、最終的にオクターブを均等に一二分割することが決まり、そのなかから同時におよそ七個の音（「調」）が使われるようになった。中国のクラシック音楽界では少し異なる分割方法が選ばれ、ひとつの調のなかでは五個の音しか使われない。

とはいえ、どのシステムもオクターブにもとづいているという点は変わらない。

10章　メロディって何？

音楽家はたいてい、音楽学者よりも豪華なパーティに招かれる。その当然の結果として、いつの時代も、権力欲と怒りにまみれた音楽学者たちはさまざまなルールを作り出し、音楽家に自分たちの意見を押しつけようとしてきた。その一例として、特定のハーモニーをたんに〝まちがっているから〟という理由で禁止するというものがある。しかし新たな流行が古い流行を呑み込むたびに、こういったルールはいつも廃れてきた。たとえば一八九〇年には、左手を特定の和音のフォームに固定してピアノの鍵盤を左右に移動させ、いわゆる平行和音《パラレル・コード》を作り出すのは〝まちがい〟だとされていた。代わりにお手本とされたのは、左手を動かすたびに和音の種類を次々に変えつづけるというものだった。しかし、パリに住む革新的な若い作曲家クロード・ドビュッシーはむしろ平行和音の優美な響きのほうを好み、この手法を取り入れて楽曲を作ることがあった。ドビュッシーを指導する教授がみせた反応は、〝高慢な音楽学者〟を見事に体現するものだった。

「きみの作り出すものが美しくないと言っているわけではない。ただ、理論的にバカげていると言いたいんだよ」

幸いなことにドビュッシーは教授の意見など歯牙にもかけず、ただこう答えた。

「理論なんて存在しません。ただ耳を澄ますだけ。喜びだけが掟《おきて》なのです」[1]

これを聞いた教授は、作曲法の授業で彼にCマイナスの成績をつけたにちがいない。それでもドビュッシーはいちばん近くのバーへと駆け込み、史上もっとも美しいピアノ曲のひとつ「月の光」を書き上げた。でも一八九〇年の基準で考えれば、それは理論的にバカげた作品だった。

ドビュッシーは正しかった。音楽についての厳格なルールなど存在せず、あるのは過去に何が有効だったかという記録の積み重ねだけ。典型的な流れとしては、まず学者か誰かがあるパターンを見つける。たとえば、あの種の音楽は特定の和音の配列で終わることが多いといったようなパターンだ。すると、「この和音の配列を使うと、説得力のある終わり方になる」と広く知られるようになる。ところが音楽家たちのほうは、音楽学者がお墨付きを与えるかどうかなど気にすることなく、こういった和音のパターンを当たりまえのように使う。このようにして、過去数百年にわたって音楽理論は作り上げられてきた。学者たちはいつも音楽家のあとを追い、音楽家たちのやっていることを分析してきたにすぎない。まず音楽が作られ、それから理論が作られるのだ（バカげた例外がひとつだけあるが、そちらについてはこの章の後半で徹底的に文句を言いたい）。

つまり、標準的なメロディ構成についてのルールは、多くのメロディのなかで起きていることを観察して積み重ねられた記録でしかない。ここで、西洋音楽のメロディにおける重要な〝ルール〟のいくつか[2]を紹介したい。

1. 多くのメロディは長調で書かれている。
2. 多くのメロディは主音から始まる。たとえば、Bメジャー・キーではB（シ）。
3. 多くのメロディはいったん上昇し、また主音へと下降する（ただし、全体的な〝アーチ形〟のなかでは多少の変動がある）。
4. 通常、メロディにはピッチの小さな跳躍がたくさん含まれており、大きな跳躍はきわめて少ない。半分以上の跳躍は、使われている調のなかの一段階上か下の音に移るもの。[3] 同じ音を繰り返すこと、つまりピッチに差をつけないことも一般的。三、四、五段階と移動の幅が大きくなるほど、使われる回数はさらに減る。
5. ピッチの小さな下降のあとには、また小さな下降が続くことが多い。
6. メロディ内に大きな跳躍がある場合、上昇することが多い。
7. 大きな跳躍の次の変化はより小さく、反対方向に向かうことが多い。
8. 調のなかで使われる音の頻度には序列がある。たとえば、調の主音と五番目にくる音（五度上の音）は使われる回数がとても多いが、主音よりひとつ下の音が使われることはまれ。
9. 調の主音と第五音は、リズムを強調するポイントでよく使われる。
10. メロディの進行方向が変わるポイント（上昇から下降、またはその逆）で使われる音は、リズムが強調されることが多い。
11. 通常、もっとも高い音はひとつのパターンでしか使われない。

今日の午前のあいだずっと、わたしはすべてのルールに沿ったメロディを作ろうとしてみた。けれど、そんなことはほぼ不可能だった。できあがったメロディを聞き、どんな感情がかき立てられるか考えてみたが、良くて「退屈」、悪くて「超退屈」。いちばん良くできたものでも、人気のない童謡とパッとしない讃美歌の中間のようなメロディにしか聞こえない。たとえるなら、牛乳がゆ製造業者の守護聖人のための讃美歌みたいな曲だ。

言うまでもなく、世のなかの多くのメロディは、さきほどのルールの多くに沿って作られている。たとえば、「ＡＢＣの歌」のメロディは――

1. 長調で書かれている。
2. 主音から始まる。
3. いったん上昇し、また主音へと下降する。
4. 大きな跳躍よりも小さな跳躍がはるかに多く使われている。
5. ピッチの小さな下降のあとに、また小さな下降がくる。
6. 大きな跳躍は一度だけで、音は上昇する（「Ｂ」から「Ｃ」）。
8. 音の使い方の一般的な序列に従っている。
9. リズムが強調されるポイントで、主音と第五音が使われている。
11. もっとも高い音はひとつのパターンでしか使われていない。

しかし、ルール10には従っていない。このメロディでは「E」「F」を境に進行方向が変わるが、リズムはさほど強調されていない。また、大きな跳躍の次の変化は小さく反対方向に向かうというルール7にも従っていない。* メロディが始まってすぐに「B」から「C」への大きな跳躍があるが、次に下降方向へと小さく移動するのではなく、同じ音が繰り返され、そのあとさらに音は高くなる。なんとやんちゃな曲だろう。

ルールに厳格に従ってメロディを作ろうとして、わたしは失敗した。この失敗は、ルールが自動的に美しいものを作り出すわけではないことを教えてくれる。実際には、多くの美しいメロディが、これらのルールの多くにたまたま当てはまるというだけだ。この点については、音楽をお笑いにたとえると理解しやすいかもしれない。何人かの人気お笑い芸人の漫才やコントの類似点について記録をまとめれば、便利で正確な〝お笑いルール集〟ができあがるかもしれない。しかし、そのルールに従ったからといって、必ずしもおもしろいコントが書けるというわけではない。

考えてみれば、すべて当然といえば当然のことだろう。美しいメロディを生み出す公式があれば、誰もがそれを使うだろうし、すべての美しいメロディには現状よりももっと多くの共通点があるはずだ。とはいえ、メロディの公式を編み出そうとする動きがまったくないわけではなく、インターネット上にはいくつかの〝自動メロディ生成機〟が存在する。しかし残念ながら、その結果は芳しいものではない。

＊ この「揺り戻し」ルールについて、さらに「ABCの歌」でこれが機能しない理由を詳しく知りたければ、「やっかいな詳細」のパートB「ポスト・スキップ・リバーサル」を読んでみてほしい。

ではない。さきほどのお笑いのたとえに戻るなら、『おもしろいコントを書くための方法』という本を読んだ一二歳の少年が作ったコントを見ている感覚に近い。

このメロディ生成機を作った人々を批判したいわけではない。たとえ二流のものだとしても、自動でメロディを作るというのは並はずれた快挙にはちがいない。だとしても、できあがったものが二流であるという事実は否定できない。正直にいうと、わたしとしてはむしろホッとしている。

初めて曲を聴くとき

わたしが「人間はみんな音楽を聴く専門家だ」と言ったとしたら、「そんな大げさな」とあなたは言い返したくなるかもしれない。あなたとしてはただ音楽を聴いて愉しんでいるだけだ、と。しかし、楽曲を初めて聴くときの脳内の動きについて考えてみるだけで、人間がいかに高い専門技術をもっているかわかるはずだ。

初めて楽曲を耳にするとき、人は一定の期待をもって聴いている。そのタイプの音楽になじみがあれば（ポップス、一九四〇年代のジャズ、レゲエなど）、典型的な音のパターンや組み合わせと、そうでないものをすでに知っているにちがいない。ときにメロディの次の二、三音を予想できることもあれば、予想が外れることもある。予想が外れたときには、音楽を理解しつづけるために、その時点よりまえの二、三音を再び評価しなおす必要に迫られる。この無意識の予測と確認は、まわりの出来事をつねに理解しつづけなければいけないという人間の本能によるものである。

ずいぶんと複雑な話になってきた、という声が聞こえてきそうだ。音楽を聴くことは、もっと受け身的な活動では？　わたしたちはただ音楽の流れに乗り、それを吸収しているだけでは？　いや、それは状況によって変わる。友だちとのおしゃべりの最中に流れるBGMであれば、人はただ聞き流すだけだろう。でもわたしがここで話しているのは、自分の大好きなバンドや作曲家による新曲を聴くときのことだ。この場合、人は音楽に耳を傾けている（listen）のであって、たんに聞いている（hear）のではない。耳を傾けるという行為は、たんに聞くよりもずっと集中を要する活動だ。

ここでは、ある西洋人の聴き手が、なじみのある西洋音楽のジャンルの典型的な曲を初めて聴くという設定で考えてみたい。

最初の音が鳴る。その音が何秒続くのか、音階のどの音なのかはわからない。しかし、この時点で聴き手はすでにあれこれと推測する。まず、それが長調を構成する音だと予想しているにちがいない。なぜなら、西洋音楽の多くは長調で書かれているからだ。さらに、その音は主音である可能性が高い。そうでないとすれば、音階のなかの第五音か第三音のどちらかにちがいない。[4] 過去の経験にもとづいたこういった予測は、だいたい当たることが多い。長調が何かとか、第五音や第三音が何を意味するのかといった知識の有無にかかわらず、すべての予想は無意識のうちに行なわれる。

最初の音が終わると、聴き手はその音楽のリズムについても予想を始める。これ以降は、次にどの音が聞こえそうかということだけでなく、いつ音が鳴り、どのくらい長く続くのかも見当をつけようとする。

リズムに関しては、二番目の音が聞こえてきた時点で、その音が一音目と同じ長さ、あるいは二倍、あるいは半分の長さになると聴き手は予想し、だいたいそのとおりになる。西洋音楽はたいていそのように構成されているからだ（もちろん例外もあり、二番目の音が最初の音より三分の一、三倍、あるいはまったく別の長さになることもある）。西洋音楽のリズムは往々にしてシンプルなことが多く、こういった単純な割合（一、二、三）でほとんどが成り立っている。さらに曲全体で、四回か二回の拍のまとまりの最初の一回を強調するはずだと聴き手は予想する。「**1**、2、3、4、**1**、2、3、4」または「**1**、2、**1**、2」といった具合に。[5] ここでも予想は当たることが多いが、聴いているのがたまたまワルツのときには、予想は裏切られる。ワルツのリズムは、「**1**、2、3、**1**、2、3」のように三回のまとまりで構成されている。また、伝統的なアイルランド音楽のジグであれば、全体の拍子は六つか九つのまとまりで繰り返される。

きわめて単純な曲の場合をのぞいて、聴き手はメロディ全体の音の流れをそのまま受け取るのではなく、頭のなかでより短いフレーズに分ける。「ＡＢＣＤ」……「ＥＦＧ」……「ＨＩＪＫ」……「ＬＭＮ」……などなど。フレーズ内で同じ長さの音が続くこともあれば（「ＡＢＣＤ」や「ＨＩＪＫ」）、異なる長さの音が含まれることもある。後者の場合、長い音で終わることが多い[6]（「Ｇ」や「Ｎ」）。

「このフレーズは終わりそうだ」「これがフレーズのなかでいちばん高い音だろう」といったフレーズや音についての無意識の予測が当たっているか否かがわかるのは、メロディがさらにさきに進んでからのことになる。ひとつの音の長さも、その音が止まるまでわからない。ときどき聴き手は聞いたばかりの音について即座に意見を変え、曲全体と釣り合いをとろうとすることがある。これは、会話中になんらかの誤解に気づき、文章の終わらせ方をその場で考え直すのと同じだ。[7]

図18

曲線の輪郭からメロディを認識・記憶する

曲を何度も聴くうちに聴き手は、使われているリズムや音について充分に理解できるようになる。しかし、こうやって正確に把握できるようになったのは、初めに何度か聴いた時点で頭のなかに描いたスケッチや〝輪郭〟があるからだ。メロディの輪郭は、どんなリズムが使われているのか、どの時点でピッチが上下するのかを聴き手に教えてくれる。

たとえば、「ABCの歌」の輪郭は、楽譜を見れば一目瞭然だろう（図18）。「B」から「C」へと大きな跳躍があり、それから「E」でさらにピッチが上がる。「F」から「G」へと穏やかに下降し、さらに一段階ずつ下がって最初の音に戻る。新しいメロディを初めて聞くとき、脳はピッチの跳躍の幅に大きな注意を払うことはない。代わりに注目するのが、音の段差が上昇形なのか下降形なのかということと、音のタイミングだ（すなわちリズム）。

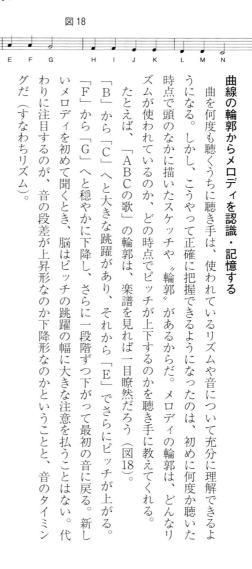

リズムの大切さ

輪郭はメロディを覚える最初のステップになると同時に、人がメロディを認識するための大切なツールにもなる。当然ながら、誰かが正しいリズムとピッチでメロディを口ずさんでいれば、もともとその曲を知っている人ならすぐにメロディを認識することができるだろう。しかし不思議なのは、ピッチよりもリズムのほうが重要であるという点だ。多くの場合、リズムのとり方や上昇・下降の変化のタイミングが正しければ、たとえピッチの跳躍の幅がまちがっていても、メロディを認識することができる。多少まちがっていても、と言っているわけではない。いくつかの跳躍を倍にしたり、すべての跳躍を同じ幅にしたりしても、同じメロディだと特定できるケースが多い。[8] だからこそ、酔っ払いたちの大合唱というものが生まれたのだろう。

ところが、ピッチを正しくとり、リズムのほうをめちゃくちゃにすると、有名な曲でもあっという間に認識できなくなってしまう。たとえば、すべての音を同じ長さにするというトリックを使うだけで、多くの曲は認識不能になる。初めの四つの音がすべて同じ長さである「ＡＢＣの歌」ではこのトリックは使えないものの、フランク・シナトラの「マイ・ウェイ」などのもっとリズムのあるメロディの音をすべて同じ長さに変えて試してみてほしい。ピッチは正しいにもかかわらず、原曲を言い当てることはそう簡単ではないはずだ。ただし、この現象を自分ひとりで確かめることはむずかしい（言い当てようとするメロディをすでに知っているから）。誰かほかの人を見つけ、リズムを変えて口ずさんだメロディを相手が認識できるかどうか試してみよう。どのメロディを選んだとしても、ついつい通常のリズムに戻ってしまうことが多いので気をつけよう。

あるメロディを最初に一、二回聞いたとき、人間は、上昇・下降の輪郭や使われているリズムをさきに記憶する。より複雑な詳細であるピッチの跳躍の正確な幅は、さらに何度か聞いたあとに脳の別の部分によって処理される。[9] 幼い子どもの多くは、ピッチの跳躍を細かく追うことは苦手でも、輪郭を正しくとらえることには長けている。子どもたちがうろ覚えで歌う童謡が、奇妙な響きではあるものの、どの歌かわかるのはそのためだ。酔っ払いと小さな子どもたちの共通点は、足元がおぼつかなかったり、理由もなく急に泣き出したりすることだけではないのだ。

なじみのない音楽を聴く

オペラからヘビーメタルまでどんなジャンルであれ、西洋音楽のスタイルにどっぷり浸かってきた人々にとって、インドの伝統音楽を初めて聴くことは、戸惑いに満ちた経験になるにちがいない。似たように、インドの伝統音楽しか聴いたことのない人にとって、ヘビーメタルは大きな衝撃となるだろう。新しい種類の音楽を聴くとき、人間の脳は〝予測のツールキット〟を作り出し、理解と喜びを増そうとする。つまり新しいジャンルの音楽を好きになりたければ、それに見合ったツールキットを手に入れなければいけない。とはいえ幸いにも、意識的に何かをする必要はない。なじみのない種類の音楽の典型的な一曲を、皿洗いのたびにBGMとして流しつづければいい。そのジャンルの基本的なルールが潜在意識のなかに徐々に染み込み、〝奇妙な〟音楽がより身近で心地よいものに感じられるようになるはずだ。

人類のすべての文化は、なんらかの形で音楽とかかわりをもっている。音楽の種類は数限りないほどあり、一般的にわたしたちは、育った環境のなかで使われる音楽を好きになる傾向が強い。けれど、人はこのような好みをもって生まれてくるわけではない。世界じゅうのどこで生まれた赤ん坊でも、別の文化圏へと移動すれば、成長するうちに自然とその文化の音楽を好むようになる。[10] 言うまでもなく、人間がもっとも柔軟なのは幼児のときだ。ふたつの文化で育てられた子どもは、バイリンガルになるように複音楽性《バイ・ミュージカリティ》をもつようになる。

複音楽性に関する二〇〇九年の研究では、初めて耳にするインド音楽と西洋音楽のメロディを記憶する能力について実験が行なわれた。被験者は、北アメリカ人、インド人、両方の文化のバックグラウンドをもつ人々の三グループ。北アメリカ人とインド人はどちらも、自分たちの音楽文化にもとづく曲を聴いたときに、より容易にメロディを記憶することができた。一方、複音楽性をもつ人々は、どちらの音楽でも同じように記憶することができた。[11] 人生の早い時期から複音楽性を形成してきた幸運な人々は、ふたつの音楽文化をいとも簡単に深く理解することができるのだ。

脳スキャンによる検査によれば、なじみのないタイプの音楽を処理するとき、人間の脳にはより大きな負担がかかるという。[12] 脳は激しい活動を嫌うため、なじみのない音楽を不快なものだと切り捨てようとすることがある。でも、人はどちらかの道を選ぶことができる。不慣れで新しいものをあえて自分から求めて脳が処理しやすくなるように訓練するか、あるいは不慣れな音楽はいかなるものでも避けるか。わたしが若かったころとはちがい、技術が発達した現在では、若者たちはより多種多様な音楽にアクセスすることができるようになった。たとえば最近では、ひとつのプレイリストのなかにアフリカン・ドラム、ブルーグラス・バンジョー、フランク・シナトラが入っていても、なんら驚きではない。

メロディが時代遅れになるとき……

時間がたつにつれて、発展・進歩していくものがある。たとえば旅客機の性能は、一九三〇年代から年を追うごとにまちがいなく向上している。

反対に、スプーンのように進化しないものもある。スプーンはいまのままで充分に便利であり、抜け目ない広告担当の幹部たちでさえも、これ以上の改善の余地を見いだせずにいる。スプーン協会やスプーン研究センターが存在しないのはそのためだ。

では、音楽はどちらだろう？　飛行機のような開発・改善の軌道を歩んできたのか、それともスプーンと同じ平坦な道をたどってきたのだろうか？

何年も前のこと、当時つき合っていたガールフレンドのトレイシーにCDをもらったことがある。ケースは傷だらけで、ライナーノーツもないひどい代物だった。念のため補足しておくと、CDの状態はわたしたちの関係を反映したものではない。図書館員だったトレイシーは、貸し出しできなくなるほど状態が悪くなった廃棄予定のCDを家に持ち帰ってくることがあった。

後日、キッチンでの作業中にCDをBGMとしてかけてみた。心地よい現代的なオーケストラ音楽で、明らかに強いメロディ性を好む作曲家によって書かれた作品だった。トースターの修理といった作業のBGMにはぴったりの曲だ。第二楽章の半分あたりで、一向に直る気配のないトースターから注意が少しずつ逸れていった……なんて美しい音楽なんだ……あの有名なマーラーの「アダージェット」（映画『ベニスに死す』で使われた曲）に雰囲気が似ている……いったい誰の作曲なのだろう？　有名な人だろうか？　どうしてこれまで聴いたことがなかったんだろう？

ケース裏のボロボロの紙を見てみると、ジョージ・ロイドによる交響曲第七番の第二楽章であることがわかった。ジョージ・ロイドとはいったい何者なんだろう？　なぜ彼の名前を聞いたことも、彼の音楽を聴いたこともないのか？　数分のあいだ、そういったさまざまな疑問が押し寄せてきた。が、電器店を探しに街へ出かけるころには、疑問は頭の奥のほうに引っ込んでしまっていた。

なぜジョージ・ロイドは歴史の波に埋もれてしまったのだろう？

イギリスでの新しいクラシック音楽のための発表場所は、ＢＢＣラジオ3と相場が決まっている。このチャンネルのアナウンサーたちは、音楽だけが大切なものとして扱われる夢のような世界に生きている。最後の放送があるとすれば、きっとこんなアナウンスが流れるにちがいない。「放送の途中ですが、たったいま第三次世界大戦が勃発しましたのでお知らせします。人類は七分後に滅亡します。七分あれば、シューベルトの短めの楽曲を二曲お届けできるかと……」

話を戻そう。クラシック音楽の作曲家としてイギリスで成功したければ、ＢＢＣラジオ3で作品が流されることがなにより重要になる。しかし一九六〇年代、メロディ性が強すぎる楽曲は敬遠される傾向が強かった。当時、強いメロディ性は古い音楽の特徴だと考えられ、美しい旋律は時代遅れとなりつつあった。新しいクラシック音楽はより知的要求水準が高くあるべき、というのがそのころの考え方だった。ジョージ・ロイドはこの流行の犠牲者のひとりだった。ＢＢＣラジオ3で流す新しい楽曲を選ぶ委員会のメンバーたちは、メロディ性の強い彼の音楽を古くさい作品だとみなした。音楽はシンプルな冒頭から始まり、後半に向かってより複雑に進行していくべきだと彼らは考えたのだ。

しかし、音楽は飛行機のようにつねに発展しつづけるわけではない。同時に、スプーンのようにまったく進歩しないわけでもない。

音楽は成長する。古い考えのすべてを必ずしも拒絶することなく、新しいアイディアを取り入れながら発展する。

音楽の発展は、料理が進歩する過程と似ている。ほかの国の新しい食材やスパイスが発見・輸入されることによって、料理は発展していく。しかし古い要素がそこでお役御免になるのではなく、増えていく選択肢のなかに組み込まれるだけだ。

ジョージ・ロイドはそれを承知のうえで、古くから使われてきたアイディア（覚えやすいメロディ）とより新しいテクニック（ときに複雑であいまいなハーモニー）を組み合わせて自身の交響曲を作り上げた。ところが、過去と未来の両方の技巧を取り入れたロイドや何名かの二〇世紀の作曲家たちは、ラジオ局やコンサート・ホールから拒絶されてしまった。二〇世紀の初期に始まった知的運動は、親しみやすいメロディを事実上禁止した。奇妙なことに、そういった運動が始まったのは、数多くのクラシックの名曲を生み出した都市でのことだった。

聖職者や政治家が自分たちの意向を作曲家に押しつけようとするのは、古くからのお決まりだった。ところが、クラシックの作曲家たち自身が「古いやり方をやめて、新しいルールを作ろう」と宣言したケースは、二〇世紀に入ってからは一例しかない。一九二〇年代にこの勘ちがいの道を歩みはじめた集団を率いたのは、はげ頭がまぶしいアルノルト・シェーンベルクという知識人で、彼らはまとめて「新ウィーン楽派」と呼ばれるようになった（最初の「ウィーン楽派」はハイドン、モーツァルト、ベートーベンらで構成されていた）。シェーンベルクが考案した作曲技法は、「音列主義《セリエリズム》」または「一二音技法」と名づけられた。まさに正気の沙汰とは思えない技法だが、その理由についてはこのあとすぐに説明する。シェーンベルクはこの運動を始めるまえから、一般的なクラシック音楽の作曲家としてすでに名を馳せていた。ある日、バカげた大計画を思いついた彼は、一緒に散歩していた友人のヨーゼフ・ルーファーに遠慮がちにこう言った。「ぼくの発見によって、これから一〇〇年にわたってドイツ音楽の優位が保たれるぞ」[13]

ところがシェーンベルクの考えは、自身が思い描いていたほど幅広い人気を集めることはなかった。彼が設計した音楽システムは、人間の心理とまったく相容れないものだったのだ。一二音技法は、音楽の発展をせき止めるものでしかなかった。しかし、この技法が普及しなかった理由に眼を向けてみると、音楽を理解するときの人間の心理について多くのことがわかってくる。

すでに説明したとおり、〝ふつうの西洋音楽〟は次のように作られる。まず一二の異なる音から七つ（くらい）の音を選んでチームを作る。それがその曲の調となり、そこに含まれる音を使ってメロディやハーモニーを作り出す。ときどき、調に含まれていない音をぽつりぽつりと混ぜて聴き手の興味を惹きつけたり、好きなところで別の調へと変えたりすることもできる。どの調のなかにも、頻繁に使われる音とそうでない音があり、チームのもっとも強いメンバーはリズムが強調されるところでよく使われる。

この枠組みのなかで作曲するかぎり、すべてがありきたりで退屈になる――これこそ、シェーンベルクを悩ませたことだった。昔ながらのふつうの反逆者であれば、ルールを無視することを決め、ただ自分が理想とするものを作曲していたにちがいない。同じくはげ頭がまぶしい知的な作曲家イーゴリ・ストラヴィンスキーはその道を選び、誰もが認める大きな成功を収めた。しかし、シェーンベルクには別の考えがあった。いまあるルールを無視するだけでは満足できなかった彼は、まったく新しいルールを発明することを決めたのだった。

調性というシステムに退屈さを感じたシェーンベルクは、調を避けるためには七つの音のチームを選ぶことをやめるしかないと考えた。一二音すべてを使うべきだ、と。ストラヴィンスキーやほかの作曲家たちはドビュッシーの足跡をたどり、すでに一二音すべてを使って無調音楽の作品を作り出していた。しかしどの作品でも、一部の音がより頻繁に使われる傾向があり、往々にして調性的になることは避けられなかった。シェーンベルクにとっては、それが歯がゆくてたまらなかった。調の完全なる欠如を追い求めた末に彼が出した答えは、一二音すべてを使って「音列《セリー》」を作り出すというものだった。

シェーンベルクが定めたルールに従う場合、楽曲の制作に取りかかる作曲家は、最初にどの順番で一二音すべてを使うかを決めなければいけない。

たとえば、こんなふうに――

C、F♯、A♯、D、E、D♯、G、F、G♯、A、C♯、B
（ド、ファ♯、ラ♯、レ、ミ、レ♯、ソ、ファ、ソ♯、ラ、ド♯、シ）

いったん音列を決めたら、それをすべてのメロディとハーモニーで使わなければいけない。〝メロディ〟のなかでどれか一音が使われたら、次にその音を使えるのは、ほかの一一の音が音列どおりの順番で演奏されたあとになる。

この基本ルールを作り出してからまもなく、制限が多すぎることに気がついたシェーンベルクは、いくつか新しいルールを加えた。たとえば、列をうしろに戻ったり、逆さまにしたりすることが新たに許されることになった（もともとの列が「一音下がる、半音上がる」だとすれば、逆さまバージョンは「一音上がる、半音下がる」となる）。

まえに述べたように、音楽の〝ルール〟というのは、音楽家たちの行動を解明しようとする学者たちがあとからまとめた記録にすぎない。シェーンベルクのようにルールをまえもって定めることは、まさに馬の前に荷車をつなぐようなものだ。実際、一二音技法で作られた音楽のほとんどは、荷車を引く馬によって作曲されたような代物でしかない。いや、そう言ってしまうと、馬に失礼に当たるかもしれない。

ミュージカルや映画音楽の作曲家として有名なハワード・グッドールが、優れた著書『音楽の進化史』のなかで一二音技法について次のように見事に要約した。

シェーンベルクの起こした理論的な反乱は、その後、「セリエル音楽」へと発展を遂げ、この種の音楽の総称である「無調音楽」という言葉も生まれた。何十年かにわたり、無調音楽に関しては活発な議論、研究が行なわれ、講義や講演も多く開かれたし、関連書籍も出版された。だが、一般の人が理解し楽しめる曲は結局、一つも生まれなかった。[14]

厳密な一二音技法の熱烈なファンはこう訴えるかもしれない——もっと多くの人々が楽曲に触れて慣れ親しむようになれば、より深く理解されて愛されるようになるはずだ。ところが、問題はもっと根深いところにある。一二音技法はわたしたち哀れな人間に、いくつもの心理的な試練を与えるものなのだ。

まずなにより、音列の〝メロディ〟を覚えることがむずかしすぎる。世界のあらゆる音楽体系では、いっときに七つほどの音しか使われない。インド音楽のように、もっと多くの音が使われているように思える音楽体系もあるものの、詳しく見てみると基本的には七つの音の集まりが使われている（ただし、いくつかの音には、ごくわずかにピッチが異なる変化形が存在する）。一度に使うことのできる音の数の謎を解く手がかりが明らかになったのは、一九五六年のことだった。その年、アメリカの心理学者ジョージ・ミラーは画期的な論文「マジカルナンバー7（プラスマイナス2）――人間の情報処理容量の限界」を発表し、人間の短期記憶は一度に七個ほどのものしか対処できないことを解明した。[15]

この「一度に七個だけ」ルールは、友人の披露宴に参加したときに暗記できる初対面の人の名前の数から、家に置き忘れた買い物リストのうち思い出せる品目の数まで、ありとあらゆるものに当てはまる。もちろん、音楽の音も例外ではない。だからこそ、一オクターブには一二の異なる音があるにもかかわらず、選りすぐりの七つ（すなわち調）しか同時には使われないのだ。シェーンベルクの一二音技法に従って音楽を作曲すると、すべてのメロディに一二の異なる音が出てくることになる。そのようなメロディを人が聞いたとき、だいたいの輪郭をつかむことはできるとしても、すべてのピッチの上がり下がりを正確に覚えることは不可能に近い。

次にハーモニーの問題がある。標準的な音楽における感情的側面の緩急の多くは、緊張感を高めるハーモニーとその後の解放によってもたらされる。落ち着いた開放的なハーモニーは、強い相互関係をもつ音を組み合わせた和音によってできあがっている。この種の和音は、調にもとづく音楽にはふんだんに含まれているものの、一二音技法にはあまりみられない。一二音技法を用いる作曲家は、聴き手に緊張感を与えることは簡単にできても、その緊張感に意味をもたせるための解放感を提供することはできない。

さきほども説明したとおり、一二音技法の楽曲では流れを予測することもむずかしくなる。繰り返しになるが、音楽が次にどう展開するかという期待が裏切られたり当たったりすることによって、人は多くの喜びを得る。異なる文化による新しい種類の音楽を初めて耳にしたとき、しばらくのあいだ脳は対処に困ってしまう。しかし、数日あるいは数週間にわたって何時間かその新しいジャンルの曲を聴きつづけると、「なるほど」と理解しはじめる。いったん新しい音楽の仕組みを把握すると、聴き手は音楽に期待を抱くようになり、新たな音楽的な喜びの供給源を手にすることになる。一二音技法における問題は、聴き手にとってルールが完全に不透明であるということだ。一二音技法のルールは紙の上では簡単に説明できても、それを音楽から聞き取ることはむずかしい。そのため、聴き手はこのジャンルに対する〝期待のシステム〟を築くことができないのだ。

一二音技法が根づかなかったのは、なんら驚くべきことではない。驚くべきは、質の高い楽曲がわずかだとしても生み出されたという事実のほうだろう。実際、新ウィーン楽派のメンバーたちが手がけた作品のなかには、クラシック音楽の一般的なレパートリーの一部となり、（わたしを含めた）多くの人に美しい楽曲だと評価されているものもある。とはいえ、こういった楽曲はどれもルール違反を含んだものばかりだ。たとえばベルク作の「バイオリン協奏曲」は、通常の楽曲としては合格点が与えられるだろうが、シェーンベルクが作ったルールには大まかにしか沿っていないため、一二音技法の作曲法の試験では落第点となるにちがいない。[16]

いまや一二音技法はすっかり廃れたが、残念な遺産を残してしまった。現代のクラシック音楽の作曲家の多くがいまだに、口笛で吹けるような旋律を軽蔑すべきもののようにとらえているのだ。こう考えれば、現代の管弦楽のなかでもっとも人気の高いジャンルが、メロディ性の強い映画音楽であることも驚きではないだろう。そんななか、伝統的な意味でのメロディ性は強くないものの、人気が広がりつづけているクラシック音楽のジャンルがひとつある。それがミニマル・ミュージックだ。このジャンルの音楽はおもにテクスチュアや反復するパターンを中心に構成され、感情を大きく揺り動かす催眠術のような経験を聴き手に与えてくれる（聴いたことがなければ、スティーヴ・ライヒの「管楽器、弦楽器と鍵盤楽器のためのヴァリエーション」を最初に聴くことをお勧めしたい）。ミニマル・ミュージックのなかのリズムの反復とハーモニーの変化は、連続的なメロディを自然と生み出しているかのようにも聞こえる。これは、一二音技法より以前の音楽の発展のパターンへの回帰といっていいだろう。なぜなら、ミニマル・ミュージックは過去の音楽技法（和声進行や反復など）にもとづきつつ、新しい響きを作り出しているからだ。

メロディ、盗作、著作権

メロディは、多くのタイプの音楽においてもっとも大切な要素である。その重要度はきわめて高く、歌曲の歌詞をのぞけば、楽曲のなかで著作権で保護できるのはメロディだけだ。メロディは作曲家の合法的な所有物であり、所有物があるところにはお金が絡み、お金があるところには弁護士が絡んできて……

説明するまでもなく、盗作とは他人のアイディアを盗み、あたかも自分で考え出したかのようなふりをすることを意味する。音楽の世界では、もっとも盗作されることが多いのがメロディである。しかし不正のレベルはさまざまで、れっきとした犯罪行為のこともあれば、自分で作り出したと心から思っていた曲が、じつのところ去年観た映画の音楽を無意識のうちに思い出していただけだったというケースもある。

いま説明したとおり、メロディは著作権で保護することができるので、まだ権利の切れていないメロディを勝手に使うと、法的トラブルに直面することがある。たとえ、それが偶然だったとしても関係ない。真似した張本人がローリング・ストーンズのメンバーだったとしても同じだ。

キース・リチャーズとミック・ジャガーの共同制作の歴史は長く、キースはミックの癖を充分に理解していた。ミックは行く先々で流れる音楽をすぐに頭のなかに取り込み、ほんとうはどこかで聞いたメロディなのに、自分が作ったと思い込んでしまうことがあるのだ。だとしても、制作段階で誰かが既存の曲と同じメロディだと気づくので、問題になることはなかった。ところが、一度だけ大問題が発生した。キースは自伝『ライフ』のなかで、レコーディングしたばかりのアルバム『ブリッジズ・トゥ・バビロン』を家に持ち帰ったときのあるエピソードについて次のように語っている。キースは家族と一緒にソファーに坐ってアルバムを愉しんでいたが、「エニバディ・シーン・マイ・ベイビー？」で問題は起きた。コーラスに入ると、キースの娘アンジェラとその友だちが別の歌詞を口ずさみはじめたのだ。〝皮肉屋の娘をもつイギリスの大富豪でロックスターの父〟に典型的な表情を浮かべながら、キースはその失礼な態度について娘に説明を求めた。しかし、アンジェラから返ってきた答えに彼はショックを受ける。なんとコーラスのメロディが、カナダの歌手ｋ・ｄ・ラングのヒット曲「コンスタント・クレイヴィング」とまったく同じだというのだ。アルバム発売が一週間後に迫るなか、キースは迅速な行動をとった。アルバムの歌詞カードには、この曲の作曲者として、ｋ・ｄ・ラングと彼女の共同制作者であるベン・ミンクの名前も併記されることになった。[17]

もっと地味なレベルではあるものの、わたし自身も前作『響きの科学』の執筆中に法的トラブルに巻き込まれそうになったことがある。わたしは例として使う楽曲を「ＡＢＣの歌」と「ハッピー・バースデー・トゥー・ユー」の二曲だけに絞り（編集部注／前作の日本語版では、著者の了解のもと楽曲の例をすべて「ＡＢＣの歌」に統一してあります）、要所要所でこの二曲を引き合いに出しては、リズムの技法や音程の幅などさまざまなことについて説明した。多くの編集者や友人たちに各章の原稿を読んでもらいながら、ついにすべての作業を終えようとしたときだった。ふと誰かがつぶやいた。「そういえば、「ハッピー・バースデー」の著作権はまだ切れてないんじゃない？」と。そんなバカな。わたしとしては、このような歌が著作権で保護されうるなどと考えたこともなかった。しかし調べてみると、世界でもっとも純粋なこの歌が企業の強欲にまつわる物語の焦点となり、ジョン・グリシャムの小説並みの法廷闘争を引き起こしていたことがわかった。

「ハッピー・バースデー・トゥー・ユー」にまつわる噂や逸話は枚挙にいとまがないが、ありがたいことに、ジョージ・ワシントン大学の法学部教授ロバート・ブラウナイスがこの一件を信頼できる論文にまとめてくれた。「著作権と世界一人気の歌」と題されたその優れた論文のなかで、ブラウナイス教授は事の顚末《てんまつ》を詳しく説明した。[18] ここではその概要をざっと紹介したい。

「ハッピー・バースデー」の歌は、幼稚園の教師だったアメリカの姉妹、ミルドレッド・ヒルとパティ・ヒルによって一八八九年ごろに作曲された（当時は別の歌詞がつけられていた）。

そう知ったわたしは、こんなようすを想像した――ある夜、レースのボンネットを頭につけた年老いた女性二人組が、夕食を作っているあいだにメロディを偶然思いつく。しかし、どうか同じ勘ちがいをしないでほしい。歌が作られたとき、パティは二二歳で、ミルドレッドは三〇歳だった。さらに、彼女たちはたまたまメロディを思いついたわけではなかった。この曲は、幼児のための音楽教育プロジェクトの一環として慎重に作曲されたものだった。

姉のミルドレッドはポピュラー・ソングの作曲家で、アフリカ系アメリカ音楽を専門とする音楽学者でもあった。教育の仕事を始めたばかりだった妹のパティは、のちにコロンビア大学の教授職の地位まで昇りつめることになる。ふたりは、音楽学のプロジェクトを進める若く聡明で意欲的な専門家だった。

プロジェクトの目的は、小さな子どもたちに音楽的かつ感情的にぴったりの歌曲集を作り出すというものだった。ミルドレッドが作曲を担当し、パティが歌詞を書いた。曲の原案ができあがったあとの流れについて、パティ自身が次のように説明している。

翌朝、わたしが楽譜を幼稚園に持っていき、小さな子どもたちと一緒に歌って試しました。子どもたちの音域に合わないときには、夜に家に持ち帰って直します。そして、また翌朝に幼稚園に戻って試してみる。そうやって試行錯誤を繰り返しながら、いちばん幼い子どもでも簡単に覚えられる歌を作っていったんです。[19]

このプロジェクトから生まれた歌の数々は、歌曲集『幼稚園のための歌の物語』として一八九三年に出版された。そのなかに「ハッピー・バースデー・トゥー・ユー」と同じメロディの歌が含まれていたが、歌詞はまったく別物だった。もともとこの曲は「グッド・モーニング・トゥー・オール」というタイトルで作られ、タイトルと同じこのフレーズが何度も繰り返されるという構成だった。つまり、誕生日とはまったく関係のない歌だった。

一八〇〇年代末ごろ、現在のように誕生日を祝う風習が始まったばかりのアメリカには、誕生日のための共通の歌はなかった。そのためか、「グッド・モーニング・トゥー・オール」発表後のどこかの時点から、原曲の歌詞ではなく「ハッピー・バースデー・トゥー・ユー」という歌詞のバージョンが歌われるようになった。二〇世紀初めまでに、この歌は誕生日を祝うための定番曲として人々のあいだで定着した。そして一九三〇年代末までに、映画制作者たちはこんな事実に気づくことになる――この曲のメロディのほんの一部をインストゥルメンタルで流しただけで、誰かの誕生日だと観客に伝えることができる。

新たに「ハッピー・バースデー」の歌詞がついたこの曲は、一九三五年にミルドレッドとパティ姉妹の作品として著作権登録されたといわれている。その後、ミルドレッドが実際の作曲者ではないという告発もちらほらあったものの、すべて却下された。告発者たちが「まったく同じ」「とても似ている」としつこく訴えた曲はどれも、実際に似て<ruby>い</ruby>、<ruby>い</ruby>るものばかりで、ミルドレッドが作曲者であることはほぼまちがいなかった。しかしながら、「ハッピー・バースデー」の歌詞を考えたのが誰かはわかっていない。もしかするとパティかもしれないし、幼稚園の子どものひとりかもしれない。あるいは、まったく別の誰かという可能性もある。

現在、「ハッピー・バースデー・トゥー・ユー」は世界でいちばん歌われている歌としてギネスブックにも認定されている。その人気はすさまじく、わたしがこの文章をタイプする数秒のあいだにも、著作権者に約二ドル支払われていた時代もあったほどだ。その金額は一日五〇〇〇ドル（約五五万円）、一年では二〇〇万ドル（約二億二〇〇〇万円）にのぼった。

だからこそ、「ハッピー・バースデー」の著作権をもつワーナー・チャペル・ミュージックは是が非でもそれを守ろうとした。驚くべきことに、二〇一三年まで同社は、この曲の著作権が二〇三〇年まで延長されたと主張していた。わたしは映画『ビバリーヒルズ・コップ』を三回観ており、アメリカの法律制度については深く理解しているつもりだ。そんな高度な訓練を受けた人間の立場から見ても、著作権の保護期間が死後九五年というのはいくらなんでも過剰な気がする。

ブラウナイス教授は論文のなかで、この歌の著作権がすでに切れていることを立証した。教授の論文を突破口として、二〇一三年六月、ジェニファー・ネルソン率いる小さな映画制作会社（その名もグッド・モーニング・トゥー・ユー・プロダクション）は、「ハッピー・バースデー」の著作権無効を訴える訴訟を起こした。物語はそこで終わらなかった。その年の四月二七日、ルパ&ジ・エイプリル・フィッシズというバンドが、ボーカルのルパの誕生日にサンフランシスコでコンサートを開いた。このコンサートのライブアルバムには、会場の観客がルパに歌う「ハッピー・バースデー」がそのまま収録された。曲を〝使用した〟ライセンス料四五五ドルを請求されたルパ側は、訴訟に加わることを決めた。さらに、映画内でこの歌を使ったとして三〇〇〇ドルを請求された映画制作者ロバート・シーゲルも仲間入りした。そのあと続いた〝弱者〟対〝強者〟の法廷バトルは、二〇一五年九月二二日についに終わりを迎えた。ジョージ・H・キング裁判官が下した判決は、ワーナー・チャペル・ミュージックがこの曲の正当な著作権を保有していた事実はまったくないというものだった。さらには、長年にわたってワーナーがかき集めてきた数百万ドルの一部を払い戻すべきだという話にまで発展した〔訳注／二〇一六年、ワーナー側は著作権料一四〇〇万ドル〔約一五億四〇〇〇万円〕を返還する和解案を受け容れた〕。この結果、祖母の誕生日にレストランで「ハッピー・バースデー」を歌っても、訴えられる心配はもうなくなった。

盗作ではなく、インスピレーションだったら？

「優れたアーティストは真似する、偉大なアーティストは盗む」という有名な格言を知っている人も多いかもしれない。あまりに有名な格言のため、最初に誰が言ったかははっきりとしておらず、オスカー・ワイルド、T・S・エリオット、ピカソ、ストラヴィンスキーなど諸説ある。これらの偉人のうち、実際に似たような言葉を書き残しているのはエリオットだけのようだ――「未熟な詩人は模倣する。円熟した詩人は盗む。悪い詩人は取り入れたものを台無しにする。優れた詩人はそれをより良いものに変える。あるいは、少なくとも別のものに変える」[20]。

音楽の分野で盗作を探しはじめたら、いたるところで明らかな痕跡が見つかるにちがいない。しかし、すべての楽曲に一〇〇パーセントのオリジナリティを求めることに意味などないし、かえって制約が多くなってしまう。使われるハーモニー、リズム、音色、テクスチュアに一定の重なりがなければ、特定のジャンルを作ることも、それを認識することもできなくなる。たとえば一九六〇年代にレコードレーベル、モータウンから発表された楽曲は、どれも似ているところがあった。類似しているからこそ、ひとつのジャンルとして認識されるようになるのだ。

以前のスタイルから新しい歌やジャンルが生み出されると、音楽はうしろから押されるように前へと進む。たとえば、イギー・ポップの一九七七年のヒット曲「ラスト・フォー・ライフ」が、一九六六年に作られたふたつの有名曲の冒頭の数秒を下敷きにしているのは誰が聴いてもわかることだ——その二曲とは、ラモント・ドジャー、ブライアン・ホランド、エディー・ホランド作曲によるマーサ&ザ・ヴァンデラスの「アイム・レディ・フォー・ラブ」とスプリームスの「ユー・キャント・ハリー・ラブ」（訳注／邦題「恋はあせらず」）。しかし、これは盗作ではない。イギー・ポップは、以前のスタイルから（意識的にせよ無意識にせよ）インスピレーションを受け、新しいサウンドを作り出したのだ。もちろん、この種の流れはいまに始まったことではない。たとえば、一八五四年に完成したブラームスの交響曲第一番が、それより三〇年前に作られたベートーベンの交響曲第九番から影響を受けていることはあまりに明らかだ。このように、新旧の楽曲どうしのつながりを見つけるのはとても愉しいものだ。[*] 実際に別の人の作品を盗もうとしているのでないかぎり、こういったつながりはすべて音楽の自然な進展の一部だといっていい。

＊ わたしがいちばん好きな新旧リンクは、ショパンの「子守歌」（一八四四年）とビル・エヴァンスの「ピース・ピース」（一九五九年）。

11章　伴奏からメロディを抜き出す

音楽が人に与える感情的な影響の多くは、メロディそのものではなく、ほかの音とどのように調和《ハーモナイズ》しているかによって生まれる。ハーモニーを変えるだけで、メロディの感情的な力が正反対にひっくり返ってしまうこともあるほどだ。とはいえ、伴奏の音とメロディが同時に鳴っているにもかかわらず、なぜ聴き手は混乱しないのだろう？　人間の聴覚系は、いったいどうやってこの音がメロディの一部で、あの音はハーモニーの一部だと判断しているのだろう？

わたしたち人間はいつでも――それが初めて聞くメロディで、同時に数多くの音が鳴っているとしても――音楽のメロディ部分を簡単に聞き分けることができる。一方、コンピューターが聞き分けられるのはもっとも単純なパターンの場合だけだ。そう考えると、人間のこの能力がどれほど優れたものかわかるだろう。メロディの特定において人間の脳がコンピューターに勝るのは、脳が「グルーピング」と呼ばれるスキルに非常に長けているからである。

「何を大騒ぎしているんだ？」と思っている方もいるかもしれない。「いつも目立っているのがメロディに決まってる」

うーん……そうではない。メロディが目立っているかのように聞こえるのは、たとえすべての音が同じ音色と音量だとしても、人間はメロディを聞き分けて背景の音と分離することがとても得意だからだ。ハーモニーのついた楽曲のなかでは、メロディとなりうる音がいくつも同時に進行している。数多ある選択肢のなかから、作曲家が意図するメロディひとつだけを見つけ出せるという能力はじつに驚くべきものだといっていい。このあとすぐに説明するとおり、たとえ数秒のシンプルなメロディと単純明快なハーモニーだとしても、選択肢の数は膨大なものになる。

さて、ここでまたお待ちかねの「ＡＢＣの歌」のお時間がやってきました。

読者のみなさんのために、わたしが四人のフルート奏者を雇ったとしよう。披露するのは、わたしの最新傑作〝四本のフルートのための「ＡＢＣの歌」の歌い出しのアレンジ〟。

四人のうち、もっとも出演料の高いフルート奏者は次のようなメロディを弾く――

C^{5}、C^{5}、G^{5}、G^{5}、A^{5}、A^{5}、G^{5}（ド^{5}、ド^{5}、ソ^{5}、ソ^{5}、ラ^{5}、ラ^{5}、ソ^{5}）

残りの三人のフルート奏者には、伴奏のハーモニーを弾いてもらう。メロディ一音に対して、それぞれ弾くのは一音のみ。彼らのパートは音の繰り返しが多いため、演奏はとても退屈にちがいない。

フルート奏者2――G^{6}、G^{6}、G^{6}、F^{6}、F^{6}、G^{6}（ソ^{6}、ソ^{6}、ソ^{6}、ファ^{6}、ファ^{6}、ソ^{6}）

フルート奏者3――E^{4}、E^{4}、E^{4}、E^{4}、C^{5}、C^{5}、E^{5}（ミ^{4}、ミ^{4}、ミ^{4}、ミ^{4}、ド^{5}、ド^{5}、ミ^{5}）

図19

グループ	1	2	3	4	5	6	7
フルート1	C_5	C_5	G_5	G_5	A_5	A_5	G_5
フルート2	G_6	G_6	G_6	G_6	F_6	F_6	G_6
フルート3	E_4	E_4	E_4	E_4	C_5	C_5	E_5
フルート4	C_4	C_4	C_4	C_4	A_4	A_4	C_4

フルート奏者4——C_4、C_4、C_4、C_4、A_4、A_4、C_4（ド$_4$、ド$_4$、ド$_4$、ド$_4$、ラ$_4$、ラ$_4$、ド$_4$）

このケースでは、脳に与えられたメロディの選択肢の数はかなり少ないはずだ、と考えている方もいるだろう。結局のところ、七音分の長さしかない楽曲なのだから、と。

ところが、この単純な楽曲にも、想像を超えるほどの数のメロディが隠れている。なぜなら、いかなる音の連続もメロディになりうるからだ。実際のところ、フルート奏者2も3も4も、みんなが異なるメロディを奏でている。退屈で繰り返しばかりだとしても、それがメロディであることに変わりはない。

では、いったい何個のメロディが隠れているのだろう？

フルート奏者たちには、集団としてするべき仕事がある。彼らは、四音からなる音のまとまりを一グループとして、それを七回連続で聴き手に届けなければいけない（図19）。

わたしの最初のアレンジでは、特定の音の組み合わせをフルート奏者1に与え、別の組み合わせをフルート奏者2に与えた。しかし、ふたりがいくつかの音を交換したとしても、聴き手がその差に気づくことはないだろう。それどころか、四人の奏者が（演奏を始めるまえに）それぞれのグループの音を好き勝手に交換し合ったとしても、すべての音を正しい順番で弾くかぎり、聴き手に届く音楽の響きは変わらない。

担当する音を奏者がそれぞれ交換するとき、彼らは自分たちのための新しいメロディを選んでいることになる。奏者が弾く七つのグループにはそれぞれ四つの音が入っているため、この単純な楽曲に対して考えられるメロディの数は四を四で七回掛けた数になる。つまり、4×4×4×4×4×4×4＝16384通り。なんと一万五〇〇〇以上のメロディが*、わずか四秒の音楽に隠されているのだ！　すべての組み合わせを試すとすれば、フルート奏者たちは何週間にもわたって音を交換しつづけなければいけなくなるだろう。

もし、同じことを「ABCの歌」の全二八音でやるとすれば（メロディ一音に対して三音の伴奏）、考えられるメロディの数は四〇〇〇兆以上となり、人体にいる微生物の数より多くなる。ポップスなどの和音をともなう音楽において、数分のあいだに起こりうるメロディの数は、なんと宇宙の星の数よりも多いのだ。

これらのメロディ候補は、わたしが勝手に作ったものではなく、実際に曲のなかに存在している。つまり、わたしたち人間は数十億ものほかの可能性を無視し、ひとつのメロディだけを聞いていることになる。この膨大な選択肢の数を考えれば、作曲家が意図した〝本当のメロディ〟をいとも簡単に探し当てる人間の能力がいかに驚くべきものかわかるはずだ。

人間がこのような離れ業を成し遂げることができるのは、精神的な生存装置として機能する一連の

＊　このような巨大な数字になる仕組みについてさらに詳しく知りたい方は、「やっかいな詳細」のパートC「ハーモニーにはいくつのメロディが隠れている？」を読んでみてほしい。

パターン認識の技術を用いているからである。人の脳は自らの感覚から送られてくる大量の情報にひっきりなしにさらされており、そのすべてを仔細に分析していたら、そう長く生きることはできなくなる。そのため進化のどこかの時点で、見聞きしたものをカテゴリーごとに分類することが便利だと脳は気がついた。[1]平均的な穴居人《けつきょじん》は、見たことない斑《まだら》模様のヘビが自分のほうにするすると近づいてくるとき、このあいだ兄の命を奪った縞《しま》模様のヘビと同じくらい危険だろうか、などと考えてその場に突っ立ったりはしない。彼はこの状況を「ヘビだ！　とにかく逃げろ！」というカテゴリーに自動的に入れるはずだ。人間のカテゴリー化システムには、物事を分類する方法がいくつか存在する。ここで四つのおもな分類法について紹介し、それぞれが生存にどのように役立つのか例を示したい。

類同——物事に共通する特徴があると、脳はそれらを同じカテゴリーに分類する。たとえば、枝葉のついた一〇メートルの木を初めて見たとき、その詳細について考える必要はない。ただ、木として分類すればいいだけの話だ。そうすることによって、それが木のような性質をもつにちがいないと推測する。その物体の欠片《かけら》を燃やせば、おそらく火は燃えつづけるだろう、と脳は自然と考える。

近接——物事が互いに近くにあるとき、脳はそれらを同じカテゴリーに分類する。いま、読者のみなさんはこの分類スキルを使って文字を単語へとグループ化し、文章を読んでいるはずだ。あるいは、もし谷底に真っ赤なカシスの茂みがひとつあり、中腹の茂みよりもジューシーな実がなっているとしたら、谷底のほかの茂みにも質の高い実がなっていると誰もが考えるだろう。

良い連続——いくつかの異なるイメージが、より大きな像を作り上げるグループの一部のように見

える と、人間の脳は点と点を結ぼうとする。このスキルによって、たとえ視界の一部が遮られていたとしても、何が隠れているのかを割り出すことができるようになる。たとえば、木の枝に隠れたヘビを見つけられるのはこのおかげだ。

共通運命——人の脳には、複数のものが特定の目標に向かって同じ方向に動いていることを察知する能力がある。空を飛ぶ鳥の群れを見ているとき、そのうち何羽かが異なる方向にほんの少しだけずれただけでも、人はすぐにその事実に気づくことができる。そのとき人間は、それぞれを異なる共通運命をもつ別々のグループに分類しようとする。この共通運命の法則によって、群れのどの鹿が置いてけぼりになるのかを予測し、はちみつで満たされた巣に戻るハチの集団がどちらの方向に飛ぶのかを特定することができる。

生まれもった能力のすべてがそうであるように、こういったカテゴリー化の能力は、人間が生存するための装置の一部として機能している。そのおかげで、わたしたちはヘビのいないレストランでゆっくりとくつろぎ、スモークした鹿肉フリカッセのカシス・ソースがけを堪能することができる。でも、それが音楽とどんな関係があるというのだろう?

じつのところ、大いに関係している。ハーモニーからメロディを抜き出すとき、人間の聴覚系はいま説明した四つの能力を使っている。

類同——多くのケースにおいて、メロディを追う楽器ははっきりとした響きや音色をもっている。

メロディを担当するのは人間の声の場合が多いが、サクソフォーンやギターが使われることも珍しくない。いずれにしろ、脳は似たような音色をグループ化するため、聴き手はメロディラインを追いやすくなる。伴奏を担当する楽器（たとえば、キーボードやバイオリン）もそれぞれはっきりとした音色をもつので、それもまたメロディからハーモニーを区別するための助けとなる。

近接——ふたつの点において、「近接」は聴き手がメロディを追う手がかりとなる。まず、時間の近接。メロディの音は、直前の音が終わると（ときに間《ま》を挟んで）新しい音が始まるといった具合に、次から次に連続して鳴る。このようにメロディの音は数珠《じゅず》つなぎで発生するため、個々の音がその数珠（メロディ）の一部であることを脳は容易に特定できる。さらに、メロディ内の隣り合う音のピッチの差は小さい（近い）ことがほとんどなので、ピッチの近接もメロディを聞き分ける大切なヒントになる。

良い連続——メロディはつねにどこかに移動し、途中で脇道に入りつつも、最高音に上がっていくか最低音に下がっていく。たいてい、聴き手は次にくる音を予想できるし、正確な音を予測できないとしても、いくつかの特定の音が使われる可能性がきわめて低いことはほぼ正確に予想できる。人間の脳がこのようにメロディを追えるのは、じつに驚くべきことだ。なぜなら、ほとんどの音楽では、メロディの音と音のあいだのタイミングにも伴奏の音が鳴っているからだ。視覚にたとえるとすれば、伴奏がメロディの姿を隠し、メロディが伴奏の姿を隠していることになる（ヘビが枝を隠し、枝がヘビを隠すのと同じ）。「良い連続」の能力は、ふたつの情報を聴き手にもたらすことによって、メロディと伴奏の区別を可能にする。まず、特定の伴奏の音がメロディの一部であるはずがないというこ

図20

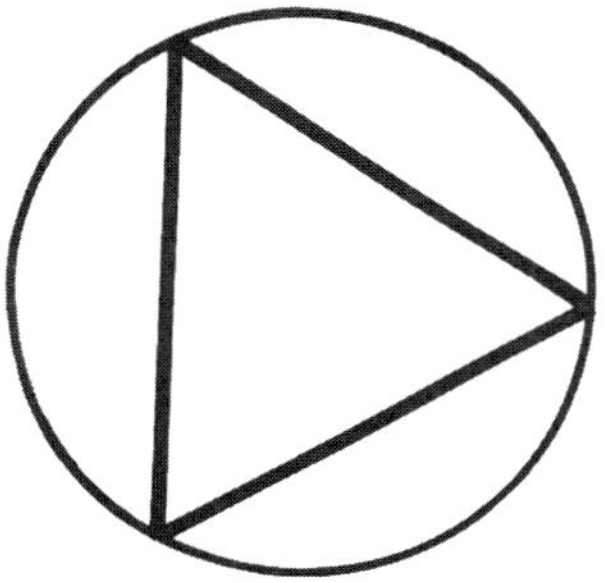

と。そして、メロディの次の音が伴奏の一部ではありそうもないということ。人間は音楽を聴くときに「良い連続」による仮定を利用するが、それは重ね合わせた図形を頭のなかで分離するときと同じだ。たとえば、図20のような図形を見たとき、円のなかに三角が描かれているように見えるはずだ。良い連続の能力がなければ、角が接触する三つの大文字のDに見えてしまうかもしれない。

共通運命——音楽が似たような楽器の組み合わせ（たとえば吹奏楽団や弦楽合奏団）、あるいはソロ楽器（ピアノやギター）によって演奏されている場合、メロディと伴奏の音色は同じになる。こういったケースにおいて、メロディを識別できるように区分けする方法のひとつに、メロディをハーモニーよりもずっと高いピッチに調整するというものがある。しかし、そればかりだと退屈なメロディになってしまい、結局はハーモニーと同じ音域まで下がってくることが多い。そんなとき、どうやってメロディを追えばいいのだろう？　ありがたいことに、ここで「共通運命」を特定する能力がその力を発揮することになる。

さきほども言ったように、メロディはつねにどこかに移動している。一方、ハーモニーにはハーモニーなりの行動計画がある。概してハーモニーはメロディよりも動きが小さく、明らかにより組織的だ。ここでも視覚のたとえを使い、人間がメロディとハーモニーを区別する方法について説明したい。たとえば、アクション映画にはこんなお決まりの場面がある。逃亡者と追っ手のふたりの眼のまえに、突如として通行人の波が押し寄せる。逃亡者は群衆のなかに紛れて消え、追っ手は街灯のポールによじ登って相手を捜す。このとき、逃亡者は群衆と別の方向に進んでいることが多いため、やけに目立ってしまう。群衆のよどみない動きによって、一個人の矛盾する動きを特定するのが簡単になるというわけだ。この例では、通りを進む群衆がハーモニーで、そのあいだをかき分けていく逃亡者がメロディとなる。まんなかあたりにある街灯のポールに登ったまま身動きが取れなくなり、ようすを見守っているのが聴き手であるあなただ。

ソングライターや作曲家は、このような聴き手のカテゴリー化の技術を無意識のうちに利用している。なぜなら、彼ら自身もカテゴリー化の能力を使って作曲しているからだ。ここまでの説明によって、伴奏からメロディを抜き出す人間の能力のすごさについては理解してもらえたはずだ（ちなみに、ほとんどの音楽にはメロディと伴奏が含まれている）。しかし、話はここで終わらない。多くのタイプの音楽では、同時にふたつ以上のメロディが使われることがある。「対位法」と呼ばれるこの技法は、一七〇〇年ごろにとりわけ流行した。なかでもJ・S・バッハはこの技巧の第一人者で、楽曲のなかで数分にわたって同時にふたつ以上のメロディを使うこともあった。対位法はフォーク、ロック、ジャズ音楽でも使われるものの、一度に数秒間のみという例が多い。ビートルズの「ハロー・グッドバイ」のまんなかあたりには、ふたつの異なる歌詞が別々のメロディで同時に歌われるセクションがある。サイモン&ガーファンクルも、同じテクニックを「スカボロー・フェア」のカバーで使った。多くの現代音楽では、響きに深みと趣きを与えるために対位法が控え目に使われている。たとえば、主旋律のバックで短いメロディがベースギターなどに与えられ、いっときだけ前面に出てきて、また伴奏に加わるといった流れだ。これは、ローリング・ストーンズ版の「ルート66」でも使われた手法である。曲が始まっておよそ四五秒後、ミック・ジャガーが「pretty」で終わる数単語を歌うあいだ、ベーシストが上昇形の〝メロディ〟四音を弾き、その後また標準的な伴奏の演奏へと戻る。

人間の脳は「類同」「近接」「良い連続」「共通運命」を特定する能力を同時に働かせ、いくつかのメロディが同時に流れていても、聞こえてくる音を理解する手助けをしてくれる。おなじみのパターンを探すという生まれもった傾向もまた、メロディを追う助けとなる。西洋音楽の範疇に収まるものであれば、初めて聴く曲だとしても、ほかの楽曲で聴いたことのあるちょっとした欠片がいたるところに隠れているはずだ。たとえば、音階の断片やおなじみのピッチの跳躍がたっぷりと含まれているにちがいない。このようなブロックが脳内に積み重なることによって、新しい楽曲をより早く理解できるようになるのだ。

音楽を聴くことには、われわれが予想する以上に複雑な脳内ジャグリングが必要になるというわけだ。幸いにも、すべての情報処理は無意識のうちにほぼ無理なく行なわれているので、わたしたちの喜びが邪魔されることはない。

12章　聞こえるものすべてを信じるな

わたしたちが耳にする音楽が――たとえ専門家による演奏だとしても――じつはほとんどが調子外れだと知ったら、多くの人が驚くにちがいない。ピッチがずれる原因はおもに次の三つ。

1. 今日《こんにち》広く利用されている音階が、わずかに調子外れの音をあえて使う仕組みになっている。
2. 楽器の音は簡単に狂ってしまう。
3. 音楽家は小さなミスをつねに犯している。

ありがたいことに、人間の感覚は不正確な情報を巧みに処理するように設計されており、わたしたちはすべての誤りにただ無視を決め込み、気兼ねなく音楽を愉しむことができる。この章では、人間の脳が〝不調和〟をどう処理するかについて考えていきたい。本題に入るまえに、まずは〝調和〟とは何を意味するのかを理解しておこう。

図21

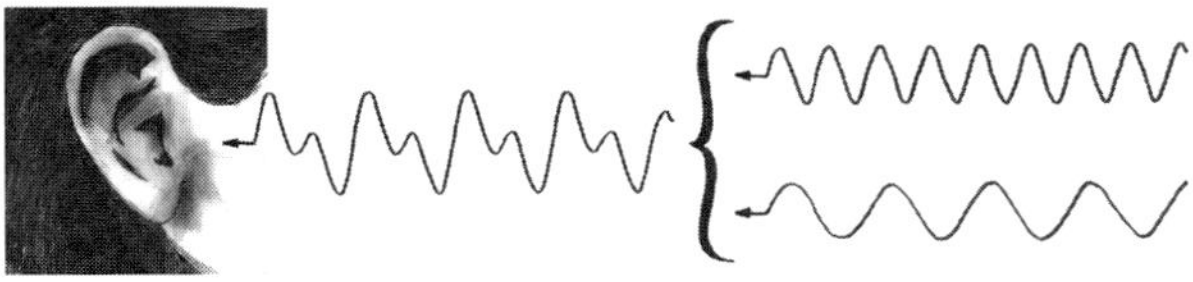

〝調和〟って何？

一般的に「調和がとれている」「調子が合っている」というのは、複数の音が同時に鳴ったときに、心地よくスムーズに聞こえることを意味する。調和がとれている状態のぴったりの例として、一オクターブ離れた二音について考えてみよう。9章で説明したとおり、ある一音を弾き、同時に一オクターブ高い音を出すと、ふたつの音は継ぎ目なく合体する（図21）。

この現象が起きるのは、高い音のサイクル・タイム＊が、低い音のサイクル・タイムのぴったり二倍になるためである。

しかし、一オクターブは音の高さの幅がとても広く、多くの人の音域はせいぜい二オクターブくらいしかない。したがって、いくつかの音を含むより便利な音楽体系を作り出すためには、オクターブを小さな段階へと分割しなければいけない。要するに、ある音から始まって一オクターブ上の音まで上昇する音階を作る必要があるのだ。さらに可能なかぎり、音階のなかのすべての音が互いに調和するようにしたいところだ。

＊　9章で説明したとおり、音のサイクル・タイムとは、その音がもつ特定の空気圧の波形のひとつのサイクルが終わるまでに要する時間のこと。一秒間に含まれる総サイクル数が、その音の周波数となる。サイクル・タイムが一〇〇分の一秒だとすれば、その音の周波数は100Hz。

図 22

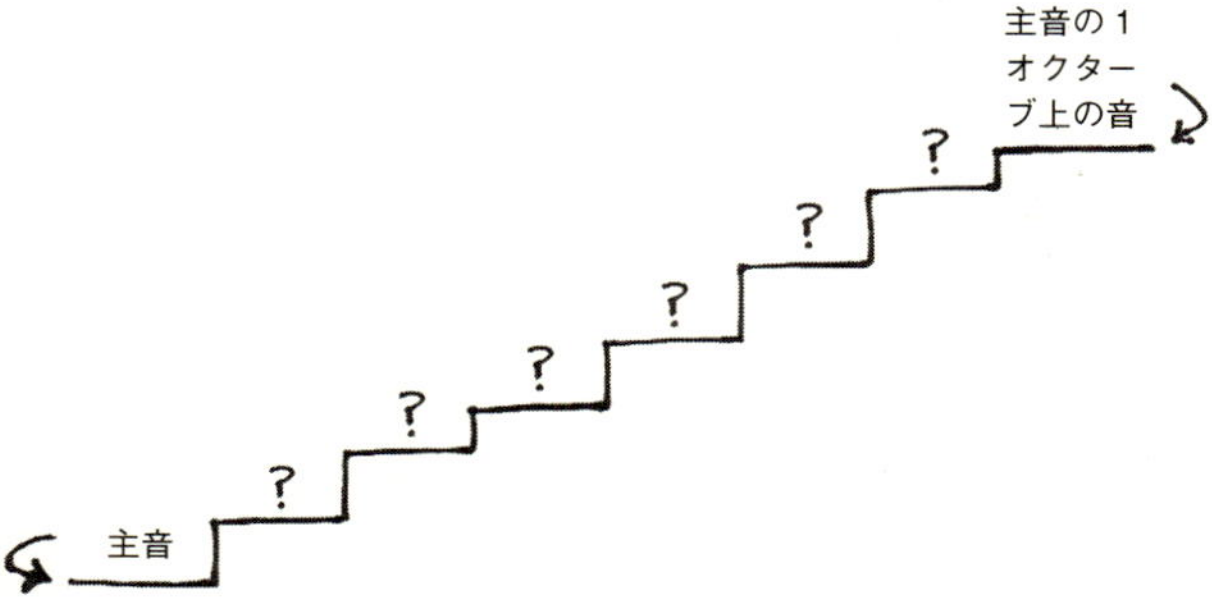

まず、下の音を主音と呼ぶことにしよう。

さて、ここで大きな問題が発生する。音階のなかに含める音をどのように決めればいいのだろう?

最初の段階で音階に含まれているのは、主音とその一オクターブ上の二音だけだ（図22）。

さきほども言ったように、この二音が互いに調和するのは、主音が上の音の周波数のちょうど二分の一だから。だとすれば、ほかの単純な分数についても調べてみるべきだろう。もしかしたら、主音の三分の二のサイクル・タイムをもつ音も調子が合うのでは?

予想どおり、この新しい音と主音は心地よく調和する。この場合、主音の二サイクルが新しい音の三サイクルにぴったりハマり、きれいな繰り返しのパターンができあがる。*

とはいえ、できあがった繰り返しのパターンは主音の二サイクル分に及ぶため、一オクターブ離れた二音ほど強いつながりはない（ふたつの音を聞き分けることができる）。それでも、とても心地よい組み合わせに聞こえることはまちがいない。近くに友だちがいれば、この二音が重なった響きを次のように再現してみて

図23

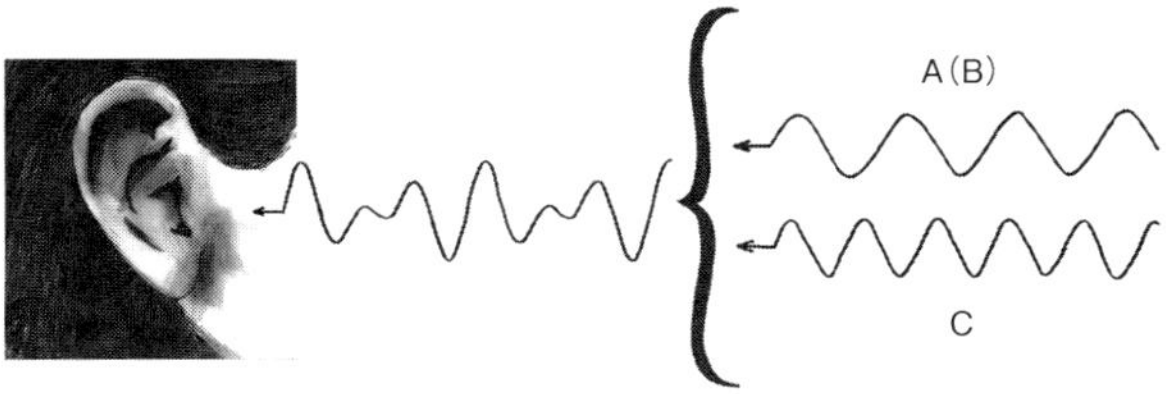

ほしい。

「ABCの歌」では、「A」「B」が主音で、「C」が〝主音の三分の二のサイクル・タイム〟の音になる。そこで「A」「B」と歌い、「B」を何秒か伸ばそう。あなたが「B」と伸ばすあいだに、友だちに「C」を正しいピッチで歌ってもらえば、図23のように二音が見事に調和し合うはずだ（もし犬が吠えはじめたら、音がずれている可能性が高い）。

さて、〝単純な分数理論〟を続けてみよう。主音の四分の三のサイクル・タイムをもつ音を見てみると、その音の四つのサイクルが主音の三つのサイクルにぴったりとハマることがわかる。言うまでもなく、これも心地よい響きの組み合わせだ。あなたと友だちの喉の調子が絶好調であれば、「蛍の光」の最初の二音で試してみてほしい（あなたが「ほ」と歌って伸ばし、友だちには「た」と歌ってもらおう）。

このように単純な分数を使うことによって、主音と可能なかぎり調和する八個の音からなる長音階ができあがる。図24では、主音に対するそれぞれの音のサイクル・タイムの分数を示した。

簡単な分数によって音を選ぶこのシステムから、「純正律」と呼ばれる

＊　音階の成り立ちについては、「やっかいな詳細」のパートD「音階と調」でもう少し詳しく説明する。

図 24

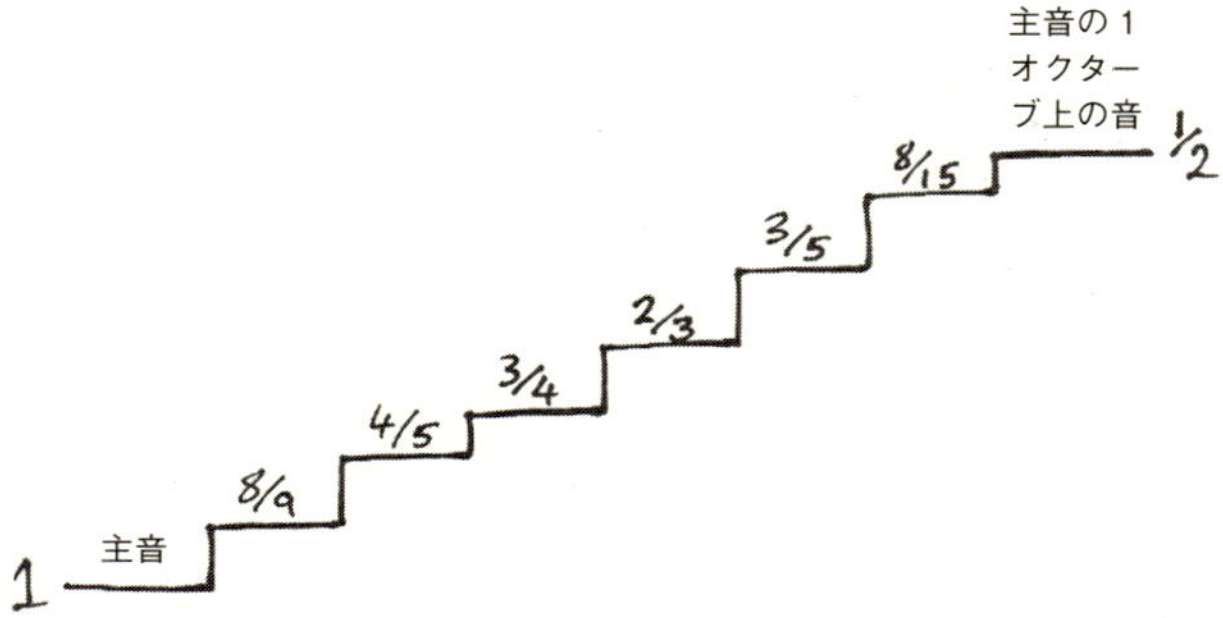

音階が生まれる。これらの音のどれかと主音を同時に鳴らすと、図23の「A（B）／C」の波形に似た反復パターンが生まれる。そのため、ふたつの異なる音は互いに調和する。いちばん響きがスムーズなのは、分子の数がもっとも低い分数との組み合わせ。つまり、主音とその½の音（一オクターブ上）を同時に鳴らしたときだ。次にスムーズな組み合わせは主音と⅔の音で、その次が主音と¾の音、その次が……と続く。最後のふたつの分数（8/9と8/15）の音を主音と一緒に弾くと、波形のパターン一回分のなかの主音のサイクル数が八回と多すぎるため、その響きは粗いものになる。それでも、音階の両端に大きなギャップを作らないためにも、この位置に音を設けることは必須となる。

ここまでの説明をまとめると、「調和」の定義は次のようになる。

> ある音のいくつかのサイクル・タイムが、別の音のいくつかのサイクル・タイムとぴったりハマったとき、ふたつの音は互いに調和する。

純正律がつねにこの定義に従うとしたら、それほどすばらしいことはない。ところが残念なことに、純正律の音はどれも主音とは調和するものの、ほかの音どうしは互いに仲がいいわけではない。たとえば、分数の相性が悪い8⁄9の音と3⁄5の音を一緒に鳴らすと、不快な調子外れの響きになる。ふたりの歌手やバイオリン奏者がこれらのふたつの音を一緒に出すときには、どちらか一方が担当する音のピッチを少し変え、調子を合わせなければいけない。しかし、演奏中にピッチを変えることのできないピアノなどの楽器では、そもそもこのような調整をすることができない。

基本的に、固定された音をもつ定音楽器*では純正律を使うことはできない。音の組み合わせが調子外れになるだけでなく、うまく成立する調とそうでない調のばらつきが出てしまうからだ**。

この問題を克服するために、等分平均律（equal temperament、ET）と呼ばれる別のシステムが作り出された。等分平均律や純正律についてもっと詳しく知りたければ、巻末の「やっかいな詳細」のパートD「音階と調」をぜひ読んでみてほしい。しかし、ここで知っておく必要があるのは、等分

* 定音楽器（キーボード、ハープ、マリンバなど）は、すべての音が等分平均律（ET）の音階に調律されており、演奏者は音のピッチを変えることができない。ピッチを完全に自由に調整できる作音楽器（バイオリン、チェロ、スライド式トロンボーンなど）では、楽器の音域のなかであれば好きな高さの音を奏でることができる。ピッチを部分的に調整できる作音楽器（フルート、サクソフォーン、ギターなど）では、演奏中、限られた範囲でその楽器の標準的なピッチを変える（ベンドする）ことができる。

** たとえば、純正律をC（ド）の音に合わせて調律すると、Cメジャー・キーのほとんどの音の組み合わせがとてもきれいに響く。しかし、Fシャープメジャー・キーでは、調子外れに聞こえるミスマッチな組み合わせがたくさん発生してしまう。

平均律のシステムは、すべての分数をあえて少しだけずらすことによって、純正律システムがもつ深刻な調律の問題を解決しているということだ。そのため、（オクターブ離れた二音をのぞいて）すべての音が互いに少しだけ調子外れになっている。これまであなたが聴いたピアノ音楽はどれも、少しだけ調子外れだったということになる。

さまざまな理由により、どんな楽器で演奏される楽曲もわずかに調子外れになっていることがほとんどだ。それに、たとえ完璧に機能する調律システムがあったとしても、楽器がずっとその状態を維持できるとはかぎらない。

不正確な楽器

あなたはいま、地元のコンサート・ホールで開かれるフルートの演奏会に来ている。使われるのは高価なフルートで、高度な技術によって等分平均律の音階に可能なかぎり正確に調律されている。そんな楽器が出す音に、いったいどんな問題があるというのだろう?

第一に、フルートの音はほぼすべてが調子外れなので、演奏者が初心者ではないことを願おう。前の段落で「可能なかぎり正確に調律されている」とわたしは書いたが、次のように指摘するのを省いてしまった。たとえ等分平均律システムの欠点を無視したとしても、フルートの物理的な性質上、正しい場所に確実に指穴を開け、高い音と低い音の両方を完全に調和させることはできない。指穴の位置は妥協の産物でしかないのだ。これを補うためにプロのフルート奏者は、演奏中に上唇の位置を調整し、さまざまな音のピッチを変える技術を長い時間をかけて身につけていく。

ほかの管楽器も似たような問題を抱えている。クラリネットやサクソフォーンの奏者は、リードに当てた唇の圧力を増減することによって、この問題をカバーしなくてはいけない。ここで、著名な音響学者ジョン・バッカスのバスーンについての考察を紹介したい。

木管楽器の欠陥を示すには、バスーンはうってつけの例だろう。事実上、この楽器のすべての音は調子外れなので、つねに唇でピッチを合わせなければいけない……新たにキーが加えられたほかには、ここ数百年間ほとんど構造は変わっておらず、〝化石〟というニックネームはまさに言い得て妙である。音響学の観点からのバスーンの徹底的な調査が必要なことはまちがいない（著者であるわたし自身がバスーン奏者なので、もし長生きできれば調査を進めてみたい）[1]。

残念ながら、バッカス教授はプロジェクトを終えることなく一九八八年に亡くなってしまったため、バスーンはいまだ謎多き音響ボックスのままだ。

でも、少なくとも管楽器の演奏者にはまだ救いがあるはずだ。巧みな唇の操作技術によって、オーケストラのほかのメンバーよりもキスがうまくなるのだから。

フルートの演奏会に戻ろう。最後の数曲が近づくにつれて、ホール室内の温度が少しずつ上がっていく。会場に入ったときにはおよそ一五度だった室温が、観客の体温によって空気が暖められ、いまは二五度まで上がっている。このように空気の温度が上がると、フルートのなかを飛び跳ねる音波の進み具合がより速くなり、コンサート冒頭と比べてすべての音が半音の三分の一ほど高くなる。

もちろん、こういった調律の不正確さの問題は管楽器に限られたことではない。曲と曲のあいだに、ギタリストが弦を一、二本チューニングしなおしているのを眼にしたことがあるはずだ。あるいは、ライブの最後の曲でギターの音が外れているのに気づいたことがある人も多いかもしれない。

ギターの弦が発する音は、弦の長さとテンションによって変化する。ギターの弦は鋼鉄かナイロン製で、ボディーは木製のことが多い。寒い舞台裏から蒸し蒸ししたコンサート・ホールに移って楽器が温まると、鋼鉄、ナイロン、木はそれぞれ異なる割合で膨張する。すると弦のテンションが変わり、ギターの音が調子外れになってしまう。コンサート会場に行くと、すべてのギターが事前にステージに置かれているのはそのためだ。バンドが登場する直前まで、スタッフがチューニングを続ける姿を眼にすることも多い。その後も、ライブが盛り上がって汗が噴き出るほど会場が暑くなると、ギターの再チューニングが必要になる。くわえて、長いあいだ続けてかき鳴らされると弦が伸びて緩み、ピッチが下がってしまう。ギターの弦の人生は、まさに波瀾万丈の連続なのだ。

音楽家も人の子

これまで見てきたように、楽器の音の調子を合わせるのは容易なことではない。事実、音が外れる心配がまったくない楽器は電子キーボードだけで、キーボードの演奏者は弾く音のピッチをまちがえる心配もない。フルサイズのキーボードでは、ただ単純に八八の異なる音がすべて等分平均律に調律されている（だから正確にいえば、それぞれ音の調子がわずかに外れている）。対照的に、ピッチを完全に自由に調整できる楽器（バイオリン、チェロ、スライド式トロンボーンなど）の演奏者や歌手は、音の高さ選びに大きな自由が与えられている。同時にそれはミスを犯しやすくなるという意味であり、自分が意図するピッチより上下にずれることも多くなる。

この問題を説明するには、音と音の位置が遠く離れていることが多いチェロがもっとも適任だろう。ときにチェリストは空手ばりの速さで腕を三〇センチほど移動させ、できるかぎり正確な位置でぴたりと止めなければいけない。ほとんどの種類の音楽では、次の音によどみなく移動するのが理想とされており、無音の状態を最低限にとどめる必要がある。作曲家としては、二音のあいだにまったく間《ま》がないのがベストだろうが、それでは演奏者が腕を動かす時間がなくなってしまう。実際の演奏のなかでは、プロの音楽家には一〇分の一秒以下の速さで大きく正確な動きを終えることが求められる。

さらに、チェロを弾くには恐ろしいほど高い技術が求められる。なぜなら、チェロのネックには正確な位置を示す印がなく、ただ覚えるしかないからだ。そのため、腕のいいチェリストになるには長い訓練が必要になり、初心者のうちは大きな手の移動は求められない。やろうとしても、一センチほど先か手前に着地し、半音ほどずれたまったくちがう音を出してしまうのがオチだ。

当然ながら、練習するほど動きは正確になる。だとしても、二〇年の訓練を積んだあとでもミスはつきものだ。人間が電光石火の素速さで腕を三〇センチほど動かし、着地点の誤差を一ミリ以内にとどめることのできる可能性はほとんどゼロに近い。では、プロのチェリストはどれくらい正確なのだろう？

この謎を解き明かすために、神経科学者のジェシー・チェン率いるチームは、演奏中のチェリストの指が着地するネックの正確な位置を測定できる特別なチェロを開発した。高度な技術をもつチェリスト八人の動きを調べたところ、約二七センチ離れた二音のあいだを素速く移動するとき、プロであっても指が六ミリ以上ずれているケースが多いことがわかった。[2]

実験のなかで、チェリストたちはあるメロディを演奏するように指示された。このメロディの途中には三音続けてピッチが上昇するフレーズが含まれており、それぞれが直前の音よりも半音ずつ高くなる。また、まんなかの音は非常に短く、音が鳴る時間はわずか八分の一秒に設定されていた。科学者の耳にもチェリストの耳にも、メロディは正確に演奏されているように聞こえた。しかし、指の動きの分析から導き出された答えは少しばかり異なるものだった。

多くのケースにおいて、八分の一秒という短い音を鳴らすあいだに、チェリストの指が正確な位置から一センチほどスライドしていた。結果として生まれた不鮮明な響きは一定の周波数をもっていなかったが、それでも正確な音に聞こえた。幸いにも、このような短く単純な一節では、聴き手だけでなく演奏者も、フレーズの最初と最後の音にもっとも大きな注意を払う。そのため、中間の音が不鮮明・不正確であることにほとんど気づかないのだ。

少しミスがあったからといって、チェリストたちをすぐに馘《くび》にしてはいけない。音の長さと指の移動距離を考えれば、ほぼ正しい音を出せただけでも彼らは褒められるべきなのだから。

さて、わたしたちが耳にする音楽が、往々にして調子外れであることはわかった。一般的に使われる音階には本質的な調律の問題があり、ほとんどの楽器の音は完全に正確とはいえず、音楽家はよくまちがいを犯す。

こういった問題があるにもかかわらず、どうして音楽は美しく聴こえるのか？

調子外れのピッチを脳が理解する方法

わずかに調子外れであるにもかかわらず音楽を愉しむことができるのは、人間の感覚器官が推量と情報編集の天才だからだ。人の感覚は完璧に正確である必要はなく、迅速で適度に正確であることのほうがより重要になる。人間はありとあらゆる情報に絶えずさらされており、脳はそのうちの大切な部分だけを選んで処理し、すぐさま有意義な結論を導き出さなければいけない。たとえば、「あ、ニンジンだ」といったような結論を瞬時に引き出す必要があるのだ。

ちなみに、この緻密に構成されたわたしの本のなかで「ニンジン」という言葉を聞くのがこれで最後だと思っている方がいるとしたら、それは大きなまちがいだ。

人の感覚はほかに代わるものがないうえに、いつも見事な仕事をしてくれるため、つい完璧なものだと考えたくなる。では、視覚について考えてみよう。誰もが知るとおり、図25の絵のような怪しい情報で眼を混乱させるのはいとも簡単なことだ。

図25

誤解を招くような情報がわざと与えられたとき以外にも、眼はまちがいを犯す。実際にはないものが見えたり、すぐ眼のまえにあるものを完全に見逃したりすることなど日常茶飯事だろう。その反面、人間の視覚系は、受け取った情報の隙間を埋めることを驚くほど得意としている。たとえば、両眼の視野の中心にきわめて近い場所には盲点が存在する。光が虹彩を通

して眼に入ると、映画の映像がスクリーンに映し出されるかのように、眼のまえの出来事のイメージが眼のうしろ側に投影される。しかし、この〝スクリーン〟の中央付近には視神経と網膜をつなぐための穴があり、そこからすべての情報が脳へと送り出される。自ら探そうとしないかぎり、この穴(盲点)の存在に人が気づくことはない。ぜひ、次のやり方で試してみてほしい。

まず左眼を閉じたら、右手をできるかぎり遠くに伸ばす。次に親指を上に向けて立て、ちょうど鼻の前にくるように位置を調整する。まっすぐ前を見据えたまま、伸ばした腕をゆっくりと右側に動かしてみよう。このとき、眼で親指を追ってはいけない。右眼でまっすぐ眼のまえにあるものをじっと見つめ、左眼は閉じたまま。親指が右肩よりも少しだけうしろに移動したところで、なんと親指は消えてしまう!

これで盲点の存在が証明された。ところが、日々の生活のなかで盲点のことを意識する人などいない。

聴覚系と同じように、人間の視覚系は三段階で機能する。まず情報が集められ、次にそれが分析され、最後に情報の要約が「意識」に提示される。さきほどのような不可解な三角形を見ると、データ集めと分析までは正しく行なわれるものの、三段階目の要約で正常に機能しなくなる。盲点のケースでは、エラーは最初の情報収集の段階で起きる。しかし幸いなことに、ほとんどの場合、ふたつ目と三つ目の段階が見事に情報の隙間を埋め、役に立つ要約を組み立ててくれる――「ふむふむ、あれは何本かのニンジンにまちがいない」。

視覚とまったく同じように、聴覚系も騙されることがある。しかし、たいていは立派に仕事を進め、不正確・不完全な情報から役に立つ要約を生み出してくれる。聴覚系の各段階にこのような持ちつ持たれつの関係性があるおかげで、わたしたちは何が起きているかを即座に理解したり愉しんだりすることができる。つねに完璧で正確な情報が必要になると、ここまでのスピード感は期待できなくなる。

音のカテゴリー化

現代における人間の聴覚系のもっとも大切な機能は、他者が自分に話す言葉を理解することだといっていい。さまざまなアクセント、態度、感情などが単語の発音に強く影響するにもかかわらず、わたしたちはお互いの発言を驚くほどうまく理解することができる。なじみのない強いアクセントで話す誰かと出会ったとき、会話するのに苦労はあるとしても、意思疎通がまったくできない事態に陥ることはまれだ。

コンピューターを利用した音の分析によると、人の話し声はより小さな構成要素に分解することができるという。その各要素が、聞こえてくる言葉を判断するうえでさまざまな役割を果たすことになる。たとえば「d」と「t」の音を詳しく調べてみると、ふたつの音のおもな構成要素は似通っているものの、それぞれの要素の始まるタイミングがわずかに異なることがわかった。「d」の場合、この音を構成するふたつの主たる要素がほぼ同時に始まる。ところが「t」の場合、ひとつの要素がもう一方よりも一〇〇分の六秒ほど遅れて始まる。[3]

ここで、コンピューターを使ってふたつの構成要素を同時に発生させ、「d」の音が出るように設定する（ここでは「drip」という単語を使う）。次に、そのうちひとつの構成要素を一〇〇分の一秒、一〇〇分の二秒、一〇〇分の三秒と少しずつ遅らせていく。多くの人がこう予想するかもしれない――はっきりとした「d」がだんだん不鮮明になり、一〇〇分の六秒の遅れに近づくにつれて「t」に変わり、「drip」が「trip」になるにちがいない。「d」「d?」「?」「?」「t?」「t」と変化していくだろう、と。

しかし、そうはならなかった。調査の結果、変化の途中の音は人には聞こえず、[4] ある程度の遅れまでは「d」に聞こえ、それを超えると「t」に聞こえることがわかった。人の耳には「d」「d」「d」「t」「t」「t」として届くということになる。

これは、「d」と「t」のあいだのあいまいな音にはあまり意味がないからである。そこで人間はカテゴリー化のスキルを使い、「d」と「t」が入り混じったすべての音をふたつのカテゴリーに分け、「d」グループか「t」グループのどちらかに編入してしまう。不正確ではあるとしても、このほうがずっと効率的であることはまちがいない。「t」にしろ「d」にしろ、言語によって表現されたすべての音について脳が正確な音しか受けつけなくなってしまえば、意思疎通などほぼ不可能になる。相手の言葉を理解するためには、だいたいの音を正しい音のカテゴリーに素速く振り分けなければいけないのだ。人間の感覚器官は、この便利な〝推定機能〟を頻繁にオンにしてくれる。たとえば、眼に見えるものがニンジンかどうかを認識するときにも、この推定機能が使われている。たとえ一般的なものより大きさが異なっても、先が尖ったオレンジ色の物体がニンジンだと人は特定できる。なぜなら、頭のなかの「ニンジン」のカテゴリーに含まれる物体だからだ。

「だから?」という声も聞こえてきそうだ。「これと音楽にどんな関係がある?」

では本題に入ろう。人は音楽を聴くとき、カテゴリー化の技術をつねに使っている。音がわずかに調子外れでも、聴き手はほとんど気づきもしない。音がぴったり正確な周波数である必要などなく、正しいカテゴリーに入る程度の音でかまわないのだ。

一九七三年、シメオン・ロックとルシア・ケラーは、音がどのくらい調子外れでも正しいカテゴリーに組み込まれるかを調査した。実験では、三つの音からなる和音を音楽家たちに聞かせた。そのあと、外側のふたつの音はそのまま固定し、まんなかの音だけをわずかに変えていった。まんなかの音に使われたのは、C（ド）とその次に高いCシャープ（ド♯）のあいだの音だった。ときに調子の合ったCに聞こえることもあれば、ときに調子の合ったCシャープに聞こえることもあった。しかしほとんどのあいだ、二音のあいだをさまよい、結果として調子外れの音になった。

実験に参加した音楽家たちには、きっちり調整された正しい和音を最初に聞かせ、次に別の和音（たいてい調子外れ）を聞かせてから、それが最初と同じものかを尋ねた。彼らの聴覚系が完全に正確であれば、まんなかの音が調子外れになったことに気がついて当然だろう。でもほとんどの場合、彼らはまんなかの音をCかCシャープのどちらかに分類した。[5] つまり会話と同じように音楽においても、人間の聴覚系はかなり寛容で不正確なのだ。

しかしながら、人は特定の状況下において、調子外れの音の組み合わせにより敏感に反応する。すべては、和音のどの音が調子外れかということによって決まる。

さきほど、こんな説明をしたのを覚えているだろうか？　主音と同時に鳴らしたとき、サイクル・タイムが主音と½の音の組み合わせは、⅔の音の組み合わせよりもスムーズに聞こえ、⅔のものは¾

図26　わたしの左手の人差し指はCシャープ、中指はCに置かれている。ロックやケラーのようにこの二音のあいだの音を出したければ、ピアノの調律師を呼び、Cシャープの弦を少し緩めてもらわなければいけない。

よりもスムーズに聞こえる……

この「スムーズに聞こえる順番」の奇妙な特徴のひとつが、一方の音が調子外れの場合、いちばんスムーズに響く組み合わせは、もっとも否定的な関係をもつ二音だということ。たとえば、主音と同時に調子外れの別の音を鳴らすとき、調子の狂った½サイクル・タイムの音（本来は相性最高の一オクターブ離れた音）を組み合わせたときにもっとも悪い響きが生まれる。次に悪い響きとなるのが、調子の狂った⅔の音と主音の組み合わせ、その次が調子の狂った¾の音と続いていく。8/9や8/15の音までくると、主音と一緒に鳴らしたところで、調子外れだとはほとんど気づかなくなる。なぜなら、これらの組み合わせは、調子が合っているときでも粗い響きだったからだ。

こんなふうに考えてみるとわかりやすい。もともと汚い鏡についた汚れには気づきにくいが、ピカピカに磨かれたきれいな鏡についた指紋はやたらと目立つ。シメオン・ロックとルシア・ケラーも、和音のなかの⅔の音を調子外れにすると誰もがすぐさま気づくことを知っていた。そこで彼らは、和音のなかの別の音――主音の⅘のサイクル・タイムをもつ音――の調子をずらすことにした。それから〝汚い鏡〟の和音を鳴らし、⅘の音を⅘から⅚の割合の範囲でピッチを変えて鏡をさらに汚くした。この和音は、主音のサイクル・タイムの⅘の音のときには長調となり、⅚の音のときには短調となる。しかし実験のほとんどのあいだ、音はふたつの割合の中間地点のどこかにいたので、正確には調子外れの音になっていた。ところが、聴き手のカテゴリー化のシステムによって調子外れの事実は無視され、聴き手は⅘か⅚のどちらかの音が聞こえると判断した。

一九七七年、心理学者のジェーン・シーゲルとウィリアム・シーゲルが似たような実験を行ない、調子外れの音に人間がどれほど敏感かを調べようとした。今回彼らが眼をつけたのは、人がどれくらい正確に音程を聞き分けているかということだった（音程とは、ふたつの音のあいだのピッチの跳躍の大きさのこと）。

シーゲル夫妻はまず、高度な音楽訓練を受けてきた学生二四人を候補者として集めた。彼らはみな複数の楽器を弾く技術をもち、幼いころに音楽の訓練を始めた人々ばかりだった。音程を特定する能力についての事前審査が行なわれた結果、成績上位の六人だけが本番のテストへと進むことになった。この六人の学生には一連の音程を特定してもらい、同時に調子が合っているかどうかも判定してもらった。

実験で使われた一三個の音程のうち、調子が合っているのは実際には三つだけだった。しかし、すべての学生がそのうち八個ないしは九個は正しい音程だと答えた。半音の五分の一ほどの音のずれしかない場合には、学生たちは音程が正しいものだと判断したのだ。コンピューターであれば、音がどれほどずれているかを即座に感知できただろう。しかし実験の参加者たちはみんな、無意識のうちに頭のなかの推定機能を使って音程をカテゴリー化したのだった。

このテストの結果は、カテゴリー化が勝利を収めると予想していた心理学者にとっては大成功だった。反対に、自分の音程のとり方がもっと正確だと考えていた音楽の学生たちにとっては、少しばかり恥ずかしい結果となった。

シーゲル夫妻は、実験のレポートで次のように報告した。

実験の最中、ほとんどの学生たちは自分たちの成績がひどいことに気づいていなかった。結果を被験者に伝えるときには、そうとうな配慮と思いやりが必要だった。

そして、最後にはこう評価を下している。

音楽家は、調子外れの刺激を、調子が合っていると判定する強い傾向があった。正確な判断をしようとする彼らの試みは、きわめて不正確で信頼できないものだった。[6]

人間の頭があいまいな関係性を認めやすいことを考えると、ピッチのとても近いふたつの音を耳が区別できるということは、じつに驚くべきことだろう。充分な訓練を受けた聴き手は、わずかな差しかないふたつの純音*――たとえば、半音の三〇分の一の差しかない1000Hzと1002Hzの音――でも聞き分けることができるという。[7] 訓練を受けていない聴き手を相手に同じピッチ識別テストを試してみると、初めのうちは被験者の反応は弱かったものの、数時間練習するだけでプロ並みに聞き分けることができるようになった。[8]

しかし、視覚と聴覚のどちらのシステムにおいても、ふたつのものを区別できることと、ふたつの差を記憶できることのあいだには大きな隔たりがある。

おそらく誰もが、ペンキの色見本というものを見たことがあるだろう。寝室の壁を塗り替えるまえに、どの色にしようかとしげしげと眺めるあの表や小冊子だ。正直なところわたしとしては、ペンキ会社がいまだに明るい色をわざわざ販売している理由がよくわからない。なぜなら、わたしの知り合いのほぼ全員が「湿ったロープ」とでも呼ぶべきような色合いのペンキを選んでいるからだ。たいてい、こういったベージュもさらに一〇ほどの細かい色合いに分かれている。数えきれないほどの新婚夫婦がハネムーンのあいだずっと、新居の壁の色についてああでもないこうでもないと話しつづけて時間を無駄にしているにちがいない。「竹の夢」はどう？　いや、かすかに控え目なトーンの「段ボ

＊　純音とは、コンピューターで生成された、非常にクリーンな（しかし退屈な）響きをもつ音のこと。詳しくは、「やっかいな詳細」のパートA「音色」を参照してほしい。

ールの夜明け」のほうがいいかもしれない。

では、一〇どころか五〇種類のベージュから色を選べるとしよう。色見本があれば、それぞれの色を難なく区別できる。しかし色見本がない状態で、自分の好きな色合いを記憶できるだろうか？　想像してみてほしい。奇妙な動機をもつ強盗が家に押し入り、五〇枚のベージュの色見本の名前の部分をすべて切り取ってしまう。さらに五〇枚すべてをまったく同じ四角形に切りそろえ、そのうち五枚を盗む。残った四五個の四角を日がな一日眺めたとしても、いちばんのお気に入りのベージュがそのなかに絶対にあるとは言い切れないはずだ。

あるいは、別の現実離れしたシナリオについても考えてみよう。まず三本の紐を見せられたとする――長い紐、短い紐、その中間の長さの紐。その日の夜遅く、そのうち一本だけを提示されたら、それが長い紐だったのか、中間の長さの紐だったのか、短い紐だったのかをあなたは簡単に特定できるはずだ。しかし、三本ではなく二〇本の紐だったら？　長さの順に並べ替えることは簡単だ。ところが今回のケースでは、数時間後に一本だけ見せられても、それがどの紐かを正確に言い当てることはできない。おそらく中間あたりの長さだと見当をつけることはできても、それが八番目、あるいは九番目、はたまた一〇番目に長い紐かどうかを特定することはできないだろう。人間はものの詳細を暗記するよりも、ものを区別することをずっと得意としている。この法則は音楽にも当てはまる。人が簡単にメロディを覚えられるのは、メロディに使われている音の数が少なく、比較的大きなピッチの跳躍があるからにほかならない。

ひとつの調のなかには、かなり広いピッチ差がある七個の音しか含まれていない。そのため、たとえピッチが少しばかりずれていようとも、人はカテゴリー化の技術を使ってメロディを理解・記憶することができるのだ。

完全に自由にピッチを調整できる作音楽器（バイオリン、チェロ、スライド式トロンボーンなど）の演奏者や歌手は、状況に応じて使う音階システムを決めることができる。ピアノとの演奏であれば、相手と同じ等分平均律を選んでもいいだろう。ソロ演奏のときや、ピッチ調整が可能なほかの楽器（合唱団や弦楽四重奏団）と一緒なら、純正律に従った演奏を選ぶこともできる。

どちらのシステムを選ぶにしろ、完璧に正しいピッチを出すことは必然的にむずかしいので、実際の音はふたつのシステムのあいだをさまようか、まったくの調子外れであることが多い。テンポの速い演奏のときはなおさらだ。たとえばバイオリンのネック上では、等分平均律と純正律の音の位置の差は一ミリほどしかない。そこそこテンポの速い演奏になると、プロの演奏者でもそこまで正確に指をぴたりと着地させることはできない。都合のいいことに、人間の聴覚も短く素速い音を正確に聞き取ることができない。だからこそ、演奏者も聴き手もピッチのまちがいには気づかないのだ。

唯一、ピッチの小さなまちがいが問題になるのが、ゆっくりとしたハーモニーの場合。長い音が同時に鳴るとき、調子外れの音はとりわけ気づかれやすくなる。とくに、和音のなかの重要な音がずれているときは致命的だ。ベートーベンの弦楽四重奏でもゴスペルの合唱でも、ゆっくりとしたテンポの音楽では、ピッチのまちがいはひどく目立ってしまう。幸いにも、このように目立つミスは、すぐさま修正するチャンスにもなる。ピッチ調整できる楽器（声を含む）の卓越した演奏者は、出している音を反射的かつ瞬間的に変え、その時点で鳴るほかの音と調子を合わせることができる。このようにして、純正律のあらゆる弱点は演奏中に修正されていく。

ピッチ調節ができる楽器の演奏者のなかには、伴奏のハーモニーをバックにメロディを弾くとき、または完全にソロで弾くときに、「感情的抑揚」の効果を利用する人もいる。これは、メロディ内のピッチの跳躍をときに少しだけ広げたり狭めたりして、特定の音を強調するというもの。たとえば、主音よりひとつ下の音がきて、最後に主音で終わるというメロディがある。この最後から二番目の音を通常よりもわずかに高くすると、主音へと戻って曲が終わるという感覚を強調することができる。ブルースのギタリストや歌手も似たような技術を使い、ある音に向かってピッチをいったん上げてから下げることがある（たまに、〝正しい〟音に達しないこともある）。感情的抑揚やブルース特有のテクニックのファンは、より音楽が感情的になって魅力が増したと喜ぶにちがいない。しかしファン以外の人は、ただ音がずれているだけだと言うかもしれない。

あらゆる種類の音楽に推量や不正確さが付きものだとすれば、それらをすべて理解するための手助けとなってくれるカテゴリー化の能力には大いに感謝しなければいけない。パズルのピースがハマるようにすべてがうまく機能するのは、じつに驚くべきことだといっていい。ところが、どんな調律システムを使ったとしても、そして人間がそれをいかに正確に操ったとしても、一緒に鳴らすと耳障りな響きになる組み合わせが必ずある。それが、不協和音と呼ばれるものだ。

13章　不協和音

「不協和音」とは、不快な音の組み合わせを指すときに使う単語である。音楽における不協和音には二種類ある。ひとつ目の「感覚的不協和音」は、聴覚系の機能に関係するもの。ふたつ目の「音楽的不協和音」は、人の音楽の趣味に関係するものだ。このふたつはまったく異なるコンセプトなので、別々に見ていこう。

感覚的不協和音

感覚的不協和音のメカニズムについては、いまだ完全には解明されていない。とはいえ、音楽的不協和音とは異なり、個人の主観的な意見の問題ではなく、聴覚系と脳が音をとらえる仕組みに関係するものであることははっきりとしている。マギル大学の神経科学者アン・ブラッドと同僚たちは、感覚的不協和音のレベルが上がるにつれて、不快な感情と連動する脳の領域（海馬傍回）の活動も活発になることを発見した。[1] 簡単にいってしまえば、感覚的不協和音とは、特定の組み合わせの音を不快に感じさせる生物学的作用のこと。人間は生まれた日から、あるいはそれ以前から、不協和音ではなく協和音の組み合わせの響きを好む傾向がある。[2] ヒヨコでさえも、不協和音よりも協和音を好むことがわかっている。[3]

感覚的不協和音はときに音楽へのスパイスにもなるため、わたしたちは成長するにつれて一定量の不協和音を愉しむことができるようになる。だとしても、協和音と不協和音を区別する能力を失うことはない。人が感覚的不協和音に無関心になるのは、脳の特定の部分（海馬傍皮質）が損傷したときだけにかぎられる。[4]

音楽の音に反応して鼓膜が振動するとき、蝸牛《かぎゅう》と呼ばれる内耳《ないじ》の一部に振動が伝わる。この抜け目ない器官は、ショップ店員がハンガーラックのジャケットを整理するのと同じように音を整理する。つまり、ジャケットが小さいサイズから大きいサイズへと順に並べられるように、音も周波数が小さいものから順に整理されていく。正直なところ、この詳しい仕組みについては完全にわたしの理解を超えている。でも幸いなことに、知っておくべきなのはその基本だけだ。

蝸牛は小さな渦巻き状の管《くだ》で、鼓膜から伝わってきた振動は一方の端から管のなかに入る。特定の周波数をもつ一音だけを聞いているのであれば、振動は管のなかを移動し、内側の表面にある極小の毛の一部に刺激を与える。管のなかのどの地点を刺激するかは、振動の周波数によって決まる。音は管そのものに影響を与えることはほとんどなく、決まった地点の毛に大きな刺激を与えて激しく躍らせる。そのあと、躍る毛は脳にメッセージを送る――「わたしたちが担当する周波数が届きました！万歳！」。脳は送り主がどのグループの毛なのかを認識し、特定の周波数の音を聞いているというメ

図27

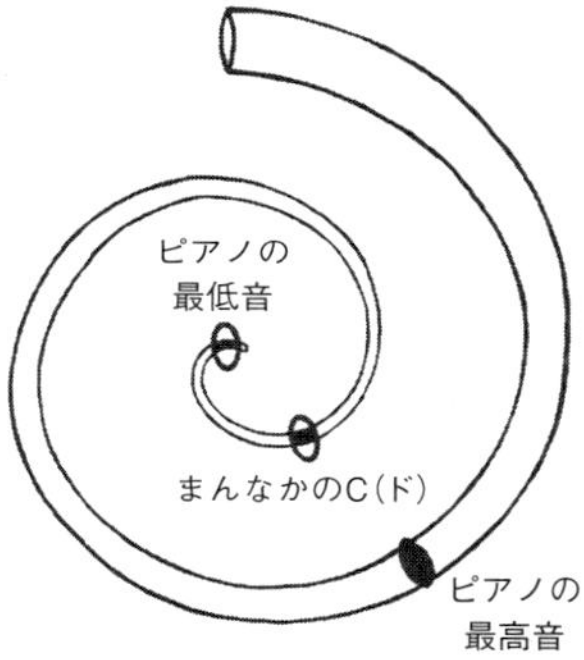

ッセージを受け取る。図27のように、高い音ほど管の入口に近い毛を躍らせる。低いベース音を担当するのは管の反対の端に近い毛となる。

同時に聞こえる音の周波数が近すぎると、ちょっとした問題が起きる。それぞれの周波数は管の内側の毛の小さな区画に刺激を与えるが、この区画がはっきりと分かれていれば脳はすべての音をしっかり理解することができる。ところが区画が少し重なると、脳は混乱して不機嫌になってしまう。

この混乱と不機嫌さについては、視覚といった別の感覚を使って再現することもできる。

図28を見てほしい。

上段の図は、ふたつの単語が重なり合っているもので、解読するのがとてもむずかしい。ところが、単語が重ならずに並んで印刷されていれば、いっきに読みやすくなる（中段）。また、ほぼ完全に重なっている場合も、かなり簡単に解読することができる（下段）。

このように「ほぼ完全に重なっている」と「まったく重なっていない」の中間地点では、人の視覚系は混乱し、何を見てい

図 28

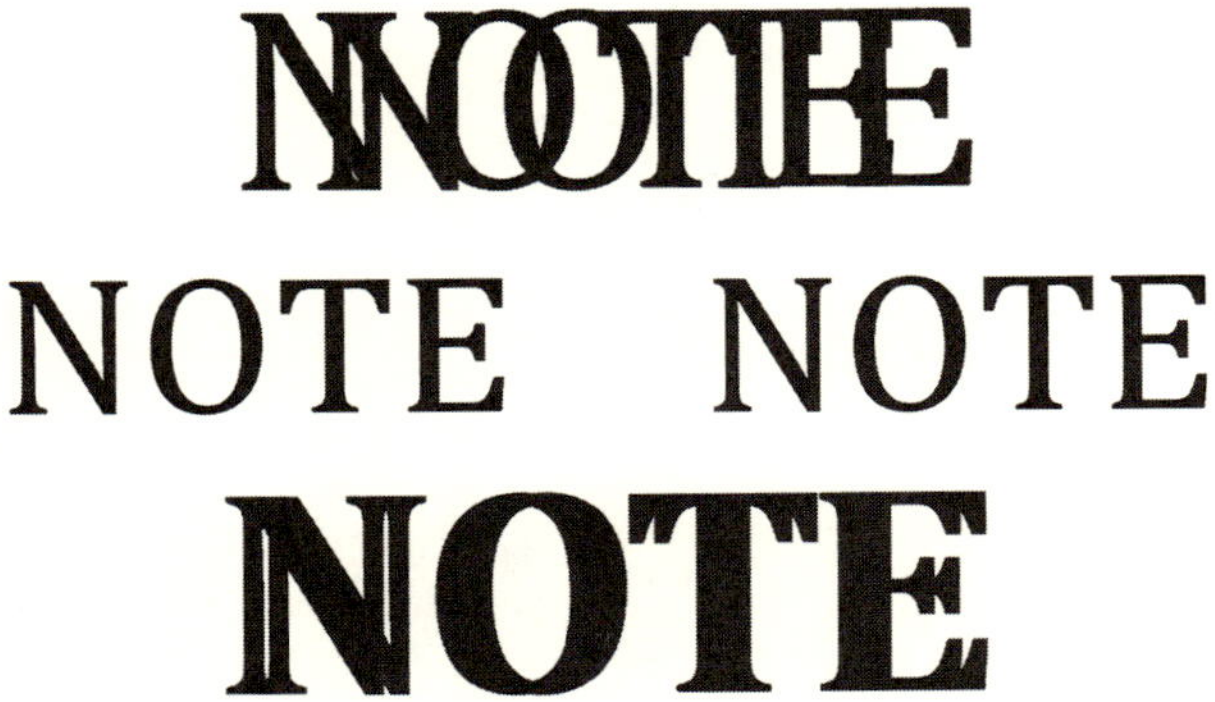

るかを理解するためにより大きな労力を強いられることになる。

　聴覚系でも同じようなことが起こる。同時に鳴るふたつの音の周波数がきわめて近いとき、脳はそれらをひとつの（わずかに広がった）区画の毛だけが躍っていると認識し、ひとつの音だと判断する。反対に区画がはっきりと分かれていれば、脳はふたつの音だと認識する。このどちらのケースにも属さず、部分的に周波数が重なる場合、その音の組み合わせは不協和音として聞こえる。さきほどの視覚の例でいえば、部分的に重なった文字がもっとも読みにくかったのと同じだ。

　そのためピアノのまんなかあたりで隣り合った鍵盤を同時に押すと、耳障りな不協和音が響くことになる。さらにピアノの鍵盤のどのあたりであれ、半音離れた二音を同時に鳴らすと、強張《こわば》った粗い組み合わせの音になる。なぜなら、蝸牛のなかの周波数の区画が部分的に重なるからだ（図29上段）。

　半音ふたつ分離れた二音でも、まだ響きは耳障りなまま。しかし半音三つか四つ分ほど距離を置くと、すべてがより心地よくリラックスした響きになる（図29下段）。とはいえ、

図 29

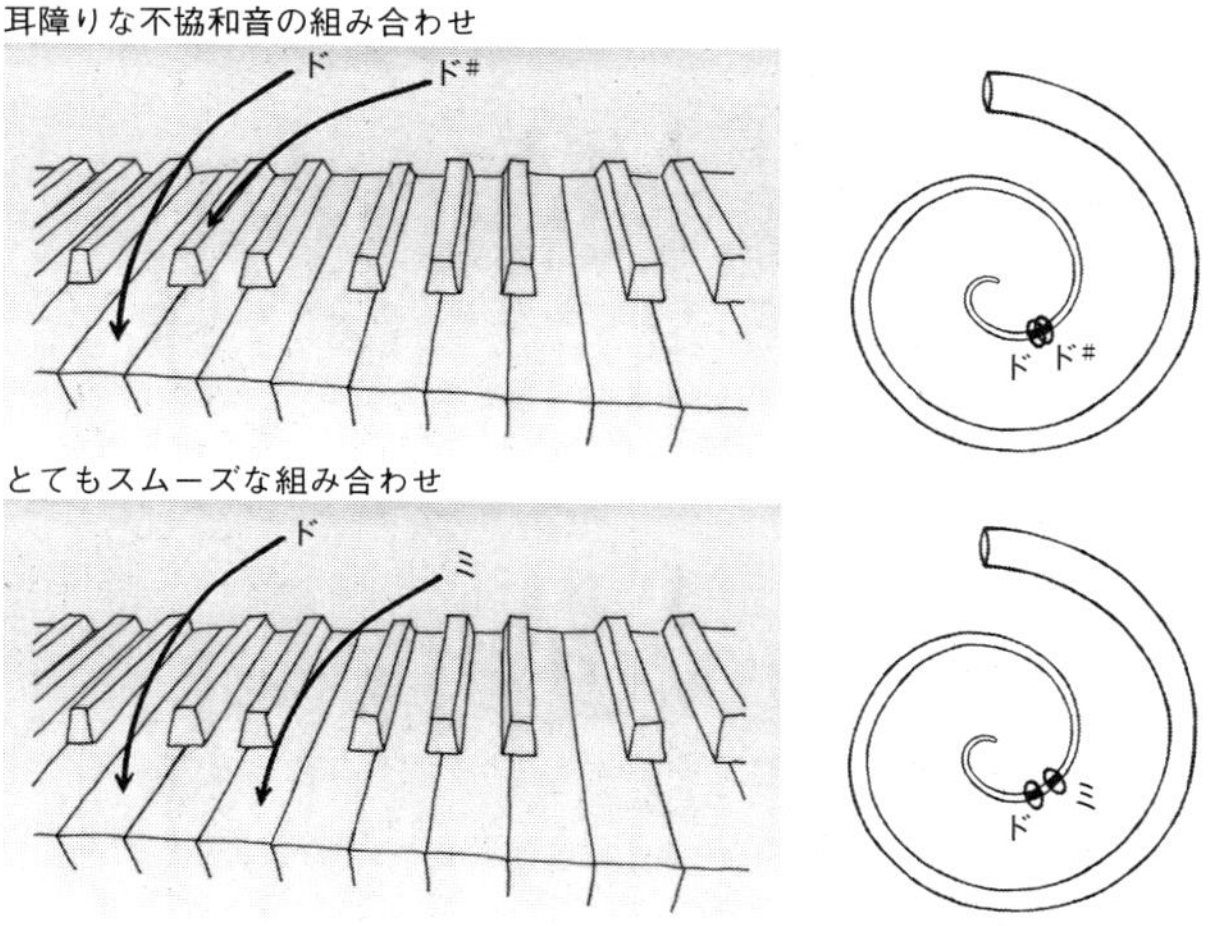

これはピアノの右手側の半分、中音域から高音にかけての場合にかぎられる。

鍵盤の左手側の低音域では、事態は少しややこしくなる。低音に反応して躍る毛の区画は、高音域の区画よりも密集しているため、周波数の近い音はより重なりやすくなる。さらに、ピッチが低くなるにつれて、音と音の距離がより大きく開かないと好ましい響きは生まれなくなる。通常であれば調和のとれる大きな音程差のある音同士でも、ピアノの最低音部ではかなり耳障りな不協和音になる（わたしが「かなり耳障りな不協和音」という言葉をここで使ったのは、感覚的不協和音はゼロか一〇〇かという性質のものではなく、「非常に耳障りな不協和音」から「協和音」まで少しずつ変動するものだからである）。

作曲家、ソングライター、編曲者たちは、低音楽器における近い音どうしの和音の響きが悪くなることについて、科学的な詳細は知らないかもし

図 30　鍵盤の最低音部では、驚くほど離れた音どうしでも蝸牛の担当区画が重なってしまう。たとえば、この写真のような半音七つ分離れた組み合わせ（高いほうの音のサイクル・タイムは低いほうの音の⅔）でも、かなり耳障りな響きになる。

れない。けれど、彼らはそれを耳で聞き取ることができるので、低音楽器のための和音やハーモニーには大きな差のある音を自然と使っている。この現象はまた、通常のアコースティックギターでは明瞭で調和のとれた和音が、ベースギターではうまく機能しない理由を説明してくれる。人間の脳は低い音の差をはっきりと区別できないため、低音どうしの組み合わせはぼやけた不調和な響きになってしまう。ベーシストが和音を弾くことが少ないのはそのためだ。

さきほど言ったように、感覚的不協和音のメカニズムについてはまだ謎のところが多い。この「蝸牛の区画が重なる」理論によってだいたいの仕組みは明らかになったものの、この問題をさらに解明するために科学者たちは日々研究に励んでいる。

けれど、感覚的不協和音が音楽にとって必ずしも悪者ではないことを忘れないでほしい。調子の合わない音を和音に加えると、緊張感のある響きが生まれ、どこかでそれを解放しなければいけなくなる。多くの音楽家はこの効果を使って緊張と解放のサイクルを作り上げ、曲に動きと趣きを与えている。不協和音をときおり使わなければ、音楽は味気ないものになり、聴き手の感情をかき立てる効果もずっと薄れてしまう。だからこそ、人間は感覚的不協和音をひどく嫌う性質をもって生まれてくるにもかかわらず、成長するにつれて不協和音を理解して愉しむことができるようになるのだ。

音楽的不協和音

生物学にもとづく現象である感覚的不協和音とはちがい、音楽的不協和音は概して好みの問題だ。どれくらいエッジの効いたハーモニー、メロディ、リズムが好きなのか？　すべてが整然として落ち着き、音楽的に調和のとれた曲が好きなのか？　それとも刺激的かつ冒険的で、音楽的に不調和な響きの音楽が好きなのか？　なじみのない音楽をどれくらい愉しむことができるか？

音楽的不協和音には、感覚的不協和音が含まれることもあれば（半音離れた音どうしを組み合わせる刺々《とげとげ》しいジャズの和音など）、まったく別のパターンもある。たとえば、Bメジャー・キーのうっとりとするような曲のなかに、突如としてFメジャー・コードが現れたら？　たとえFメジャー・コードそのものは調子がとれたものであっても、その流れは音楽的不協和音となる。* この場合、和音自体は蝸牛のなかでいかなる混乱も起こしていない。ただ、聴き手が予想していなかっただけだ。

簡単にいってしまえば、聴き手にとって心地よい範囲を超えたとき、その楽曲は音楽的に不協和なものになる。

* Fメジャー・コードを構成する音は、Bメジャー・キーには一音も含まれていない。

14章　音楽家はどうやって聴き手の感情ボタンを押す？

既存の曲の演奏にしろ、即興演奏にしろ、音楽家は多種多様なテクニックを使い、音楽の感情的な効果を高めることができる。この章では、さまざまなスタイルの演奏について触れ、音楽家たちが聴き手に魔法をかける方法について見ていきたい。

音楽のジャンルによって、演奏者に許される自由度は異なる。たとえば、チェンバロでバッハのフーガを弾く古典鍵盤楽器の演奏者Aさんは、すべての音を正しい順番で弾かなければいけないため、自由に変えられるのは演奏のスピードだけ。要所要所でスピードを上げ下げしたり、大げさなタメを作ったりすることはできるとしても、Aさんに許される自由はそこまでだ。その週の後日、Aさんがショパンのロマンティックなピアノ曲を弾くときには、もう少しだけ音に影響を与えることができる。なぜなら、ピアノでは音の大きさを変えられるからだ。しかしここでも、すべての音は正しい順番で弾かれなければいけない。

大忙しのAさんは、毎週土曜日、パブでロックやブルースを演奏するバンドに参加している。レッド・ツェッペリンの代表曲「天国への階段」を演奏するとき、（多くの人になじみのある曲なので）バンドメンバーたちはオリジナルにできるかぎり忠実にしようと頭のなかで考えているはずだ。だとしても、ハーモニーが少しずれたり、ギターのソロが簡略化されていたりしても、客は誰も文句を言ったりしない。真夜中近く、バンドのメンバーたちは二七分バージョンの「ザ・ハウス・オブ・ザ・ライジング・サン」（訳注／邦題「朝日のあたる家」）を演奏する。この曲の場合、客が期待することはまったく異なる。これは伝統的なフォークソングであり、アニマルズによる一九六四年の有名なカバーは、延々と続くブルースの即興演奏のための〝発射台〟として知られている。そのため最初と最後の二分間をのぞいて、バンドはひたすら即興演奏を続け、ブルースの即興の標準ルールの範囲内であれば好きな音を自由に出すことができる。

こういったすべての音楽環境のなかで、Aさんはさまざまなテクニックを使い、感情的な効果をより大きくしようとする。これは、即興演奏を行なう非西洋音楽の伝統的なジャンルの音楽家たちにも当てはまることだ。彼らは観客が聞いたこともないような歌やメロディを奏でながら、最初から最後まで即興で演奏する。

まずは、数百年前に紙に書かれた楽譜の曲を再現しようとする、西洋音楽の音楽家たちについて見ていこう。そのような演奏のなかに、どうやって人間の感情を注入するのだろうか？

これまでの章で説明したとおり、コンピューターが正しい音を正しい順番で再現したときにも、聴き手の感情はかき立てられる。しかし、音楽家たちは同じことをもっと効果的にやってのける。この点について、『*Psychology for Musicians*』（音楽家のための心理学）の著者たちは次のように述べる。

表現豊かな演奏の核となるのはニュアンスだ。ニュアンスとは、ときにほとんど感知できないほどかすかに響きの要素を操作すること。音の立ち上がり《アタック》、タイミング、ピッチ、音量、音色が、音楽の響きを生気のない機械的なものではなく、活き活きと人間らしいものに変えてくれる。[1]

フレージング

コンピューターによる素っ気ない演奏と、音楽家による感情的な演奏のおもな差のひとつは、音楽家が（たいてい無意識のうちに）音楽をフレーズに区切ることから生み出される。音楽と同じように、話すときにもフレージングは重要になる。フレージングがあるからこそ聴き手は、音のとめどない流れではなく、理解しやすいかたまりとして音楽を経験することができる。11章で見たとおり、フレーズで区切られた音楽の響きが好まれるもっとも大きな理由は、人間にはモノや出来事をグループ化する傾向があるからだ。[2]

ときに、フレーズの始まりと終わりが明確なケースもある。「ABCの歌」では、「A、B、C、D、E、F、G」という歌詞のメロディがひとつのフレーズであり、最初の「A」で始まり、最後の「G」の長い音で終わることはあまりに明らかだ（メロディは長い音で終わることが多い）。しかし、ひたすら同じ長さの音が続く曲も多くあり、印刷された楽譜を見ただけでは、それぞれのフレーズの始まりと終わりがまったくわからないことがある。コンピューターの単純なプログラムがこのような曲を演奏すると、同じ長さと大きさの音の連なりが生み出されるだけ。それでも聴き手は無意識のうちに過去の音楽経験と照らし合わせ、わずか数秒の長さのフレーズに分割する。人間の音楽家はこのフレージングを代わりにしてくれるので、聴き手の経験はさらに楽なものになる。でも実際のところ、音楽家たちは何をしているのだろう？

録音技術が発達したおかげで、音楽学者は演奏中のすべての音の大きさと長さを細かく調べることができるようになった。この種の分析によって、それぞれのフレーズのあいだに音楽家がかすかな（ときに、それほどかすかではない）音量とスピードの変化を加えているという事実が明らかになった。一般的に、各フレーズの中間部分は、始まりや終わりよりもわずかに音が大きくテンポが速い。*ほとんどのフレーズは数秒しか続かないので、演奏者は絶えず音量とスピードを変えていることになる。とはいえ、だいたいの変更はかすかなものなので、聴き手が気づくことはない。

当然ながら音楽家は聴き手でもあるので、彼らはこれまで聴いたすべての音楽からフレージングの概念を学び取り、それを自然と自分の奏でる音楽に反映させている。日常生活のなかで、ほかの人の話を聞くことによって、自分の発する文章の言葉遣い《フレージング》を学ぶのと同じだ。しかし音楽のフレージングのなかには、あとから身につけるのではなく、生まれつき持ち合わせたものもあるようだ。心理学者のアマンディン・ペネルとキャロライン・ドレークは、フレーズの終わりにかけてテンポが遅くなるのは、部分的に無意識のものであるという可能性について研究した。[3]人間の聴覚系には、グループ内にある音の連続の最後の二音を実際よりも近いかのように勘ちがいさせるという傾向がある。そのため、この地点にくると音楽家たちは無意識のうちにタイミングを広げ、急いだと感じた分を補おうとしているのではないか——。そう考えた研究者たちは、八人のプロ・ピアニストを被験者として集め、最初にロマンティックな楽曲を通常どおり音楽的に弾いてもらい、次に強弱をつけることなく機械的に同じ曲を演奏してもらった。それらの録音を調べたところ、通常どおりの演奏の場合、フレーズの終わりにかけて平均して三〇パーセントほどスピードが落ちたことがわかった。正確なロボットのような意識で演奏したときには、同じ場所でテンポが遅くなったものの、その割合は一〇パーセント程度にとどまった。音楽家たちは減速したことには気づいておらず、すべて無意識のうちに起きたことだった。

フィンランドの心理学者イーヴァ・イストック率いるチームによる別の研究では、異なるフレージングのスタイルをもつ四曲を被験者に聴かせる実験が行なわれた。

1. 極端なフレージング（フレーズの中間に向けて異常なほど高いレベルの加速、終わりに向けて同じように異常な減速）
2. 通常の〝感情豊かな〟レベルのフレージング
3. 無感情（フレージングなし）
4. 逆転したフレージング（フレーズの中間で減速、終わりにかけて加速）

＊　例によって、わたしはここで一般論を述べている。この章でわたしが提示する〝観察にもとづいた法則〟には、多くの例外が存在する。

図 31

逆転したフレージングによって演奏されたメロディは、無感情な演奏を含むほかのすべてのフレージング技術による演奏より聴き心地が悪いと評価された。わたし自身、そんなフレージングを使った音楽を聴いたことはない。逆転したフレージングは人間の直感と相反するものであり、コンピューターのプログラムを使って音のスピードを操作しなければ作り出すことはできない。いずれにしろ、イーヴァと彼女の同僚たちの結論はじつに明快なものであることはまちがいない――「単純な話、逆転したフレージングはどこかまちがっているように聞こえた」[4]。

強勢

訓練のレベルが上がるにつれて音楽家たちは、強調したフレージングが合うタイプの音楽とそうではないタイプがあることを学ぶ。ラフマニノフによるロマンティックな前奏曲は、過剰なほどのフレージングにも耐えることができる。ところが、バッハの楽曲でフレーズをあまりに強調しすぎると、嘘っぽさとアマチュア感が丸出しになってしまう。

どんなタイプの音楽であれ、それぞれのフレーズは独自の音量とスピードの弧を描いているととらえることができる。まんなかあたりでいちばん大きくなり、終わりにかけてまた小さくなる弧だ。しかしながら、一般的な楽曲は数分にわたって続くため、同じ音量と速度の弧がフレーズごとにただ繰り返されるだけだと、全体が無味乾燥な演奏に聞こえてしまう。ほとんどの楽曲には、メインとなる最大の山場のほかに、小さな山場がいくつか途中にある。音楽家はこれらの山場に向けて音楽を盛り上げ、終わったあとに演奏を落ち着かせ、楽曲全体に強勢の満ち引きを与えなくてはいけない。一曲を演奏することは、図31のような弧が連なる建築物を造ることに似ている。[5]

ソリストのために書かれた譜面はいわばスピーチ原稿のようなもので、音楽家には優れた演説者や俳優に似た技術が求められる。演奏者はあらゆるレベルの強勢を用いて、楽曲全体に生命を吹き込まなくてはいけない。スピーチと同じように、強勢の微妙なちがいが音楽の感情的な側面に大きな影響を与えることになるのだ。[6] たとえば、「フレッドはピートの演奏によるバンジョーのアルバムが大好き」という単純な文章のなかで異なる個所を強調すると、意味がさまざまに変化する。次に挙げるそれぞれの例では、強勢を置く場所を太字で記し、カッコのなかの文章で意味の変化を示した。

フレッドはピートの演奏によるバンジョーのアルバムが大好き。（フレッド以外で好きな人はいない）

フレッドは**ピートの演奏による**バンジョーのアルバムが大好き。（ほかのバンジョー奏者の演奏は好きではない）

フレッドはピートの演奏による**バンジョーの**アルバムが大好き。（ピートのフルートの演奏は好きではない）

フレッドはピートの演奏によるバンジョーの**アルバムが**大好き。（ピートの生演奏は好きではない）

フレッドはピートの演奏によるバンジョーのアルバムが**大好き**。（フレッドはこれらのアルバムが驚くほど好きである）

音楽家は数多くのテクニックを使い、楽曲のなかで異なるレベルの山場を強調することができる。ここまで見てきたように、音量とスピードはとても重要なツールになる。ほかにも、意図的なタイミングの調整、ドラマティックなポーズ、音色の変化も大きな効果をもたらすことがある。

ルバート

クラシック音楽の演奏家は、つねに作曲家の指示に従うように訓練されている。そういった指示は楽譜上の線や点で示されるが、「歩くような速さで」「厳《おごそ》かに」といったときにあいまいな指示が文字で書かれていることもある（アンダンティーノやマエストーソ*といった具合に、伝統的にこれらの指示はドイツ語、フランス語、イタリア語で書かれている）。

ときおり出てくる指示のひとつに「ルバート」があり、これはイタリア語で「盗まれた」を意味する単語だ。これが楽譜に出てきたら、演奏者はいくつかの音や節を書かれているよりも短くして前後の別の音を長めに伸ばし、曲の感情的な効果を大いに高めなくてはいけない。「盗まれた」という言葉が使われているのは、楽曲全体に使われる時間の一部が特定の音のまとまりから盗まれ、ほかの音に与えられるからだ。通常、このテクニックが奏功するのは、ポップスのバラード、あるいはラフマニノフやショパンといった作曲家によるロマンティックな音楽の場合が多い。一方、テクノやバッハなど、より安定した拍子を必要とする音楽ではあまり使われない。** 音楽家は自らの判断で短くする音と伸ばす音を決めるが、もっとも一般的なのは、たんに短い音をより短くし、長い音をより長くするというものである。

ルバートの指示がなければ、理論上、楽譜に書かれた音は正確なピッチと長さで演奏されなければいけない。とはいえ多くの音楽家、とくにプロの演奏者は、すべての指示にきっちり従っているわけではない。有能なアマチュアの演奏者と比べると、プロのソリストのほうが書かれたリズムを自由に大きく変える傾向がある。[7] しかし言うまでもなく、彼らはただ気まぐれでタイミングを変えているわけではない。プロの演奏家は、リズムを調節することによって楽曲の感情的な効果をより大きくしようとする。著名なクラシックのピアニストたちの演奏を細かく観察したある研究では、演奏のときに音の長さが楽譜とは大きく変わることがあっても、それがその場かぎりではなく、再現可能なものであることがわかった。数カ月後に同じ楽曲を弾くように言うと、音楽家たちは同じ音やフレーズをほぼ同じように伸ばしたり短くしたりするのだ（もちろん、数カ月のあいだに曲の弾き方を大きく変えることを決めた場合は別として）。さらに、演奏のニュアンスを再現するこの能力は、クラシックの音楽家にだけ与えられたものではない。音楽学者のリチャード・アシュレイは、ポール・マッカート

＊　非常にややこしいことに、アンダンティーノには、歩くような速さよりも「やや速く」と「やや遅く」のふたつの意味がある。作曲家がどちらを意図していたのか、演奏者は予想するしかない。

＊＊　ダンス音楽では、体の動きと連動させることのできる反復的な拍子が必要になる。一方、J・S・バッハなどの一部の作曲家は、緻密に入り組んだパターンを作り上げることも多く、安定した拍子の明瞭さが必要となる。

ニーが歌う「イエスタデイ」の異なるバージョンのなかに、同じような〝安定性〟があることを見つけた。[8]このようなパフォーマンスの安定性が生まれるのは、演奏者がそれぞれの音の長さと強勢を暗記しているからだと思うかもしれない。が、そうではない。演奏者は、その楽曲に対して過去に機能したパフォーマンスの全体戦略を覚えているだけだ。

わざとタイミングをずらす

多くのポップ・シンガーは、感情、勢い、動きを曲に加えるために、ときどき音を前後に少しずらして歌うことがある。わたしとしては何時間もかけてわかりやすい例を探すつもりだったが、運のいいことに『音楽の進化史』の著者であるハワード・グッドールがすでに好例を見つけてくれていた。[9]ボブ・ディランの「メイク・ユー・フィール・マイ・ラブ」という曲がある。アデルによる二〇〇八年のこの曲のカバーを聴くと、彼女が初めの三行の最後の二音を通常よりも早いタイミングで歌っていることに気がつくだろう。「your face」「your case」「embrace」という歌詞をよく聞いてみてほしい。通常のリズムに合わせて指でトントンと拍子をとると、これらの歌詞が指のトンの音よりも早く聞こえてくるはずだ。実際の楽譜では、それぞれの単語の始まりはトンの位置に置かれている。しかしアデルのカバーの場合、指のトンは単語の中間地点と重なる。歌詞を早めに歌うのはとても効果的だが、相当むずかしい技術でもある。わたしも一〇分ほど練習してみたものの、まったく真似できそうもない。だからアデル、何も心配することはない。わたしが近いうちにきみの仕事を奪うようなことはないだろうから。

音量と音色《おんしょく》

コンピューターによる非人間的で正確無比な演奏だとしても、曲のなかには重要な部分とそれほど重要ではない部分がある。たとえば、ピッチが徐々に上がって長い高音へとつながるパートは決まって重要な部分だ。（人間の）音楽家がこのパートにさらなる強調を加えるためのひとつの方法に、クライマックスの直前に間《ま》を入れるか、あるいはクライマックスを思いがけない音の大きさにするか、逆に小さくするというものがある。強勢のテクニックで重要なのは「予想外」という性質であり、音が突然小さくなることは、大きくなることと同じくらい効果的だといえる。

音色の変化もまた、聴き手の感情を高めるツールとして使うことができる（楽器や人間の声の音色とはそれぞれがもつ独特の響きのことで、* たとえ同じ音を弾いてもバンジョーとサクソフォーンの音がちがうのは、別の音色をもつから）。一部の楽器の音色は即座に変えることができるので、一曲のなかでなめらかなものから激しい音色に、再びなめらかなものへと変化をつけることも可能になる。これもまた、クライマックスを強調したり、感情を落ち着かせるパートを作ったりするためのひとつの方法である。

さて、ここで数分の時間を割き、哀れなチェンバロ奏者に同情の意を示そう。

＊　音色に関するさらに詳しい情報については、「やっかいな詳細」のパートAを参照してほしい。

チェンバロはピアノの原型ともいえる鍵盤楽器だった。ところが、初期の設計者たちがうまく機能するピアノの開発に成功したとたん、チェンバロの人気は急落した（その理由はこのあとすぐに明らかになる）。イギリスの著名な指揮者トーマス・ビーチャム卿は、チェンバロの響きを「激しい雷雨のなか、トタン屋根の上で二体の骸骨が性交しているかのよう」だと評した。これは少し厳しすぎる意見だとしても、ガチャガチャと重たい音がするのは確かだ。しかし、チェンバロが抱える大きな問題はそのガチャガチャとした音ではなく、演奏者が音量と音色をいっさいコントロールできないという事実のほうである。

チェンバロの音は、ピアノのような鍵盤を押すことによって鳴る。ところが、ふたつの楽器が似ているのはそこまでだ。ピアノの一本一本の鍵盤は精巧なレバーの列につながっており、最終的にフェルトで包まれた木製のハンマーがはじかれて弦に当たる（それぞれの音には一本から三本の弦が張られている）。鍵盤を速く押し下げるほど、ハンマーが弦をはじくまでの時間も速くなる。また、ハンマーの動きが速いほど、より大きく激しい音色の音になる。この仕組みを使うことによって、ピアニストは強勢のレベルをコントロールすることができる。

チェンバロの場合、鍵盤と連動するレバーには（カラスの羽軸でできた）小さなスパイク状の部品がついている。鍵盤が押されると、レバーの外に飛び出しているスパイクが動いて弦をはじき、音が出るという仕組みだ。でもどんなに速く強く鍵盤をたたいても、弦をはじく動きはまったく変わらない。弦をはじく力に強弱をつけることができなければ、音に強弱をつけることも不可能になる。よってチェンバロでは音量も音色も変えることができず、*演奏者が強勢をコントロールできるのはスピードの上げ下げだけということになる。このような制限がおもな理由となり、チェンバロのソロ演奏が聴き手の涙を誘う可能性はきわめて低く、映画のキスシーンに使われることはめったにない……熱いキスを交わしているカップルが吸血鬼なら別の話だが。

さきほど、ピアノでは音量をコントロールすることができるとわたしは説明した。しかし、音量を直接的にコントロールしているというよりも、音色がわずかに変わっていると説明したほうがより正確だろう。音量が増すと、音の激しさもわずかに増す。大きな音には高い整数倍の周波数（倍音）が含まれる割合がわずかに多いため、響きが少しだけ攻撃的になるのだ。

弦楽器も音色をコントロールしやすく、弦をつまびいたりはじいたりする位置が端（ブリッジ）に近づくほど、より金属的で張りつめた音色になる。** サクソフォーンやその他の管楽器もまた、音色の操作に向いている。しかし、もっとも音色をコントロールしやすい楽器といえば、人間の声だと断言してほぼまちがいないだろう。楽器の音と同じように、声を聞いたときにも、異なる音色が異なる感情的な側面をもつものだと人間は感じる。これは、さまざまな感情をともなう状況で話をする人々の声を聞いてきた経験にもとづくものだろう。心が落ち着いているとき、人の声帯は緩んだ状態となって、話すときにも息をそれほど必要としない。緩んだ声帯を通る空気は気圧が低く、人が話すときに

＊　大型のチェンバロの一部は鍵盤が二段になっており、それぞれから異なる響きの音が鳴る。これで少しおもしろくはなるものの、根本的な問題は変わらない。

＊＊　詳しくは「やっかいな詳細」のパートAを参照。

発せられる〝音〟には高い整数倍の周波数が含まれている割合がとても少ない。しかし、怒りや恐怖の感情を抱くと人の声帯は硬くなり、話すためにより多くの空気が必要になる。この組み合わせによって、声に含まれる高い整数倍の周波数の割合も高くなる。すると必然的に、わたしたちはこの種の音色を緊張、激しさ、興奮などと結びつけるようになる。この流れは、音楽的な文脈でもまったく同じだ[10]。

レガートとスタッカート

楽器を演奏するときには、音を別々の存在の連続として短く切って鳴らすのか（たとえば、「What do you mean?」と一単語ずつ切る）、あるいは音をなめらかに続けるのか（「Whaddyamean?」）を選ぶこともできる。「なめらかに続ける」技術は「レガート」と呼ばれ、「短く切る」ことは「スタッカート」と呼ばれる。レガートはスタッカートより使われる頻度が高く、前の音の終わりと次の音の始まりをなめらかな流れとして続けるだけでなく、音の響きを重ね合わせることも多い。多くの楽器では、前の音をしばらくのあいだ鳴らし、次の音が始まったあとまで持続させることができる。これはギターの演奏ではとくに一般的な技術で、ハープ音楽の核となる特徴でもある。ピアノも同様で、右側のペダルを踏むと、音どうしの重なりがより強調される。このペダルは誤って「ラウドペダル」と呼ばれることがあるが、実際には音が大きく《ラウド》なるわけではない。たんに音が長く持続するため、響きが重なるだけだ。

音の重なりを作り出す楽器の王様といえば、パイプオルガンをおいてほかにはないだろう。ピアノ、ハープ、ギターでは、次の音が鳴ると前の音はゆるやかに弱まっていく。しかしパイプオルガンでは、新しい音を鳴らしても、古い音のパワーをそのまま持続させることができる。最初にある音を出し、次にほかの音を一音ずつ加えていくと、最高で一〇個の音を含む巨大で強力な和音を作り出すことができる。Ｊ・Ｓ・バッハは「トッカータとフーガ　ニ短調」の有名な冒頭のメロディのすぐあとに、音を重ねるこのテクニックを使っている。

サクソフォーンやフルートのような管楽器は、一度にひとつの音を出すように設計されているため、音を重ね合わせることはできない。しかし少なくとも、音と音を一息でつなぐことによって流れるような響きを作ることはできる。反対に、音を短く切るスタッカートの効果を出したいときには、管楽器の演奏者はそれぞれの音に別々に息を吹き込むようにする。ピアノ奏者は左側のペダルを踏んで音を弱め、通常よりも早く音が消えるようにする。

スタッカートで演奏された音楽は、響きに緊張感やパワーが増すことが多い。一方のレガートでは、全体がよりスムーズで落ち着いた響きになる。

このように、音楽の演奏に感情的な効果を加える方法はたくさん存在する。音楽家は、三〇〇年ほど前に紙の上に書かれた数千の音符を忠実に再現しながらも、さまざまな工夫を加えて演奏できるのだ。

当然ながら、ここまで説明してきたすべての技術は、あらゆるジャンルの音楽に通用するものであり、実際に演奏のなかでいつも使われている。ジャズの音楽家が作った曲でも、アマチュアのロックバンドが書いたものでも、シタール奏者による即興演奏でも同じだ。ほぼすべての音楽家がフレージング、音量やスピードの変化、強勢、音色、スタッカート、レガートなどのテクニックを駆使している。ところが、この〝自由参加〟にはいくつかの例外がある。多くの音楽家がある程度の割合でルバートを使っているが、決して使わない音楽家のグループがひとつだけある。アフリカン・ドラムのアンサンブルだ。もっとも伝統的なアフリカ音楽のひとつにドラムだけで演奏される音楽があり、このジャンルではポリリズムがよく使われる。ポリリズムは、ふたり以上のドラマーが協調しないリズムを同時に奏でることによって作り出される。この入り組んだリズムの組み合わせによって、複雑で奥深い効果が生まれる。たとえば、ひとりのドラマーが完全に一定の拍子でドラムをたたきながら四拍目を強調するとしたら、図32上段のようなパターンが聞こえてくるはずだ。

うーん、これは退屈だ。

では次に、このドラマーには演奏をいったん止めてもらい、ふたり目のドラマーに同じテンポで三拍目を強調するよう指示する。今回もまた、パッとしないリズムが生まれる（中段）。どちらも退屈なリズムだが、ふたりのドラマーに同時にたたいてもらうと、かなり複雑なパターンが生まれる（下段）。

このもっとも単純なポリリズムのルールを使うことによって、ここでは一二拍が一組となって繰り返される強調のパターンができあがった（友だちとテーブルをたたいて試してみてほしい）。西洋音

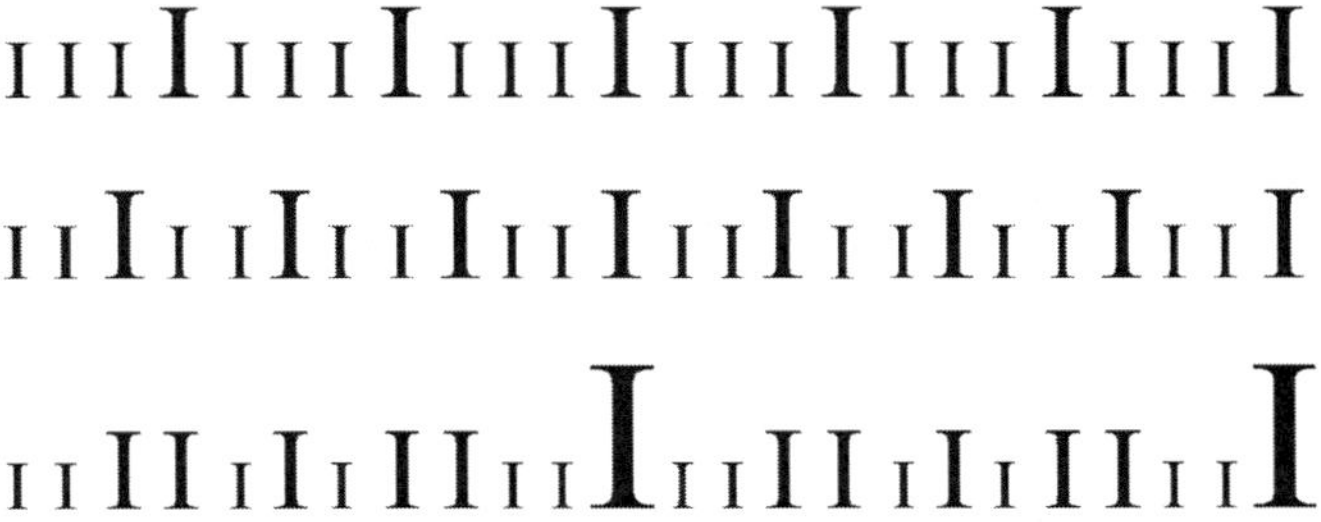

図32　いちばん大きな「I」は、ふたりのドラマーが同時に強調する拍。

楽においては、このパターンはとてもジャズっぽく、進歩的なものだととらえられるだろう。たとえば、ストラヴィンスキーの「春の祭典」のような複雑なクラシック曲にはぴったり合うリズムだ。しかし、アフリカン・ドラムの演奏者ふたりにとって、このリズムは笑えるほど単純なものでしかない。アフリカン・ドラムのグループのなかに、西洋音楽を一度も聴いたことがないメンバーがいたとしたら、その人はベートーベンやビートルズのメロディやハーモニーを興味深いと考えるかもしれない。でもリズムについては、幼稚で単純すぎると感じるにちがいない。ポリリズムを利用すれば、さきほどの単純な例で一回たたいたところを二回や三回に増やし、七打や九打の集まりが連続するパターンで演奏したりすることもできる。ポリリズムの音楽では基礎となる厳密な拍子が必要になるので、ルバートは絶対に避けなければいけない。ルバートのテクニックを使って音の長さを変えると、調和と不調和を繰り返す入り組んだパターンによる効果が弱まってしまうのだ。

ワールド・ミュージックの分野に話が移ったこの絶好のタイミングで、次は即興演奏について考えてみたい。

即興演奏の定義は単純で、演奏しながら音楽を作っていくことでである。ここで「単純」という言葉を使うのはじつに紛らわしいが、即興演奏そのものはまったく単純ではない。

一八〇〇年から一九〇〇年ごろに活躍した西洋クラシック音楽の作曲家たちは、即興演奏を良しとせず、ろくでなしのための価値のない道楽だと考えた。この態度は現在でもほとんど変わっておらず、感情的な効果のためにタイミングを少し変える以外、西洋クラシック音楽の演奏者たちは（ほとんどが死んだ）作曲家たちの指示に正確に従うように教わる。西洋音楽のほかの多くのジャンルでも、即興が認められるのはほんのわずかで、譜面どおりの忠実な再現が理想的だとされている。

世界じゅうの伝統的音楽の演奏者の多くにとって、西洋のこの考え方はひどく奇妙なものでしかない。西洋以外の伝統的音楽文化で育ったプロの音楽家たちは、西洋のプロと同じように厳しい訓練を積んでいるものの、即興演奏のための能力を磨くことにはるかに多くの時間を割いている。

ここで、即興についてもう少し詳しく説明しておきたい。即興演奏をする音楽家はすべてを自由に演奏できるわけではなく、その音楽のジャンルに見合った規則に従い、音を注意深く選ばなければいけない。こういった規則は、どのジャンルにも必ず存在する。規則のない即興演奏は、規則のない会話と同じようなもので、不快で腹立たしい混乱でしかない。会話もつねに即興で行なわれているため、即興音楽によく似た部分がある。会話というものは、相手が話すことを慎重に観察しながら、ひとつのテーマに従って内容を広げることによって進む。会話中、人間は（無意識のうちに）さまざまな規則と指針を頭のなかであれやこれやと調整してミスを防いでいる。たとえば、女の子の友だちが「髪を切ったんだけど、失敗しちゃった」と言ったとしても、そのとおりだと大賛成してはいけない。さらに、人は新しい文章をゼロから発明しつづけているわけではなく、「愉しみにしています」「またね」といった常套句を多用する。これとまったく同じように、即興で演奏する音楽家も標準的なフレーズをたびたび利用する。

西洋音楽において、即興演奏がもっとも多く取り入れられているのがジャズだ。多くのジャズファンは、モダン・ジャズの即興にはほぼ無制限の自由があると考えがちだが、演奏者たちはそうではないことを知っている。とはいえ、わかりやすいメロディをことごとく避けようとするバンドも少なくない。アメリカのコメディアンでジャズ・ミュージシャンでもあるシド・シーザーは、ジャズ・バンドの演奏についてかつてこんなことを言った。

> おれたちは九人編成のバンドでやっている。九人目のメンバーは、おれたちがメロディに近づきすぎたときに警告を発するのが役目だ。[11]

しかしながら、きわめて自然発生的で複雑な演奏に聞こえても、（メロディがあるかないかに関係なく）すべてのミュージシャンが共有する〝音楽の予定案〟がふつうはあるものだ。世界的に有名なジャズ・ピアニストであるデイヴ・ブルーベックは、ジャズ界の即興演奏の規則について次のように語った。

インタビュアー　即興演奏には何か規則はあるのですか？

デイヴ・ブルーベック　そりゃ、もちろん。それも、死ぬほど恐ろしい規則がね。あまりに厳しくて、いつも冷や冷やですよ。規則をひとつでも破ったら、同じメンバーとのジャム・セッションに呼ばれることはもうないでしょうね。[12]

西洋音楽のことはあとまわしにして、非西洋音楽の演奏者たちの話に戻そう。彼らはいったいどのようにして即興演奏の技術を学ぶのだろう?

ここでは、イランのクラシック音楽を例に見ていこう（ここでいう「クラシック」とは、多くの訓練を必要とする伝統的な音楽という意味）。一人前のイランのクラシック音楽家になるにはまず、三〇秒から四分ほどの長さの短い旋律「ラディーフ」を三〇〇個ほど暗記しなくてはいけない。[13]これらの短いメロディは、それ自体が完全な曲とみなされているわけではなく、即興演奏をするためのブロックの役割を担っている。若き音楽家たちは四年のあいだ厳しい勉強と練習を積み重ね、三〇〇の旋律を学んでいく。この旋律をすべてつなげて演奏すると八時間から一〇時間に及ぶものの、当然ながらそのように連続して演奏されるわけではない。これらのメロディのいくつかを使ってさまざまなバリエーションを作り上げる、というのが演奏の基本となる。

アラブ地域、トルコ、インドなどの音楽の規則はとてもゆるやかで、音楽家が演奏を始めるときに基本となる要素は次の四つだ。

1．演奏者が作り出そうとする曲の気分《ムード》

2. 演奏者が使うことを選んだ音の組み合わせ
3. 選ばれたムードや音の組み合わせに典型的な短いメロディの種類
4. 何千時間にも及ぶ実践と訓練

インドの古典的な即興音楽におけるもっとも一般的な形式のひとつに、ラーガがある。ラーガの演奏でよくみられるのが、シタール奏者が打楽器奏者と組み、三人目がタンブラ（持続低音を生み出す楽器）を弾くというパターンだ。伝統的に、ラーガは四つのセクションに分かれている。初めの数分のあいだ、シタール奏者は明確なリズムを刻むことなくゆっくりと音を出す。西洋人の耳には、ただ準備しているだけに聞こえるかもしれない。しかしこのとき演奏者たちは、曲のあいだに使うことになる音の集まりを聴き手に紹介している。

この音の集まりこそ「ラーガ」と呼ばれるものだ。ある意味、ラーガは西洋音楽の調に似ており、通常は五つから七つの音がひとつのグループに含まれている。しかし、ラーガはたんなる音の集まりではない。それぞれのラーガには一連の規則があり、特定の状況下でどのように音が使われるべきかが定められている。たとえば、音が上昇するときには五音だけを使い、下降するときには七音を使うという規則をもつラーガがある。ほかにも、ある特定の音まで上昇したら一音か二音分逆戻りして、それからまた上昇を続けるという規則をもつラーガもある（下降するときにも、同じような規則が別の音に課されるケースもある）。また、特定の音をほかの音より強調するというのも、よくある規則のひとつ。このように規則がとても複雑なため、それぞれのラーガには、聴き手が識別するためのヒントとなる〝キャッチフレーズ〟がつけられている。[14] このジャンルになじみのない西洋人にとって、ラーガを特定するのは容易なことではない。さらに、シタールの演奏者がブルースのギタリストよりも頻繁に指で弦を引っ張り、ほぼすべての音になんらかの装飾を加えるというのも響きが複雑になる理由のひとつだろう。しかし言うまでもなく、ラーガについて何も知らなくても、その音楽を愉しむことは誰にでもできる。

のらりくらりとゆっくり続く前奏部が終わり、聴き手が音の集まりを頭に入れたところで、シタール奏者は第二セクションのために音楽に明確な拍を与える。第三セクションでは即興がより速く激しくなることが多く、そのあとフィナーレが近づくと打楽器奏者が加わる。

ラーガでは、使われるリズムにも厳しい規則が定められている。一般的に、リズムは文字で記録されているわけではなく、「タキタ・タキタ・タカ」といった記憶のためのフレーズを使って学ばれる。最初の三つの「タ」を強調して隙間なく言うと、**1**、2、3、**1**、2、3、**1**、2、というリズムが生まれる（フレーズ全体を二、三回繰り返して言うと、正しいリズムが聞こえやすくなる）。ラーガの即興演奏におけるもっとも大切なルールのひとつが、絶対にリズムを見失ってはいけないということだ。複雑なリズムのパターンで演奏されるパートでは、とりわけリズムを見失いやすくなる。西洋音楽のリズムは五個ほどの音を聞くだけでだいたい認識することができるが、インドの音楽はもっと複雑で、リズムの一サイクルが終わるまでに一〇八個の拍が含まれる楽曲もあるほどだ。[15] 打楽器奏者（通常、二種類の異なるサイズのハンド・ドラムからなる「タブラ」が使われる）とシタール奏者は、短いリズミカルなフレーズを交互に演奏することが多く、驚くべき速さでお互いの演奏を追いかけていく。しかし長年の訓練を積んだ演奏者たちは、流れをつねに完全にコントロールしており、望んだとおりの場所でいつでも正確に音をシンクロさせることができる。とくに、要所要所のクライマックスの最後の音は寸分たがわずぴったりと合う。

現代の西洋音楽における即興演奏

一九三〇年代以降のジャズや六〇年代と七〇年代のロックでは、既存の曲の演奏の途中でソロやデュエットが即興で挿入されることがよくあった。一般的な流れは、もともとの曲のハーモニーが続くなか、ソリストが新しいメロディを作り出すというものだった。この新しいメロディは、10章に出てきた通常のメロディの規則に即したものになる。たとえば、こんなルールがあったことを思い出してほしい。

・ピッチの跳躍は小さなものが多く、大きな跳躍は非常に少ない。
・大きな上昇形の跳躍のあとは、小さな跳躍で下降することが多い。
・メロディの上昇・下降の方向が変わる場面では、リズムが強調されることが多い。
・調の主音と五番目の音が、リズムを強調する場面で使われる。

ここで、もうひとつのルールを紹介したい。

・メロディのなかで強勢を置く音は、その時点で流れているハーモニーに含まれる音であることが多い。

（たとえば、ロック、ジャズ、ブルースのバンドでは、お決まりの和音のサイクルを演奏し、そのあいだにリード・ギタリストがソロを演奏するということがよくある。ある時点の和音でA（ラ）、C（ド）、E（ミ）が使われていたら、ギタリストはソロの強調する音として三音のいずれかを使う傾向がある。和音が別の音の集まりへと変わると、今度はそのなかの音のどれかが強調される。即興ではなく通常どおり作曲された音楽も、この規則に従っていることが多い。しかしこの場合、即興で作ったメロディが和音内の音を使うのとはちがい、メロディのなかで強調される音に合わせて和音が選ばれる。どちらのケースにおいても、和音とメロディには共通する音が含まれているのが一般的だ。）

当然ながら、ミュージシャンはこういった規則に意識的に従っているわけではない。もしかしたら、こんなルールが存在することすら知らないかもしれない。長い長い訓練の結果として、すべてのプロセスは自動的に行なわれる。このようなタイプの即興演奏は、現在でもロックやブルースのコンサートのなかでたびたび登場する。歌が中盤まで来たら、ハーモニーに合わせた即興演奏を挟み、また後半に入って最後まで演奏するといった具合だ。

長きにわたって実践されてきたこの方法にいまでも従うジャズ・ミュージシャンもいれば、異なるアプローチを試そうとする革新者もいる。一九四〇年代に登場した新しいジャズ「ビバップ」では、標準的な技術は継承されたものの、一般的な三～四音の和音ではなく、五～六音以上の異なる音を含む和音が使われた。これにより、ソリストはメロディで強調する音をより自由に選ぶことができるようになった。とはいえ、即興はまだハーモニー（コード進行）にもとづいて演奏されていた。一九五〇年代末、「メロディを中心とした即興演奏」という考えを模索していたトランペット奏者のマイルス・デイヴィスは、より変化の小さな単純な和音をバックに、特定の音の集まりによるメロディを即興で演奏するという手法を生み出した（インドのラーガと似たコンセプト）。「モード・ジャズ」と呼ばれるこのテクニックは、ジャズ史上もっとも人気を博したアルバム『カインド・オブ・ブルー』の基礎となるものだった。

即興演奏をするバンドのメンバーは、ほかのメンバーたちと音楽的な会話をしているようなもので、とっさの判断が求められる場面に出くわすことが多い。ふだんの会話のなかで、その場でうまい返しができず、一五分後に完璧な返答が思い浮かぶという苛立たしい現象を誰もが体験したことがあるはずだ。みんながみんな、ウィンストン・チャーチルのように機転が利くわけではないのだ。

アスター議員　あなたがわたしの夫だったら、紅茶に毒を入れてお出しするわ。
チャーチル　あなたが妻だったら、わたしはそれを喜んで飲むだろうね。

即興演奏のあいだ、音楽家は（チャーチルのように）瞬時の判断を下し、眼のまえのことにうまく対応しなくてはいけない。ミュージシャンの多くは安全策をとり、おなじみの流れにとどめることがある。一九七〇年代のリードギターのソロが、どれも似通ったパートの組み合わせに聞こえるのはそのためだ。ミュージシャンはそれぞれ、ソロを組み立てるための好みの〝ブロック〟のコレクションをもっている（さきほど説明した短いメロディ「ラディーフ」と似た考え）。飛び抜けた即興演奏のスキルを誇るギタリストであれば、個人的な定番コレクションに頼る必要などないと思う方もいるかもしれない。だが、そうではない。初めて聞いたときでさえも、そのギタリストによるソロだとわずか数秒のうちに認識できるのは、そこに特徴的な即興スタイルがあり、そのスタイルが個人的な定番コレクションで成り立っているからだ。

しかし、当たりまえの選択と定番ばかりに頼っていたら、音楽の美しい出合いを生み出すチャンスは低くなってしまう。そこで高い技術をもつミュージシャンは、ときに意外な音や和音をあえて選んで演奏することがある。これが功を奏し、二、三人のミュージシャンが突如としていっせいに曲の流れを変え、美しい瞬間が訪れることもある。最高の結果にはならなくても、たいていの場合、そこそこの響きは生まれるにちがいない。でも当然ながら、冒険的な選択によって、誰もが後悔する事態になることもあるだろう。

ミュージシャンの判断ミスによって即興演奏が失敗することもある。が、それよりはるかに多いのが、演奏者がたんに指の位置をまちがえたり、息を強く吹き入れすぎたりした結果としてまちがった音が出るというケースだ。このときにミュージシャンにとって大切なのは、まちがった音を出したあとにどうするかということ。どうやって修正すればいいのか？　その答えは単純でありながらも、じつに驚くべきものだ――最良の方法はミスを繰り返すこと。同じ一節を再び弾き、まちがった音も同じように再現する。これにはふたつの効果がある。まず、意外な音が鳴ったばかりの段階で再び同じ音が鳴ると、その意外性が減り、より曲にフィットするようになる。[16]次に、まちがいを繰り返すことによって聴き手の判断を鈍らせ、最初にミスした音があたかも意図されたもののように思わせることができる。聴き手に詐欺をしかけ、こう伝えるようなものだ。「ちがうちがう、ミスなんてしてないよ。思い描いたとおりの正確な演奏さ。あなたの経験不足が原因で、こちらの冒険的な音の選択を理解できないとしても、それはぼくの問題じゃない。とにかく、お互いこの誤解についてはすべて忘れようじゃないか」

たったひとつの狂った音で伝えるには、かなり複雑なメッセージのように思えるものの、実際にはうまく機能することが多い。

ミュージシャンが自分たちのミスを無情にも聴き手のせいにしようとするとき――つまり、即興演奏しているとき――彼らは〝人間の声〟がもつ特性を使って感情的な反応を引き出そうとすることがある。さきほど、人間の声の動きと同じように、曲の感情的なクライマックスのあいだに楽器の音色を激しくするという効果的なテクニックについて説明した。しかし、即興演奏の音楽家はこれよりさらに一歩前に踏み出すことができる。彼らは、音色だけでなく音そのものを選ぶこともできるからだ。心理学者のクラウス・シェーラーとジェイムズ・オシンスキーは、コンピューターで生成したメロディを使った実験によって、人間が高いピッチ、上昇するピッチの曲線、速いペースを怒りや恐怖という感情と結びつけることを証明した。きっと、これは人間の会話に起因するものにちがいない。怒っている人、恐ろしい人、興奮している人はみな高いピッチで話し、文章の終わりにかけてピッチを上げる傾向がある。[17] 即興演奏のミュージシャンたちは、こういったあらゆる要素を使って刺激的なクライマックスへと曲を進めていく。事実、即興演奏の録音を聴くと、感情的なクライマックスで音色がより激しくなり、音が大きくなり、全体のピッチが上がり、ピッチが上昇形の曲線を描いていくことがきわめて多い。

ラーガからレゲエまでどんなジャンルであれ、作曲された音楽であれ即興演奏であれ、わたしたちはすばらしいコンサートに行き、心震わせる優れた演奏を耳にすることがある。そんなとき、超人的な音楽の才能をもった人物が何気なく直感的に弾いているのだと結論づけることは早計だ。真実とはじつに地味なもので、そのすばらしい演奏は、長年のきつく細かい反復練習のたまものなのだ。[18]

一九八〇年代以降、イギリスでは、異なるジャンルや文化の音楽家のあいだでのコラボレーションが増えつづけている。たとえばイギリスでは、ワールド・ミュージックのためのフェス「ウォーマッド」（WOMAD）が一九八二年から毎年開催されている。ジェネシスの元ボーカル、ピーター・ガブリエルが中心となって企画されたこのフェスは年々その規模を増し、以前はマイナーだと考えられていたワールド・ミュージックがいまや正式な音楽ジャンルとして広く知られるようになった。* 音楽に関していえば、いまほど恵まれている時代はないといっていい。

＊　どこから手をつけていいかわからない方は、三枚組のCDボックスやMP3ダウンロードで簡単に手に入る『Real World 25』をぜひ聴いてみてほしい。本書の巻末ではわたしがお勧めする各ジャンルの音楽・映像作品を紹介しているが、なかでもいちばんのお勧めがこれだ。

15章　わたしたちが音楽を愛する理由

音楽、とくに歌うことは、すべての人間社会で重要とされるものであり、それが何万年も前から続く傾向であることがすでに証明されている。二〇〇八年、ドイツ南西部で活動していた考古学者の一団が、およそ四万年前のものと考えられる数本のフルートを見つけた。[1] ハゲワシの骨に指穴を開けて作られたこれらのフルートは、じつに精巧なものだった。穴を開けた人物は、まず目印となる線を骨に刻むことによって穴の正確な位置を割り出していた。この考古学チームの一員であるウルフ・ヘインはフルートのレプリカを作り、五音音階《ペンタトニック・スケール》の音が鳴ることを発見した。この音階は、西洋音楽の長音階を含め、世界の歴史のなかのあらゆる音楽体系の基礎となるものである。多くのメロディが五音音階にもとづいており、アメリカ国歌「星条旗」もそのひとつだ——この感じのいいドイツ人の研究者がレプリカのフルートの練習曲として選んだのが、この「星条旗」だった（聴いてみたい方は、ＹｏｕＴｕｂｅで「the world's oldest instrument」と検索してみてほしい）。

当然ながら、有史以前の人間が日常的に歌を歌っていたという直接的な証拠はない。しかし現代の狩猟採集民族についての人類学研究によれば、彼らが歌好きだったことはまちがいないようだ。いまから一〇〇万年から二〇〇万年前のあいだのどこかの時点で、人間は進化を遂げてほかの霊長類よりも大きな脳をもつようになり、狩猟採集社会を築いて暮らしはじめた。農業が発達したのはわずか一万年ほど前のことなので、人類史の九九パーセント以上のあいだ、すべての人間は狩猟採集民として生きていたことになる。[2]このような生活様式は今日ではほぼ消滅してしまったものの、つい最近の二〇世紀後半ごろまで、アフリカ、アジア、オーストラリア、南米にはまださまざまな狩猟採集民の部族が暮らしていたため、人類学者が収入源を欠くことはなかった。そんな学者たちの研究によって、大多数の狩猟採集民のライフスタイルが何十万年ものあいだ変わっていないことがわかった。一般的な狩猟採集民は二〇人から五〇人の集団で生活し、場所を移動しながら動物を狩り、木の実、種、ベリー、野菜などを集めていたという。

狩猟採集民のライフスタイルはときに過酷ではあったものの、労働時間が驚くほど少なかったことも明らかになった。いくつかの民族について調べた研究によると、集団の典型的な週の過ごし方は次のようなものだった——週わずか二〇時間ほどを狩りと作物の採集に充て、一〇時間から二〇時間あまりで食事の用意、道具の作製・修理などのほかの仕事をする。[3]週に三〇時間しか働かないとすれば、多くの自由時間が生まれることになる。人類学者のマージョリー・ショスタックによると、彼女が調べた狩猟採集民族は空いた時間のほとんどを「歌を唄ったり、作曲したり、楽器を演奏したり、複雑なデザインでビーズを縫いつけたり、おしゃべりをしたり、ゲームをやったり、だれかを訪問したり、ただその辺で横になって体を休めたり」[4]して過ごしたという。リストの最初の三つに音楽の要素が含まれているという事実は、この種の社会で音楽がいかに重要だったかを物語るものかもしれない。狩猟採集民族のライフスタイルが長いあいだ変わらなかったという性質を考えれば、音楽がいつの時代も人間生活のきわめて大切な構成要素でありつづけてきたと推測するのは妥当なことだろう。

チャールズ・ダーウィンの進化論の基本となる考えのひとつに、「特定の活動が非常に古くから広く普及しているとすれば、その活動が種の生存にとって役立つものだったから」というものがある。だとすれば、かつて音楽は人類の生存に好ましい影響を与えたものだったにちがいない。それこそ、音楽が存在するおもな理由のひとつなのだろう。

しかし、音楽が生存のためのツールとしてどう役立つというのだろう？　ダーウィン自身、この疑問について悩みに悩んだ末に、鳥と同じ方法で人間も音楽を使っていると考えるようになった。人間が音楽を演奏するのは、自分の健康とスキルの高さを示し、性交渉の相手の気を惹くためというのが彼の結論だった。最近のある研究でも、音楽をほんとうに演奏しなくても、それらしく見えるだけで相手の気を惹くことができるという結果が出た。ニコラ・グーギャン率いるフランスの研究チームが行なった実験では、男性が女性から電話番号を聞き出すことに成功する可能性が、ギターケースを持っているだけで二倍に跳ね上がることがわかった。[5]

とはいえ、ミュージシャンになることが女子の気を惹く最良の方法であるなら、にきび顔の若い男子たちは、木琴やチューバを抱えて意気揚々とパーティに詰めかけるはずだ。やはり音楽には、たんなるセックス・アピール以上の何かがあるのだろう。

悲しいときから嬉しいときまで、さまざまな状況において音楽が集団の結束力を高めてくれる――

そんな例は枚挙にいとまがない。そのように結束したグループでは、悪い状況のなかでもメンバーが互いに協力し合うことができるので、集団として長く生き残る可能性が高い。[6] また、革命は歌によって拡大し、歌は革命家たちをひとつの集団にまとめる手助けとなってくれる。これは、スポーツファンの集団にもみられる傾向である。

グループの結束を高めるこれらの歌の歌詞には、感情に訴える内容が含まれることが多い。でも、必ずしもそうとはかぎらない。わたしの地元のサッカーチーム、ノッツ・カウンティのサポーターが好んで歌う応援歌のひとつに「手押し車の歌」（The Wheelbarrow Song）と呼ばれる曲がある。この最高傑作の歌詞をご紹介しよう。

おれは手押し車をもっていた　タイヤが外れた
おれは手押し車をもっていた　タイヤが外れた

この感動的で高揚感あふれる歌詞のあとには、次のようなかけ声が続く。

カウンティ！（手拍子――パン・パン・パン）　カウンティ！（パン・パン・パン）

この歌が日の目を見るようになった経緯としては、少しばかり説得力のない説が少なくとも三つある。いずれにしても、数千人のサポーターによって全試合で歌い継がれる唯一の理由は、歌い手とほかの人々の両方に向けた単純なメッセージが含まれているからだろう――「われわれはノッツ・カウンティのサポーターだ――だが、おまえたちはちがう」。おそらく、「われわれは物事をあまり真剣にはとらえない」といった意味合いもあるのかもしれない。

ラグビーチームであれ、アバのファンクラブであれ、宗教団体であれ、みんなで歌を歌うことによってメンバーたちの絆が強まり、悪い状況下での助け合い精神が生み出される。今日、このような集団の絆の効果が表れるのは、帰りのバスが出発するまえに全員が揃っているか確かめ合うときくらいかもしれない。しかし数万年前には、集団内の絆によって狩りのときの連携が強まり、敵や凶暴な動物を協力して倒すことができた。現在でも、アメリカ海兵隊などの軍隊の小隊では、行進や訓練のあいだに集団で歌を歌って絆を深めている。そうやって生まれた絆こそが、幾多の命を救っているのだ。歌うことは行進のリズムを一定にする助けとなり、長旅の退屈さを減らし、自立したチームへと成長する後押しをしてくれる。

セックス・アピールと集団の結束は、「なぜ音楽は存在するのか」という質問への答えの一部を示してくれる。[*] でも、わたしがいちばん好きな理論では、母親が赤ん坊に歌いかけることの大切さにより重点を置いている。

＊　もちろん、父親やきょうだいなども含めて。

子守歌と遊び歌

動物界のほかの生き物と比べたとき、人間の赤ん坊の最大の特徴は、バカげたほど長期間にわたって完全に無力だということにある。たとえば、シマウマはもっとやる気満々だ。シマウマの赤ちゃんは産まれて数時間のうちに群れの仲間たちと一緒に走ることができるようになるし、三年ほどで大人になる。もちろん、歴史小説を書いたりビリヤードに興じたりできるまでには成長しないとしても、シマウマは生後六カ月の時点で捕食動物からうまく逃げることができるようになる。ところが生後六カ月の人間は、捕食動物にとっておいしいお菓子でしかない。

四万年前の狩猟採集民から二一世紀の広告担当幹部まで、忙しい両親たちはいつの時代も、赤ん坊を抱えたままでは大した仕事ができないことを知っていた。類人猿は、赤ん坊が母親の体毛にしがみつくという方法でこの問題を解決している。しかし、体毛の薄い人間にこの選択肢はない。そのため人間の赤ん坊はかなり長時間にわたって寝かせておく必要があるが、誰もが知るとおり、小さなモンスターはすぐにぐずり出す。乳児は自らの感情をコントロールすることが苦手で、両親は長い時間をかけて子どもをあやし、落ち着かせなければいけない。もちろん、落ち着かせるには抱っこしたり体をさすったりするのが手っ取り早い。でも夕食作りに取りかかりたければ、小さなジェシカを横たわらせ、接触しない方法であやす必要がある。そこで登場するのが、歌や鼻歌だ。多くの親は、まずはメロディのようなあやし声で寝かしつけようとする。が、それでもうまくいかないときは、歌を使うことになる。親の姿が見えなくても、歌声によって赤ん坊は落ち着き、安心することができるのだ。

子どもたちに歌いかけるというこの習慣は、人類のすべての文化で何万年ものあいだ続いてきた。

いまから二〇〇〇年以上前にプラトンは、子守歌が子どもにもたらす有益な影響について書き記した。[7] また、世界じゅうの子守歌が似ているという事実は、歌と鼻歌が赤ん坊をなだめる方法として確立したのが、人類史の最初のころだったことを強く指し示すものだろう。[8]

　もちろん、親が歌う歌のすべてが、乳児を落ち着かせるためのものとはかぎらない。「ポップ・ゴーズ・ザ・ウィーゼル」（訳注／「イタチが跳び出した」の意。邦題「いいやつみつけた」としてNHK「みんなのうた」で一九六五年に放送された）のように、子どもたちのための明るく刺激的な遊び歌もある。赤ん坊は、歌のような母親語《マザリーズ》で母親に話しかけられるのも好きだが、実際に歌いかけられるのはもっと好きだ。どうして断言できる？　という声が聞こえてきそうだ。白状すると、心理学者の中田隆行とサンドラ・トレハブが行なった実験によってこの点はすでに証明されている。[9] 母親の行動を赤ん坊が愉しんでいるか否かは、そちらに注意を向けているかどうかによって判断できる。愉しいと感じている赤ん坊は、母親の顔を見つめ、体をあまりくねくねしなくなる。そこで中田教授らは、母親が歌う映像と話す映像の両方を見せ、乳児がどれくらい興味をもつかを観察した。すると、歌っている映像のほうが大差で勝利した。

　赤ん坊が歌声のほうを好む理由のひとつは、歌のほうが会話よりも予想しやすいという点にあると考えられる。母親の歌のレパートリーはたいてい少なく、儀式的に決まった歌い方になる傾向がある。よって歌を歌うという行為全体が、子どもにとって心落ち着くなじみ深い経験になる。対照的にマザリーズには質問がたびたび含まれているので、子どもには刺激的すぎることがある。赤ん坊が質問の中身を深く理解できるはずがないと反対意見が出てくるまえに、もう少し詳しく説明しておきたい。

たとえば、ジェシカの母親が「さあて、えらい子ちゃんはだあれ？」とマザリーズの軽快な調子で言うとき、生後六カ月のジェシカが刺激を受けているのは、「えらい」という言葉の意味について考慮しているからでも、いまさっきお母さんのシルクのシャツにミルクを吐き出したという事実とこの発言の関係性を思案しているからでもない。赤ん坊には質問の中身などわかるわけがない。ところが、質問者はたいてい文末のピッチを上げる。人間や霊長類は、発言（発声）の終わりにかけてピッチが上がると、それを落ち着いた響きだとは考えず、刺激を与えるものだととらえる。上昇するピッチが示唆するのは、その発言が重要であり、対応を求められているということだ。繰り返される質問のほかにも、マザリーズは奇妙な音、手の動き、〝こちょこちょ〟によってたびたび中断される。実際、マザリーズによる刺激を与えすぎると、赤ん坊は眼を逸らし、自分を落ち着かせるためにあえて相手を無視するようになる。

　トロント大学のサンドラ・トレハブ教授らのチームは、母親の歌を聴く前後の生後六カ月の乳児の唾液に含まれるコルチゾール量の差を調べ、意外なことを発見した。[10] 唾液や血液中のコルチゾール量は、その人物がどれだけ刺激（あるいはストレス）を感じているかのバロメーターとなる。トロント大学の科学者たちは、母親による遊び歌の歌声は赤ん坊のコルチゾールのレベルをつねに下げるものだと予測していた。しかし実際にそのような結果になったのは、実験前から赤ん坊が過剰に刺激を感じ、そもそも初めからコルチゾール・レベルが高かったときだった。ところが、眠たそうにリラックスし、実験前のコルチゾールのレベルがもともと低い赤ん坊には正反対の効果があった。母親が歌いはじめると、子どもたちはより大きな刺激を受け、眼のまえの経験に注意を払って愉しめる程度までコルチゾール・レベルが上昇した。

つまり遊び歌は、少しストレスを感じている赤ん坊にとっては心休まる愉しいものであり、ぼんやりとした気分の赤ん坊にとっては刺激的で愉しいものとなる。また、子どもが動揺しているときには、子守歌よりも遊び歌のほうが落ち着かせる効果が高いという。[11] テンポが遅くピッチが低い子守歌よりも、元気のいい遊び歌のほうが赤ん坊の興味を惹きつけ、気を逸らすことができるからだ。一方の子守歌がもっとも大きな効果を発揮するのは、赤ん坊がすでに満足している状態のときになる。

サンドラ・トレハブ教授はさらに、ほかの多くの社会に比べ、北アメリカの母親たちが子守歌をそれほど利用していない事実を発見した。北アメリカの母親たちは、愉快な歌を子どもと一緒に歌って面と向かって交流することを好む。なぜなら、子どもたちと一緒にふざけ合うことが大切だと考えられているからだ。しかしほかの多くの文化では、母親たちは多くのあいだ乳児を抱きかかえて過ごすため、面と向かって交流する時間はより少なくなる。こういった母親たちが歌を歌う目的は、子どもを落ち着かせたり寝かしつけたりすることであり、そのため遊び歌ではなく子守歌や静かな歌が好まれる傾向があるのだ。[12]

なるほど、マザリーズは刺激、遊び歌は満足、子守歌は眠りを子どもに与えるというのがだいたいの法則のようだ。

言うまでもなく、人生の最初の数年のあいだ、子どもが経験するもっとも愉しいことのひとつは、母親に歌いかけられることである（もちろん、父親やきょうだい、あるいは遠い親戚から歌いかけられることも愉しい経験となる）。

母親の歌こそ、ほとんどの人が成長して音楽を好きになる理由のひとつにまちがいない。人間がもっとも多くのことを受容する期間、母親の歌は愉しみや心地よい活動（遊びや眠り）のほぼすべてに結びついているのだ。

小学校就学前に子どもたちが通う幼稚園でも、クラスでの合唱などといった音楽的な活動がもっとも愉しい時間の一部になる。この年代において、喜びと音楽のあいだのつながりはじつに明確だ。自分に歌いかけているとしても、周囲の友だちと一緒に歌っているとしても、歌うという行為自体が、その子どもが上機嫌で満足である証となる。

ティーンエイジ時代

小さな子どもにとっては、音楽とのかかわりのほぼすべてが愉しいものにちがいない。しかし一三歳ごろになると、そろそろ自分だけの音楽スペース、自分と友人たちだけが真に理解できる音楽が欲しくなる。この時期、音楽のチョイスは自分が何者かを定義する大きな要素となり、自らのアイデンティティの一部となる。

歴史的にいえば、個人のアイデンティティを作り上げ、維持し、育てる必要があるという考え方はとても新しいものである。もしあなたが一七三〇年の農家、蹄鉄工、漁師の家に生まれたとしたら、アイデンティティの基本的な枠組みは初めから決まっているはずだ。あなた自身を含めた周囲の全員が、あなたが何者かをだいたい把握し、これからの数日、数カ月、数十年にわたってどのような生活を送るのかを知っている。自分たちで新しい道を切り開こうとする冒険好きが少なからずいるとしても、ほとんどの人々は流れにただ身を任せるだけで、そこに流れがあること自体にも気づかずに人生を終えていく。

でも今日では、物事はそれほど単純ではない。

現代社会に生きるわたしたちは、どこに行くか、何をするか、どんな人間になるかという選択肢につねに囲まれており、その選択こそ自分が何者であるかを定める手助けとなる。多くの人にとって、音楽アイデンティティの形成は、この自己確立のプロセスにおける中心的な役割を担うものだ。[13] 自己確立のツールとしての音楽は、青年期にはとくに大きな意味をもつことになる。この時期、人は人生のどの時期よりもたくさんの音楽を聴く。[14] 一般的に、青年期初めの若者たちはポップス、ロック、ダンス音楽を好きになることが多い。彼らは音楽が（退屈な大人たちや、大人たちが好む退屈な音楽に対して）挑戦的であることを望む。しかし同時に、同年代の仲間たちの主流派とは好みを合わせようとする。

青年期の後半になった若者たちは、音楽の好みを含めたさまざまな物事に対して、むやみやたらと挑戦的な態度をとるのではなく、より個人的で冒険好きになる。このころになると、たとえ仲間たちのほとんどが反対したとしても、シナトラやビートルズの曲を聴くのもたまには悪くないと認める勇気をもつことができる。このような個人的な好みの変化を別として、青年期の若者には、友人たちみんなが好むオシャレなサブジャンルを好きになるという傾向もある。冒頭の1章でも触れたとおり、若者たちは自分がかっこいい存在であることを望む。そして最高にかっこいいのは、メインストリームではないところで明確な音楽の好みを共有する友人グループをもつことだ。言い換えれば、社会に認められるために、特定の種類の音楽を聴くようになる場合もあるということだ。だとしても、それはあなたがその音楽を心から愛していないという意味ではない。どんな音楽も魅力的であり、人は自分にとってなじみのある音楽を愛するようになるのだ。

成人期

青年期を過ぎて成人期の初期に入るにつれて、人はより広い範囲の音楽を受け容れるようになる。しかし残念ながら、その傾向はずっと続くわけではない。この現象について詳しく調べたアメリカの研究者モリス・ホルブルックとロバート・シンドラーは、ポピュラー音楽に対する好みの成長は二〇代前半でピークを迎え、それ以降は低下することを発見した。[15] エイドリアン・ノースとデイヴィッド・ハーグリーヴスは著書『*The Social and Applied Psychology of Music*』（音楽の社会・応用心理学）のなかで次のようにおもしろがって指摘する。

> 青年期の終わりから成人期の初めにかけて、音楽の好みがどう決まるかについての研究結果を見れば、多くの人が「あのころに比べると、最近の音楽はダメだなあ」と文句を言う理由がわかるはずだ。[16]

歳をとるにつれて、若いころほど情熱的に新しい音楽経験を探し求めることはなくなる。だとしても、ある時点で音楽的に凍結してしまうわけではない。わたしたちは一五歳から二五歳のあいだに好きになったポピュラー音楽への大きな愛を保ちつづけながら、ジャズやクラシックといったより複雑な音楽にも興味をもつようになることがある。なぜだろう？　おそらく、三〇歳になるまでにポピュラー音楽を聴きすぎて、このジャンル（ポップス、ロック、ブルース、ラップなど）の曲にもはや驚かされることがなくなり、結果として退屈だと感じるようになるからにちがいない。かつてパンクロックやラップを愛していた人々は、歳をとってからジャズやクラシックを徐々に好きになる自分に驚かずにはいられないだろう。しかしそれは、単純なポピュラー音楽の聴き手としてエキスパートの領域に入り、もはや自分たちを驚かせたり刺激したりするものがそこにはないという証でしかない。そのため人間は、エキスパートの脳を刺激するのに充分な音楽的な複雑さを与えてくれる新しいジャンルを見つけようとするのだ。どこから手をつければいいのかわからず、[*] 初めはちょっとした苦労があるかもしれない。とはいえ、どんなジャンルを選ぶにせよ、若いころの音楽への愛が薄れるわけではなく、音楽の喜びがさらに増すだけだ。

パターン認識

11章でも触れたように、音楽を聴く愉しみを生み出すおもな側面のひとつにパターン認識がある。人間の脳は、パターン認識に関して計り知れないほど高い能力をもつ器官だ。そもそもパターンとは、一定の反復と規則性があるものを指す。パターンについて考えるとき、多くの人が最初に頭に思い浮

＊　本書の巻末では、さまざまなジャンルからわたしがお勧めするアルバムを紹介している。何から始めるべきかというジレンマに陥った方は、ぜひこのリストを役立ててほしい。

図33

かべるのは、布や壁紙によくあるような繰り返しのデザインだろう。たとえば、図33右のような柄だ。

パターンを認識することによって、わたしたちはまわりの物事をより効率的に理解できる。そのためパターンをうまく特定できると、人間の脳は報われたと感じるように進化してきた。予想どおりのパターンがあるこのようなデザインは脳に喜びを与えるものの、それが退屈すぎてもいけない。人間は、パターンそのものやパターンの組み合わせの複雑さに刺激を受ける。パターン内の思いがけない途切れや変更もさらなる興味をかき立て、興奮を増す要素となる。

くわえて、規則性の乏しいパターンを見たときでも、人は心地よく感じることがある。たとえば、図33左の茂みの枝や棘は均等に配置されているわけでも、すべてが同じ形というわけでもない。しかし、人間の脳はこれをパターンとして分類する。

当然ながら音楽では、このように空間に広がる視覚的なパターンを経験することはない。代わりに経験するのは、調子を合わせて繰り返す音のパターンである。

〝時間〟にもとづく音楽パターンのなかでも、もっともわかりやすいのはリズムだろう。たとえば、「ボン・ディディ・ボン・ボン、ボン

図34

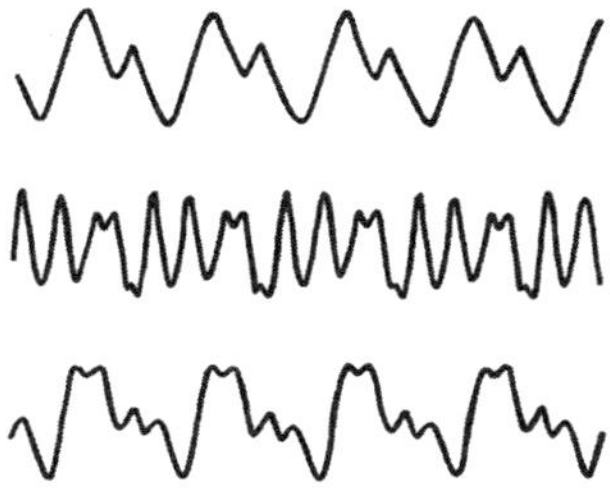

・ディディ・ボン・ボン」というパターンを聞くと、多くの人は同じようなパターンが続くことを予期する。あるいは、「ボン・ディディ・ディディ・ボン」といった似たようなリズムへの変化を予想するかもしれない。リズムがパターンであるという考えは単純明快だが、あらゆる音のピッチや音色もパターンであるという事実のほうはそれほど単純ではない。ここで、以前の章でも示した、さまざまな楽器が生み出す圧力波の図をもう一度見てみよう（図34）。

これらは振動のパターンを示すもので、楽器ごとに波線の形は異なり、音のピッチが変わるとパターンも変わる。人間のパターン認識システムは、メロディを作り出す一連の音だけでなく、ハーモニー内のすべてのピッチや音色までをも監視している。

ふたつ以上の音が組み合わさると、鼓膜の振動のパターンも変化する。つまりハーモニーも、パターン認識によって特定されているということになる（図35）。

音楽を聴くとき、人間のパターン認識システムは演奏のピッチ、メロディ、音色、ハーモニー、リズムを特定しようとフル稼働する。

「それはじつに興味深い」とあなたは考えているかもしれない。「でも、わたしが音楽を愛する理由とどんな関係がある？」

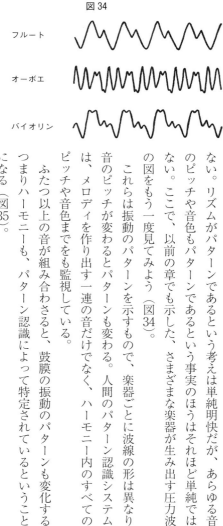

図35

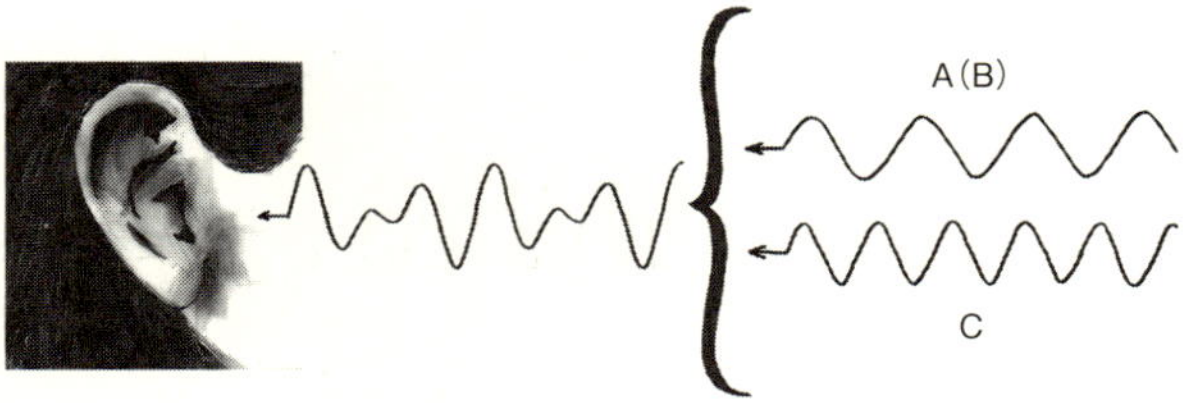

その答えはこのあとすぐに明らかになる。でもまずは、記憶には三種類あることを説明しなければいけない。

・人間の「短期記憶」は、数秒前に起きたことを覚えるための簡易的な記憶装置として使われている。10章で説明したとおり、この短期記憶はいっときに七つ程度のものしか処理することができない。そのため、音楽の調には七つほどの音しか含まれていない。

・人間の「長期記憶」は、限りない数の物事を何年にもわたって記憶できる（しかし、その正確性はさまざまに変化する）。

・人間の「作業記憶《ワーキング・メモリー》」はたんなる記憶装置ではない。長期記憶に蓄積された関連情報と比較することによって、短期記憶に保存された物事を理解するための情報整理システムである。

情報は短期記憶でいったん保管されたあと、パターン認識の技術を使って作業記憶で処理される。わたしたち人間は、見聞きしたものに対する優れた作業記憶をもっている。一方、猿は視覚的な作業記憶にはきわめて優れているものの、聴覚的な作業記憶の能力は低い（猿が音楽を好まないのはそのせいかもしれない）。聴覚的な作業記憶が高度に発達している人間は、長く複雑なメロディ（あるいは、話される文章）を頭のなかで処理することができる。この作業記憶が、新しい楽曲を聴くときにとりわけ役に立つことになる。

ある楽曲を初めて聴くとき、人間の作業記憶は期待と予測を築くための手伝いをしてくれる――リズム、ハーモニー、音色、メロディにおいて、次に起こりそうなことは？　起こりそうもないことは何か？　ある個人が音楽を聴くあいだに予測したことは、次の三つのどれかの結果にたどり着く。

1. 予測が当たる（最後に壮大で暖かな和音がくると予期し、そのとおりになる）。
2. 予測が悲観的すぎたとわかる（最後に壮大で暖かな和音がくると予期したが、予想以上に心地よい何かが起こる）。
3. 予測が楽観的すぎたとわかる（最後に壮大で暖かな和音がくると予期したが、それほど心地よくないことが起きる）。

神経科学者のロバート・ザトーレとヴァロリー・サリンプアは高度な脳スキャン技術を用い、人が音楽を聴くときの頭のなかのようすについて調べた。結果、新しい楽曲を聴くときに、「側坐核」と呼ばれる脳の領域がとりわけ活動的になることを発見した。[17] 脳のこの領域は予想や期待とリンクしており、ある予測が最終的に当たったかどうかを判断する役割を担っている。

予測が当たると、未来を正しく予想した報酬としてドーパミンが脳に放出され、人は満足感を覚える。ドーパミンの放出によって、人間は個人や人類にとって有益な行動を繰り返すように促される。

たとえば、食事やセックスといった行為だ。いかなる文脈であっても、予測が得意なほうが人間はより長く生き残ることができる。そのため正しい予測には、ドーパミンの放出という報酬が与えられるのだ。

予測が悲観的すぎたとわかったとき、つまり予想よりもさらに心地いい結果が出たときにも、ドーパミンが放出される。

予測が楽観的すぎたとわかったときには、側坐核がこうつぶやく。「予想が外れたうえに、何もいいことは起きなかった。今回はドーパミン放出はなし。報酬に値しないからね」

この予測にもとづく報酬システムのプロセスは、なじみのある音楽では機能しない。次に起きることが事前にわかってしまうからだ。しかしながら、大好きな音楽を聴いているときには、ドーパミンの報酬が与えられるという。ザトーレ博士とサリンプア博士の研究によって、よく知る音楽の大好きなパートに入る直前の音を聞くと、「尾状核」と呼ばれる脳の別の領域の動きが非常に活発になることがわかった。この領域は、人間が望むことを予期するときに活動する場所だ。この予期のあいだ、大好きなパートへとつながる平凡な音が引き金となってドーパミンが放出される。これは、お腹が空いているときに、サンドイッチを買うときの心地よい期待感に似ている。予測が正しいかどうかを見きわめるメカニズムと同じように、この期待感のメカニズムも人間の生き残りにとってとても重要になる。物事を正しく予測したときに報酬が与えられるシステムは、期待感のシステムによって支えられていなければいけない。この期待感のシステムがあるからこそ、人は特定のことを何度も何度も繰り返すことができるようになるのだ（飲食、ローリング・ストーンズを聴くことなど）。

気分を高める化学物質

SF作家のイアン・M・バンクスの小説には「ザ・カルチャー」と呼ばれるきわめて高度な文明社会が登場し、そこでは人間の進化バージョンのような住人たちが生活している。これらの優れた人間は特殊な分泌腺をもっており、気分や運動能力を高めるさまざまな化学物質を自由に作り出すことができる。ただ頭のなかで考えるだけで彼らは体内で化学物質を生成し、睡眠、警戒、リラックスなどといった行為や感情を操る。こんなことは、ありえそうもない夢の世界の話だという声が聞こえてきそうだ。でも実際には、それほど突飛な話でもない。わたしたち通常の人間も、似たような化学物質を分泌する能力をもっている。唯一のちがいは、分泌を意識的にコントロールすることができないという点。ここでいう化学物質とはアドレナリン、セロトニン、ドーパミンなどのことで、一般的にこれらの物質はまわりの出来事に応じて自動的に分泌される。たとえば自転車で転びそうになったら、アドレナリンが一気に噴き出してくるだろう。あるいは愛するパートナーにキスされると、セロトニンが分泌される。

音楽を聴くことは、これらの化学物質を意図的に作り出すための方法のひとつだといえる。パーティに行くまえに自分を盛り上げるためのアドレナリンが必要なら、ブライアン・イーノの「ベイビーズ・オン・ファイアー」を流すといい。少々のドーパミンやセロトニンで自分を元気づけたいときには、自分の大好きな歌を聴くだけで化学物質が脳に広がっていくはずだ。それどころか、そういった楽曲を聴くところを想像するだけで、望むような反応を引き出すこともできる。だとすれば、「ザ・

カルチャー」を手にするために人間にさらに必要なのは、超光速宇宙船、人工知能、戦闘用の三本脚の宇宙人だけかもしれない。

三本脚の宇宙人のことはともかくとして、化学物質を分泌する人間の能力はじつに驚くべきものだ。数千年の進化と技術の発展を経て、人間はスイッチ（あるいは、再生ボタン）を押すだけで自らの精神状態に影響を与えられるようになった。言うまでもなく、多くの人々が自分の好きな音楽を聴いて長い時間を過ごすのはそのためだ。

さて、音楽の心理学をひもとく旅はそろそろ終わりに近づいてきた。

二〇世紀半ばから、心理学者、社会学者、音楽学者、神経学者たちは、音楽が人間に与える影響について数多くのことを解き明かしてきた。とはいえ、詳しい研究が必要な分野はまだたくさん残っている。将来、さらに多くのことが明らかになるのはまちがいないとしても、同時にわたしたち人間の疑問が尽きることもないだろう。正直、それは良いことだとわたしは思う。

音楽の力は計り知れない。音楽はうつの症状を和らげ、痛みの感じ方を減らし、さまざまな病気や不調に向き合う手助けとなり、退屈さを紛らわせ、心を落ち着かせ、肉体的な活動のための集中力を増し、他者との絆を深め、ストレスを減らし、気分を高め、懐かしさから喜びまでさまざまな感情で人生を満たしてくれる。

なるほど、わたしたちが音楽を愛するのも無理はない。

やっかいな詳細

A．音色《おんしょく》

音色を簡単な言葉だけで説明することは非常にむずかしく、プロの音楽学者によって使われる専門的な定義のなかには、完全に逆さまになってしまっているものもある――「音色とは、ピッチ、音量、長さ以外の、音楽の音に関するすべてのこと」。

楽器の音色とは、その楽器ごとの〝独特の声〟である。説明するのがむずかしいのは、次のようないくつかの構成要素から成り立っているためだ。

1．音が鳴り出し、「最初の段階」で音の質が変わるまでにどれくらいかかるか。フルートの音はすぐに始まるが、トロンボーンの低い音は花が開くようにもっとゆっくり始まる。

2．鳴り出したあとに音がどう響くか。フルートの中音域の音はクリアで純粋だが、クラリネットの同じ音はより豊かで複雑。

3．音が次第に弱まるにつれて響きがどのように変わり、消えるまでにどれくらいかかるか。ハープや木琴の音は、演奏者が振動を止めないかぎり何秒も続く。バイオリンやフルートの通常の音は一秒もかからずに消えてしまう。

図 36

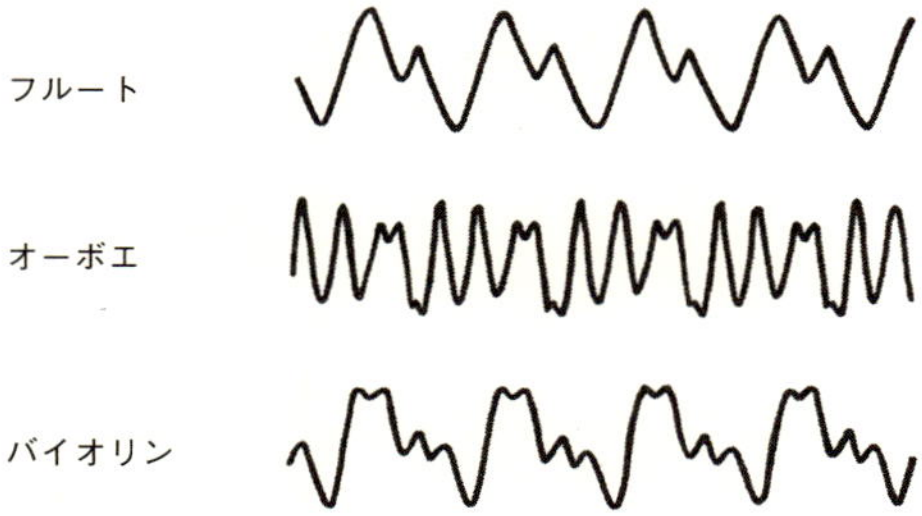

すべての音には、最初の段階、途中の段階、消える段階があり、どの楽器で演奏されるかによって変化のようすは異なる。音色を理解するには、それぞれの段階をひとつずつ理解しなくてはいけない。まず、もっともわかりやすい途中の段階を見ていこう。つまり音が始まったあと、どのように響くかということだ。

ここで再び、異なる楽器によって生み出される空気圧の反復パターンに注目したい（図36）。パターンを見るだけで、これらの圧力波には三つの特徴があることがわかる。

1．大前提として、音楽の音は上下に動く圧力の反復するパターンで構成されている。図36ではそれぞれのパターンが繰り返されているため、これが音楽の音だとわかる。

2．ひとつの圧力サイクルの全体の横幅は、どの楽器でも同じ

図 37

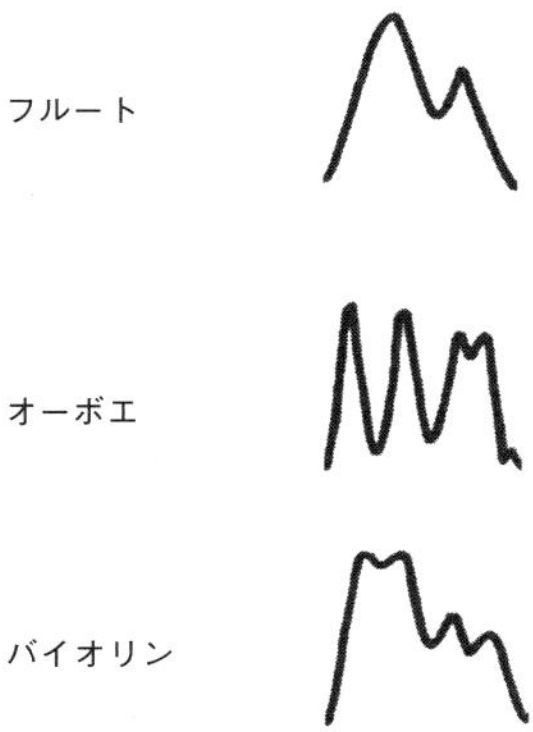

（図37）。三つの波形は同じサイクル・タイムをもつため、すべて同じピッチである。

3．圧力波はほぼすべて同じ縦幅。つまり、三つの音が似たような大きさであることがわかる。

たとえ同じ大きさの同じ音であっても、フルート、オーボエ、バイオリンはそれぞれ異なる音色をもつため、わたしたちは簡単に聞き分けることができる。さきほども言ったように、三つの波形の唯一のちがいは、ひとつのサイクルのなかの圧力の細かい上がり下がりだけ。よって、これらの細かい上下運動が、楽器間の音色の差を生み出すカギとなる。

音楽音響学の専門家（あるいは、わたしたちのような利害関係者）が異なる音色について話し合うとき、「うーん、あのクラリネットのパターンはフルートのやつよりずっとデコボコしてる」などとあいまいな話に終始するわけにはいかない。幸いにも、このような反復する複雑なパターンをより単純な構成要素に分ける便利な方法がある。その仕

図 38

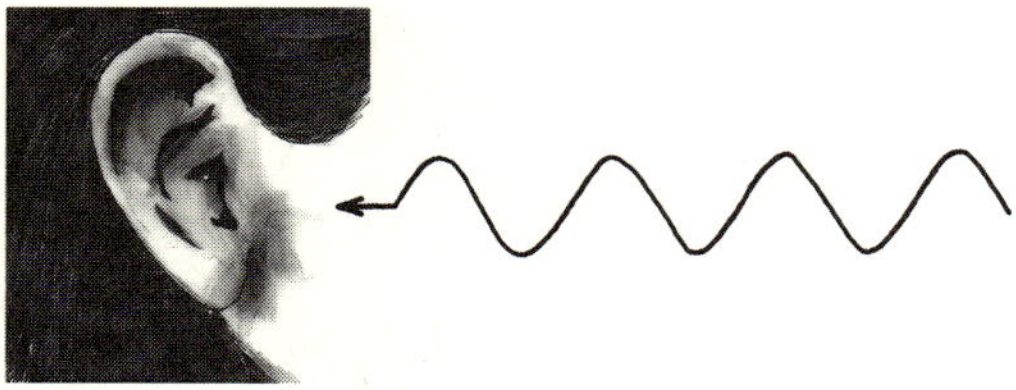

組みを理解するために、シンセサイザーが本物の楽器の音を真似するカラクリについて見てみよう。シンセサイザーはどのようにして、クラリネットやエレキギターの音を出しているのだろう？

シンセサイザーのもっとも単純な音は、図38のようになめらかに上下する圧力波でできている。

これは「純音」と呼ばれる音で、音楽の音ではあるものの、本物の楽器のものとはかけ離れた退屈な音でしかない。* シンセサイザーの音をより本物の楽器に近づけるためには、いくつかの純音を重ねて複雑な組み合わせを作り出す必要がある。図39のようにきわめて単純なふたつの波形を合わせるだけで、物事はすぐに複雑になる。

いくつかの純音を重ね合わせていくことによって、最終的に本物の楽器の波形のほぼ正確なコピーができあがる。なかでもフルートはもっとも単純で模倣しやすい波形の音色をもつ楽器のひとつで、一九七〇年代初期のシンセサイザーにフルートのような響きが多かったのはそのためだ。しかしオーボエに似た音にたどり着くまでには、もっとたくさんの実験が必要になった。

とはいえ、ただやみくもに純音をふたつ組み合わせればいいわけではない。この例では、まず特定のサイクル・タイムをもつ純音を選び、その三分の一のサイクル・タイムをもつ純音を加えた。つまり二番目のパターンの三つの

図 39

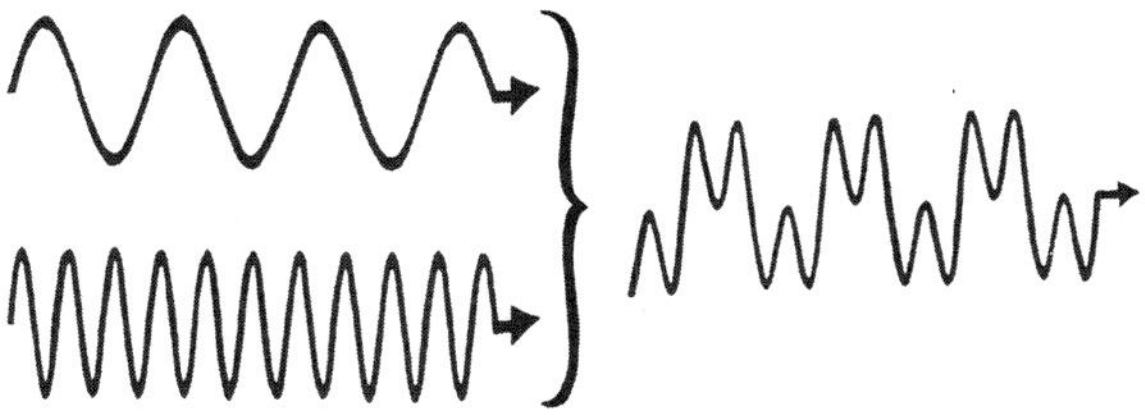

波が、もともとの純音のひとつの波にぴったりとフィットする。ところが、二番目の音の三つとあと少しの波がひとつ目の音の一サイクルにフィットする音を選んだとしたら、組み合わさったパターンは毎回異なる波形を描くことになる。そこには反復するパターンがないため、クリアな音としてではなく、なんらかの雑音として耳に届くだろう。不純な音かもしれないし、あるいはシューという音かもしれない。

図40は、〝三つとあと少しの波〟の純音を加えたときの波形だ。反復するきれいなパターンが失われているのは一目瞭然だろう。

複数の純音を組み合わせて音を作りたければ、単純なレシピに従う必要がある。まず好きな純音を選び、次のような音を加えていこう。

サイクル・タイムが½の純音
サイクル・タイムが⅓の純音
サイクル・タイムが¼の純音
サイクル・タイムが⅕の純音

＊ 純音の波形は「正弦波」と呼ばれる。

図 40

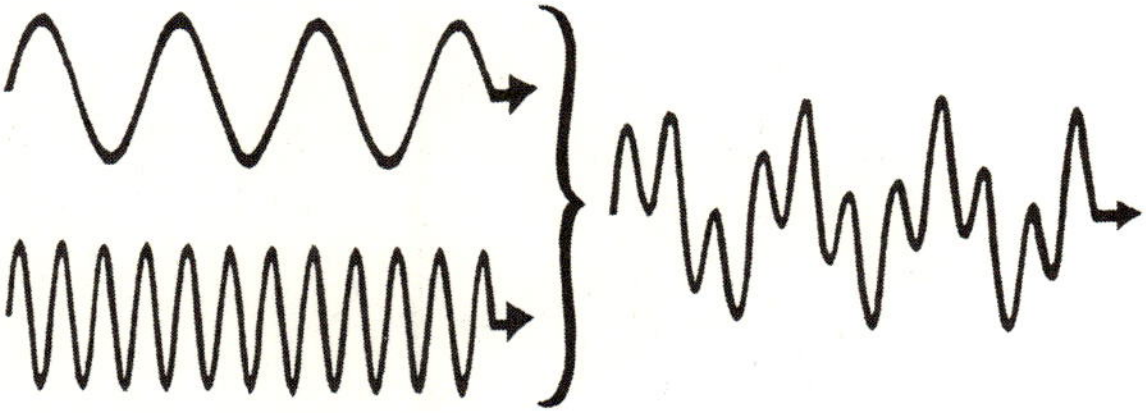

などなど……。ここで気をつけてほしいのは、分子が1の分数だけが許されているという点だ。

周波数で考えたければ、組み合わせとして許される音は次のとおりに言い換えることができる。

ある特定の周波数をもつ純音
その二倍の周波数をもつ純音
その三倍の周波数をもつ純音
その四倍の周波数をもつ純音
その五倍の周波数をもつ純音

などなど……。

音は周波数で表すのがもっとも一般的なため、ここからは「周波数」という単語を使いたい。それに、分数よりも倍数（四倍、五倍など）による関係性で見たほうがよりわかりやすくなる。

では、純音の組み合わせが異なる楽器の音色を再現する仕組みとは？

互いに単純な整数倍の関係をもつ周波数の音は「倍音」と呼ばれる。また、グループ内のほかのすべての音の基礎となるもっとも低い音は「基本周波

図41

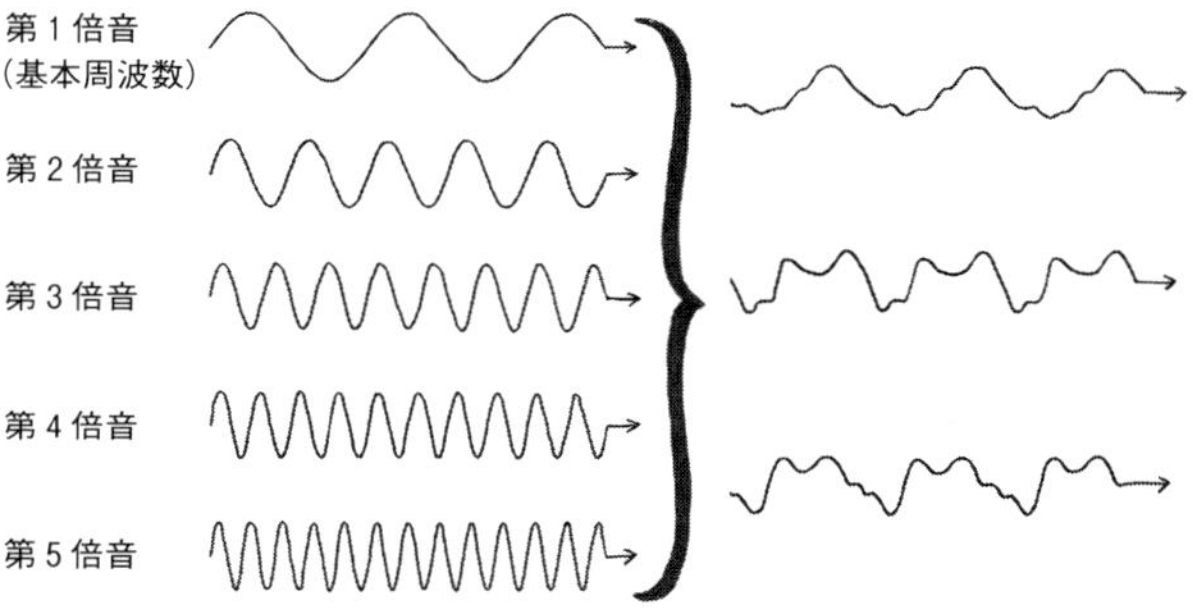

数」あるいは「第一倍音」と呼ばれる。その二倍の周波数をもつ純音は第二倍音、三倍の周波数が第三倍音となる。基本的には、さまざまな倍音を異なる音量で組み合わせることによって、本物の楽器の複雑な音もすべて再現することができる（図41）。

フルート、オーボエ、バイオリンの440Hzの音であれば、倍音の周波数はこうなる――440Hz、880Hz、1320Hz、1760Hz、2200Hz……

合成された音はすべて、合唱団が奏でる響きに見立てることができる。合唱団の各メンバーが異なる倍音の周波数で歌うとき、それらの周波数の組み合わせが音の全体的な響きとなる。

たとえば、440HzのA（ラ）を出すときは次のようになる。

合唱団員1が440Hzで歌う。
合唱団員2が880Hzで歌う。
合唱団員3が1320Hzで歌う。
合唱団員4が1760Hzで歌う。
……などと続く。

どの楽器の音を模倣するかによって、合唱団の個々のメンバーはそれぞれ異なる声量で歌うことになる。たとえばフルートの場合、合唱団員1の声量がもっとも大きく、メンバー3が次に大きい。一方、メンバー2と4（とすべての偶数メンバー）の声量はきわめて小さい。オーボエの場合は、もっとも声量が大きいのは団員3で、次に団員2、団員1、最後に団員4と続く。異なる〝倍音合唱団による声量ミックス〟によって、それぞれの楽器特有の音響的な趣き、つまり音色が生み出される。

ここでさらに覚えておきたいのは、いかなる楽器の音の場合でも、合唱団のそれぞれのメンバーの声量の配分は、再現する音のピッチや音量の差によって変わってくるということだ。たとえば同じサクソフォーンであっても、静かな低音の心地よい音色と、大音量の高音の忙しない音色はまったくちがう。なぜなら、それぞれの合唱団員が全体に占める声量の割合を変えたからだ。

純音を自然に作り出すことはとてもむずかしく、通常は電子機器の助けが必要になる（音叉《おんさ》は純音にきわめて近い音を出すことができる）。本物の楽器は、異なる倍音をもった純音のまとまりを生み出しているわけではないし、そういった異なる倍音が複雑な波形パターンに統合されて特定の音になっているわけでもない。本物の楽器の音の波形を見て「この倍音がこれだけの量で、あっちの倍音の割合はこの程度」などと表現するのは、実際に起きていることをわかりやすく説明し、異なる音色をおもしろおかしく比べるための方法にすぎない。

では、実際の流れを見てみよう。ここでは、アコースティックギターが一音を出したときを例として使う。

最初の段階

まず、弦がはじかれる――一方に引っ張られて解放されると、弦は特定の周波数で細かく振動する。この例では、ちょうど毎秒一一〇サイクルの周波数（110Hz）となる長さと張力の弦がはじかれたと仮定しよう。この振動は、弦の一端をボディーに固定するブリッジへと伝わっていく。最初の段階の次のパートに入ると、振動がブリッジから広がり、ボディーが振動しはじめる。110Hzの弦の動きと〝歩調の合う〟振動はそのまま残り、それ以外の振動はすぐに消えてしまう（110Hzと歩調を合わせることのできない振動は、サイクルが進むにつれてごちゃ混ぜになり、すぐに個性が失われていく）。

最初の段階の終わりにかけて、ギターのボディーのより広い場所へと振動が伝わるにつれ、音はさらに大きくなる。同時に、110Hzと歩調を合わせることのできない振動がすべて消えると、より純粋な音になる。

途中の段階

いったん音が確立すると、ギターの弦、ブリッジ、ボディー、ネックのすべてが基本となる周波数である110Hzに合わせて振動する。ギター全体がこのように振動するとなれば、その振動が単純な動きにとどまることなどなく、純音が生み出される可能性もなくなる。その代わりに、木製のアコースティックギターの形に典型的な反復する複雑な波形パターンが生まれる。これが、この周波数で振動するギターの音色だ。当然、ギターの形や素材が異なれば音色も変わることになる。見た目にはそっくりな二本のギターがあったとしても、わずかな音色の差は必ずあるものだ。木には決して同じものはなく、使われた接着剤の量といった細かな差も多いため、まったく同じ音色の木製ギターというものは存在しない。

消える段階

震える弦の力が弱まるにつれて、振動が変わっていく（最初の段階のあいだに力を得て動き出したときとちょうど反対）。ギター全体で振動する面積が減っていき、やがて弦の振動が弱々しくなると、ブリッジ近くのボディーにしか力は伝わらなくなる。最後には弦の振動が止まり、音が完全に消える。

アコースティック楽器のすべての音はこのように生み出される。最初の段階のあいだ、振動が楽器のほかの部分へと伝わっていく。途中の段階のあいだ、基本周波数のサイクル・タイムにもとづく複雑で立体的な振動が楽器に広がる。そして、最後の段階で音は消える。このサイクルのあいだ、反復する圧力波の形はさまざまに変わっていく。楽器の音色というものは、途中の段階の音の響きだけで決まるのではなく、最初の段階から消える段階にいたるまでの微妙な変化によって決まる。実際、どの楽器の音かを認識するということについていえば、最初の段階の音は途中の段階の音と同じくらい重要であることが多い。前作『響きの科学』でも説明したように、ある楽器が発する一音を録音し、最初の一〇〇〇分の数秒（数ミリ秒）をそこから取りのぞくと、どの楽器の音かを認識するのが非常にむずかしくなる。その一例を実際に聞いてみたい方は、わたしのウェブサイトにアクセスしてみてほしい。*

音色についてわたしがお伝えしたい最後のポイントは、ほとんどの楽器において、響きの質は演奏者次第でいくらか変わるということだ。たとえば、ギタリストはブリッジ近くの弦をはじくことで、より鋭く攻撃的な音色を出すことができる。フルート奏者は唇の形を変えることによって、息の漏れる量をコントロールして音色に変化を加える。このようなテクニックを用いることで、音色の〝倍音合唱団による声量ミックス〟を変えることができるのだ。また、曲の感情的な側面を強調したり、反復的な音楽をよりおもしろくしたりするためにこの技術が使われることも珍しくない。

＊ *How Music Works* CD, track 2：Can you guess what this instrument is? http://www.howmusicworks.info/ten-short-talks-on-music/4591952664

B. ポスト・スキップ・リバーサル

ここでは、10章の冒頭で紹介したメロディのルール7について詳しく説明したい。

7. 大きな跳躍の次の変化はより小さく、反対方向に向かうことが多い。

ちなみにルール6は、メロディのピッチにおける大きなジャンプ（跳躍進行《スキップ》）は上昇形が多いというもの。ルール7に従うとすると、大きな上昇形の跳躍のあとには、小さな下降形のメロディへとつながるケースが多いということになる。たとえば、A（ラ）からF（ファ）への大きな跳躍のあとは、より小さな下降形の跳躍でAからFのあいだの音へと移動するはずだ。同じように、まれなケースではあるものの、高い音から低い音へと大きく下がったら、次はそれよりも少し高い音へとつながるパターンが多いことになる。

この現象は「ポスト・スキップ・リバーサル」（大幅な音程変化後の逆方向の移動）と呼ばれてお

り、世界じゅうの音楽で一般的なものである。あまりによく使われているため、音楽家や音楽学者たちはつい最近まで、ポスト・スキップ・リバーサルの裏には心理学的・音楽的な大きな原動力のようなものが隠れているはずだと考えていた。大きなジャンプのあとに、より安全な地面へと戻ろうとする感情的な切望のようなものが影響しているのではないか、と。

　ところが実際には、音楽の心理学とはまったく関係ないことだった。ポスト・スキップ・リバーサルがこれほど一般的なほんとうの理由は、一九九〇年代後半に音楽心理学者ポール・フォン・ヒッペルとデイヴィッド・ヒューロンによって解き明かされた。[1] ヨーロッパ、南アフリカ、アメリカ先住民、中国の民謡について詳しい研究を行なったふたりは、ポスト・スキップ・リバーサルがたんに確率の問題であることを突き止めた。

・それぞれの歌には最低音《ボトム・ノート》と最高音《トップ・ノート》がある。
・歌のなかでもっとも頻繁に使われる音は、最高音と最低音のあいだの音域の中間あたりに集中する。
・上に向かう大きな跳躍の直前の音は、この中間域の音であることが多い。
・つまり、上に向かう跳躍の最高音は、必然的に音域の上限近くの音になる。
・大きな跳躍のあとにメロディの音域内の最高音のひとつに達するとすれば、次の音で再び上に跳躍し、ほとんど使われないさらに高い音へと移動する可能性は少ない。逆に、頻繁に使われる中音域の音へと下降する可能性は高い。

・そのため、下降形の跳躍のほうがずっと多くなる。

同じことは下に向かう大きな跳躍にも当てはまる——下降形の大きな跳躍のあとは、より小さく上に移動することが多い。

この「平均への回帰」と呼ばれる統計的現象は、ほかにも多くの状況下で起こる。たとえば、店主がとても長身の客を相手にしたとしたら、次の客の身長は平均に近い可能性が高い。その理由は単純で、とても長身の人は珍しいからだ。

ポスト・スキップ・リバーサルにおいて、長身の人は高い音に相当する。よって高い音のあとには、メロディ内の平均により近い音がくる可能性が高くなる。

フォン・ヒッペルとヒューロンは研究の範囲をさらに広げ、とても低い音から大きく上に上昇するメロディについても調べた。彼らの〝中音域への帰還〟理論にしたがえば、とても低い音から中音域へと上昇する大きな跳躍のあとは、必ずしも下への小さな跳躍につながるわけではないことになる。調査の結果、跳躍によって歌の中音域へと上がってくると、メロディは上にも下にも移動するケースが数多くあった。この発見は、ふたりの教授を大いに喜ばせるものだった。

「ABCの歌」もこの法則に当てはまる楽曲の一例である。最初の音「A」は歌全体のなかでもっとも低い音で、次の「B」も同じ音。それから「C」へと大きく跳躍するものの、歌の中音域へと飛ぶだけなので、次の音は上下どちらにも移動する可能性があるし、同じ音を繰り返すという選択肢もある。実際、このメロディでは次に「D」で同じ音を繰り返し、そのあとさらに音は上昇する。ここにはポスト・スキップ・リバーサルは登場しない。

店主のたとえに戻ると、とても背の低い客のあとに平均的な身長の客に対応したのと同じことになる。よって、三番目の客は少しだけ背が高いかもしれないし、低いかもしれないし、同じように平均的な身長かもしれない。

ここまで見てきたように、ポスト・スキップ・リバーサルは存在するものの、この現象が起こる理由は音楽的なものでも心理学的なものでもなく、すべては統計的な事実にもとづくものでしかない――（歌うのがむずかしいため）メロディの音域の上限・下限近くの音が使われることは珍しく、中音域の音が頻繁に使われる。

わたしが作ったメロディのルールのなかで、単純明快に説明できるものがもうひとつだけある。ルール4の「通常、メロディにはピッチの小さな跳躍がたくさん含まれており、大きな跳躍はきわめて少ない」というものだ。その理由は、大きな跳躍よりも小さな跳躍のほうが歌いやすいということに尽きる。音楽の起源は歌うことにある。だからこそ、多くのメロディには歌いやすい小さな跳躍がたくさん含まれているのだ。

C. ハーモニーにはいくつのメロディが隠れている？

わたしの前にふたつの箱がある。ひとつ目の箱には、四種類の果物（バナナ、リンゴ、レモン、オレンジ）。ふたつ目の箱には、四つの便利アイテムが入っている（ペン、腕時計、ノート、カメラ）。わたしに与えられた仕事は単純で、ひとつ目の箱から一個の果物を選び、次にふたつ目の箱から一個のアイテムを選ぶこと。すべての組み合わせの可能性を考えると、次のようになる——バナナと便利アイテムのどれかひとつ、リンゴと便利アイテムのどれかひとつ、レモンと便利アイテムのどれかひとつ、オレンジと便利アイテムのどれかひとつ。つまり、四つの選択肢×四つの選択肢となり、全体で一六通りの組み合わせが考えられることになる。

さらに四つのモノが入った三つ目の箱があったら、組み合わせの可能性は四×四×四で六四通りになる。このように、箱を増やすと組み合わせの数がみるみる増えていくのがおわかりだろう。

11章の冒頭にも登場した四人のフルート奏者たちには、決められた仕事がある。彼らは、四つの音で構成される集まりが七回続くフレーズを聴き手に届けなければならない（図42）。

図 42

グループ	1	2	3	4	5	6	7
	C_5	C_5	G_5	G_5	A_5	A_5	G_5
	G_6	G_6	G_6	G_6	F_6	F_6	G_6
	E_4	E_4	E_4	E_4	C_5	C_5	E_5
	C_4	C_4	C_4	C_4	A_4	A_4	C_4

正しい音の集まりが正しい順番で聞こえてくるかぎり、会場の聴き手はどのフルート奏者がどの音を弾こうが気になどしない。では、奏者たちに自分で音を選んでもらうことにしてみよう。まず、フルート奏者1に最初に選んでもらう。彼女の仕事は、七つのグループから好きな音をひとつずつ選ぶだけ。どれを選んだとしても、その一連の音の流れはメロディのようなものになる。

彼女のこの行動は、七つの箱から四つのアイテムのどれかひとつを選ぶのとまったく同じことになる。よって、この単純な例に対して考えられるメロディの数は、四を四で七回掛けた数になる――4×4×4×4×4×4×4＝16384通り。

最初に楽譜が手渡されたとき、メロディはフルート奏者1の担当で、退屈な伴奏がほかの三人の奏者に割り振られていた（図43）。

ここで忘れてはいけないのは、いかなる音の流れもメロディになりうるということ。実際のところ、フルート奏者2、3、4もそれぞれ異なるメロディを演奏している。繰り返しばかりの退屈なメロディではあるにしろ、メロディであることに変わりはない。

しかしこれらのメロディはあまりにつまらないので、フルート奏者たちは反乱を始める。「ちょくちょく音を交換したらどう？」とフルート奏者2が言う。

図 43

グループ	1	2	3	4	5	6	7
フルート1	C_5	C_5	G_5	G_5	A_5	A_5	G_5
フルート2	G_6	G_6	G_6	G_6	F_6	F_6	G_6
フルート3	E_4	E_4	E_4	E_4	C_5	C_5	E_5
フルート4	C_4	C_4	C_4	C_4	A_4	A_4	C_4

「たとえば、わたしのパートでは、最初にG_6（ソ）が四つ続くことになっているし、お友だちのフルート奏者3さんもE_4（ミ）を四回弾くことになってる。これじゃ、あまりに退屈。だから、音を交換したらどうかしら？　わたしがG_6、E_4、G_6、E_4と弾けば、フルート奏者3さんもE_4、G_6、E_4、G_6と弾ける。お客さんの耳に届く音は変わらないし、わたしたちの人生もこれで少しはマシになるわ」

「それはいい考え！」とフルート奏者3は言う。「なんなら、最後までずっと交換しちゃおうよ」

　「あなたはこう弾いて——E_4、G_6、E_4、G_6、C_5、F_6、E_5（ミ、ソ、ミ、ソ、ド、ファ、ミ）。

　わたしはこう弾くね——G_6、E_4、G_6、E_4、F_6、C_5、G_6（ソ、ミ、ソ、ミ、ファ、ド、ソ）」

「ちょっと待って」とフルート奏者4が話に入ってくる。「わたしのパートの退屈さはどうなるの？　三人のあいだで音を交換するのはどう？　そのほうが、もっと演奏がおもしろくなると思う」

ここまでくれば、伴奏担当の三人のフルート奏者たちがある事実に気づくのは

図 44

グループ	1	2	3	4	5	6	7
フルート1	G_6	E_4	G_5	E_4	A_5	C_5	G_5
フルート2	C_4	G_6	C_4	G_5	C_5	A_5	G_6
フルート3	E_4	C_5	E_4	G_6	F_6	F_6	C_4
フルート4	C_5	C_4	G_6	C_4	A_4	A_4	E_5

時間の問題だ――フルート奏者1も音の交換に加われば、今日という日はもっと愉しいものになる！　やがて四人のフルート奏者たちは、「ＡＢＣの歌」の伴奏とメロディのすべての音を交換するべきだという結論に達する。「グループ3では、わたしのC^4とあなたのG^6を交換しましょう」などと続いた三〇分にわたる交渉の末、フルート奏者たちはすべての音を分配しなおした。つまらない繰り返し演奏を回避できたおかげで、奏者たちの気持ちもずっと晴れやかだ。そして一万六三八四通りの可能性から選ばれたのは、図44のような組み合わせだった。

　わたしが最初に作ったバージョンより複雑に見えるものの、四本のフルートによって、同じ音で構成される七つのグループが同じ順番で演奏されるということに変わりはない。そのため、聴衆が新バージョンとオリジナル版との差に気づくこともない。最初のバージョンと同じように、聴き手の耳に届くのは「ＡＢＣＤＥＦＧ」というメロディラインとシンプルな伴奏のハーモニーだ。

「鉛筆を手に取って、この新しい分配計画表のなかのメロディ音に下線を引いてほしい」とあなたに頼んだとしよう。オリジナル版と照合して下線を引くだけにもかかわらず、かなり時間がかかるはずだ。ここで驚くべきは、人間の耳はメロディ音にいつでも瞬時に〝下線を引ける〟ということ。それも無意識のうちに。

　図45は、メロディの音に下線をつけ、さらに太字にしたものだ。

図45

グループ	1	2	3	4	5	6	7
フルート1	G_6	E_4	$\underline{\mathbf{G}_5}$	E_4	$\underline{\mathbf{A}_5}$	C_5	$\underline{\mathbf{G}_5}$
フルート2	C_4	G_6	C_4	$\underline{\mathbf{G}_5}$	C_5	$\underline{\mathbf{A}_5}$	G_6
フルート3	E_4	$\underline{\mathbf{C}_5}$	E_4	G_6	F_6	F_6	C_4
フルート4	$\underline{\mathbf{C}_5}$	C_4	G_6	C_4	A_4	A_4	E_5

下線と太字という助けがあるにもかかわらず、ほかの音のなかに埋もれたメロディを探すのにはいくらかの努力が必要になる。ところが、耳からメロディを隠すことはできない。11章で説明したとおり、人間の聴覚システムは「類同」「近接」「良い連続」「共通運命」の原理を使い、伴奏とメロディを聞き分けている。この例でいえば、なんと一万五〇〇〇以上もの組み合わせの可能性からひとつのメロディだけを特定していることになるのだ！

図 46

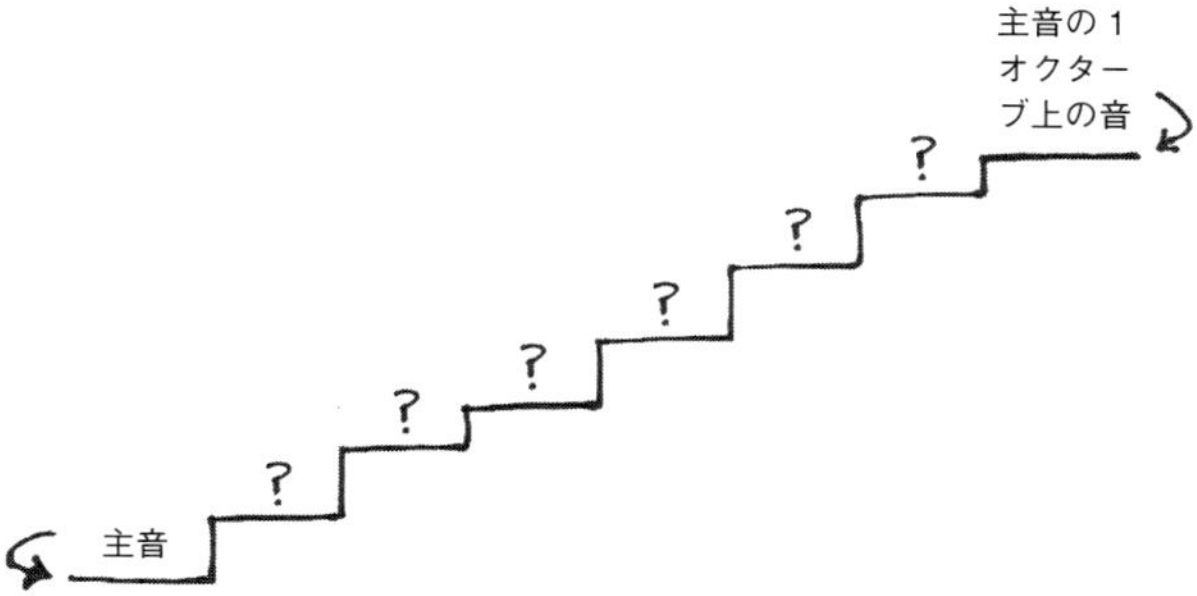

D. 音階と調

このパートではまず、「純正律」を使って長音階のための音を選ぶ方法について再び確認したい。12章で説明したとおり、最初に注目するのは二音のみ――主音とその一オクターブ高い音（図46）。

この二音の調子が合っているのは、「一オクターブ上の音」の二サイクルが、主音の一サイクルにぴったりとハマるからだ。あるいは、二分の一ふたつ分が一と等しいから二音が調和すると言い換えることもできる。

このように考えると、三分の一を三つにすれば一と等しくなることにもすぐに気がつくだろう。当然ながら、主音の三分の一のサイクル・タイムをもつ音も主音と心地よく調和する。では、サイクル三つ分が主音の一サイクルと完璧に融合するとしたら、それもオクターブとほぼ同じくらい相性のいい組み合わせといえるのだろうか？

　そのとおりではあるものの、ここで問題が発生する。この新しい音は、主音の「一オクターブ上の音」よりもさらにピッチが高くなってしまうのだ。ひとつの音階に入る音は一オクターブの範囲内である必要があるため、この新しい音は高すぎるということになる。

　ありがたいことに、ここでオクターブ等価性が救いの手を差し伸べてくれる。一オクターブ離れた二音はどれも密接に関連しているとすれば、この「高すぎる音」の一オクターブ低い音もうまく機能するにちがいない。そのとおり！　「高すぎる音」の一オクターブ下の音のサイクル・タイムは$\frac{1}{3}\times 2$で、主音のサイクル・タイムの$\frac{2}{3}$の音となる。

　この新しい音の一、二、三サイクルのいずれも、主音の一サイクルにぴったりフィットするわけではない。とはいえ、次善の策としては最高だ。このケースでは、主音の二サイクルが新しい音の三サイクルとマッチし、きれいな反復パターンが生まれる（図47）。一回の反復が主音の二サイクル分に及ぶため、オクターブの組み合わせの結合ほど強いつながりはないものの、それでも聴き手の耳には心地よい組み合わせとして届く。

　同じ理論を使って主音の$\frac{3}{4}$のサイクル・タイムをもつ音を見てみると、

図 47

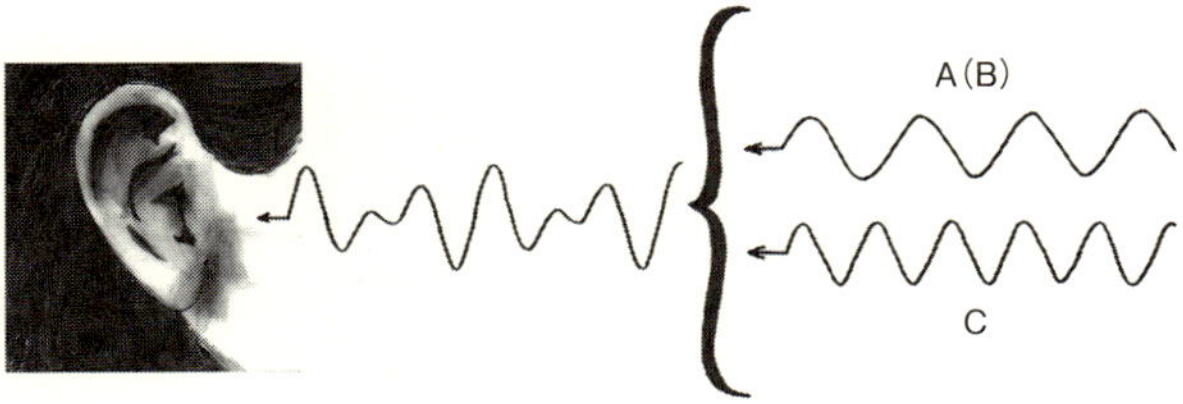

図48

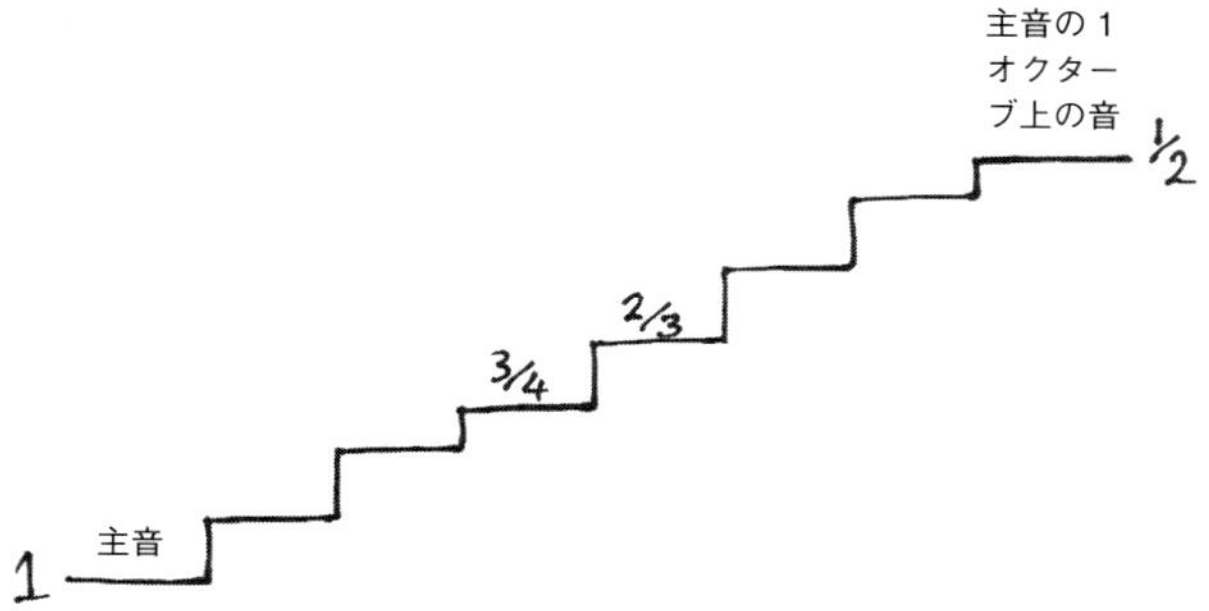

その四つのサイクルが、主音の三つのサイクルにぴったりハマることがわかる。案の定、ここでもきれいな響きのペアが再び生まれることになる。

これでオクターブのなかに四つの音が生まれた。それぞれの音のサイクル・タイムは次のようになる（図48）。

主音のサイクル・タイム（主音）
主音の¾のサイクル・タイム
主音の⅔のサイクル・タイム
主音の½のサイクル・タイム（主音の一オクターブ上）

なるほど、主音のサイクル・タイムと単純な分数の関係があるということが、主音と調和のとれる音を見つけ出すカギにちがいない。実際、この時点で「調和」という言葉を以下のようにはっきりと定義することができるはずだ。

ある音のいくつかのサイクル・タイムが、別の音のいくつかのサイクル・タイムとぴったりとハマったとき、ふたつの音は互いに調和する。

このルールをもとに、長音階のほかのすべての音を見つけてみよう。単純な分数を用いることによって、主音とできるかぎり調和のとれた八個の音を長音階のなかに作り出すことができる。主音から順に並べると、それぞれの音のサイクル・タイムは次のようになる。

音1　主音
音2　サイクル・タイムは主音のサイクル・タイムの$8/9$
音3　サイクル・タイムは主音のサイクル・タイムの$4/5$
音4　サイクル・タイムは主音のサイクル・タイムの$3/4$
音5　サイクル・タイムは主音のサイクル・タイムの$2/3$
音6　サイクル・タイムは主音のサイクル・タイムの$3/5$
音7　サイクル・タイムは主音のサイクル・タイムの$8/15$
音8　サイクル・タイムは主音のサイクル・タイムの$1/2$（主音の一オクターブ上の音）

このどれかひとつと主音を一緒に鳴らすと、さきほど図47で示したような反復パターンが生まれる。それぞれの分数の棒の上の数字（分子）は、それぞれの音の反復パターンが終わるまでの主音のサイクル数を表している（図49）。

図49

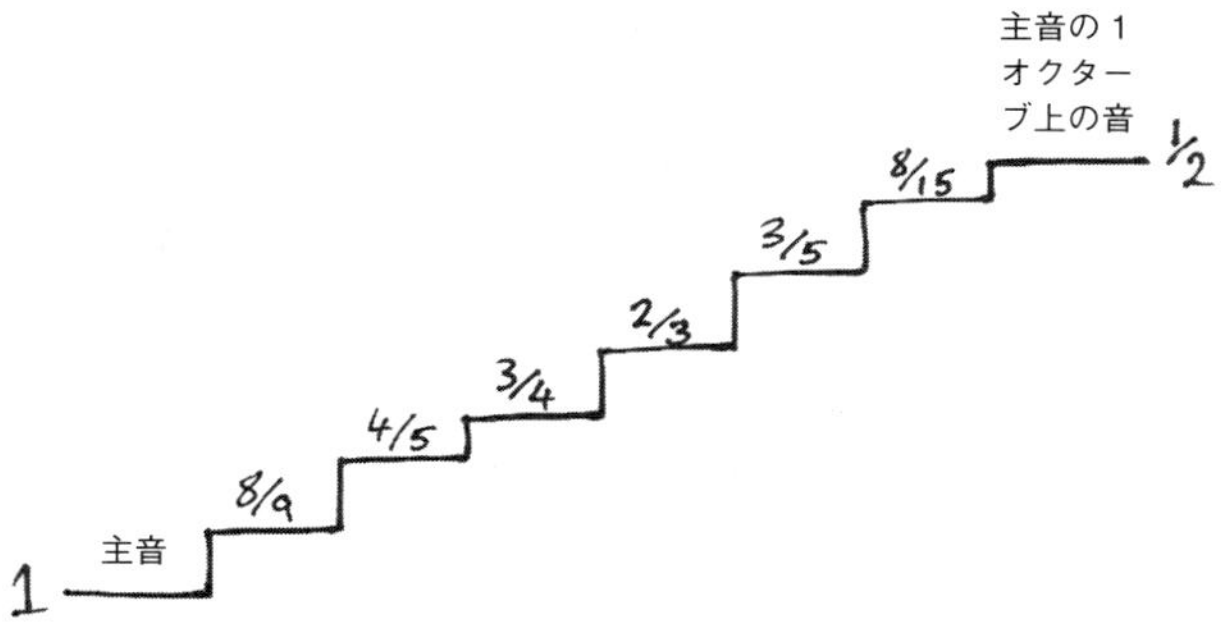

単純な分数を用いて音を選ぶこのシステムによって、「純正律（Just scale）」と呼ばれるものができあがる（英語でJustが使われているのは、古き良き時代には「just」という単語に「正確な」「ほんとうの」という意味があったからだ）。

当然ながら、簡単な分数もあれば、少しだけ複雑なものも含まれている。主音に合わせてそれぞれの音を弾くと、分子の数が小さい音ほどスムーズな組み合わせになることがわかるだろう。人間の聴覚系は、四回か五回より少ない主音のサイクルで反復する組み合わせを心地よいと感じる。さらに、回数が少ないほど響きはよりなめらかになる。主音と同時に弾いてもっとも調和するのは½の音、次が⅔の音、次が¾の音となる。

ところが、主音と同時に鳴らしたとき、この音階のうちふたつの音はまったくスムーズな響きにはならない。もうおわかりだとは思うが、分子がもっとも大きい8/9と8/15の二音だ。どちらの場合でも、主音が八回目のサイクルを終えるのを待って、やっと同じパターンが繰り返されることになる。人間の聴覚系はこのような音を理解するのに手間取ってしまうため、耳障りな音の組み合わせとして耳に届くことになる。

主音と同時に鳴らしたときに耳障りに響くとしても、この二音は主音と調和がとれていることに変わりはない。なぜなら、その音のサイクルのいくつかが、主音のいくつかのサイクルとぴったりとハマるからだ。

同時に、主音と調和がとれているとはいっても、一緒に弾くと耳障りに聞こえる音である事実をくつがえすことはできない。なのに、なぜこの二音をわざわざ音階のなかに含めなくてはいけないのだろう？　その理由は簡単。これらの音がないと、音階の両端に大きなギャップが生まれてしまうからだ。歌いやすい小さな段差をつけるためには、音階の両端のギャップを埋める必要があり、そのために〝調和のとれた音〟にもっとも近い音が使われているのだ。

純正律の問題点

一見したところ、純正律はオクターブを適度に分割し、使いやすい数の音を与えてくれる優れた方法にも思える。主音があり、一オクターブ高い音があり、そのあいだに主音と調和のとれた六つの音がある。こんなに見事なことはない、万歳！

はあ……人生（そして音楽）がそれほど単純であればどれだけ楽だろう……

もう少し細かく見ていこう。まず、音1（主音）と音5はとくに相性がいい。音5のサイクル・タイムは、音1のサイクル・タイムのぴったり三分の二になるからだ。

では、音2と音6も同じような関係性をもっているはずでは？　実際はそうではない。分数を見て気づいた方も多いかもしれないが、1と⅔（音1と音5）の関係はとても単純だが、⁸⁄₉と⅗（音2と音6）の関係性は当然ながらもう少し複雑になる。音6（3/5）の三つのサイクルは、音2（8/9）のふたつのサイクルよりもわずかに長く続く。その差は微妙だとしても、この時点では二音のサイクルがぴったりとハマらないという事実に変わりはない。完全にハマる正確なパターンが生まれるのは、音2が二七回サイクルを繰り返したときになる。

この場合、高い音の四〇サイクルが、低い音の二七サイクルにぴったりとハマる。とはいえ、組み合わさったパターンは反復するのに時間がかかりすぎる。そのため、同時に鳴る音がしっかりと融合しないと判断した人間の聴覚系は、〝調和テスト〟でこのペアを不合格にしてしまう。ここで、さきほどのルールを思い出してほしい。音と音が「調和」するためには、ある音のいくつかのサイクル・タイムが別の音のいくつかのサイクル・タイムとぴったりとハマる必要がある。二七は「いくつか」と表現するにはあまりにも多すぎるため、この組み合わせは調子外れとなる。

これこそ純正律と純正調が抱える問題である――単純な分数によって定められた音はどれも主音とは調和がとれているものの、別の音どうしを合わせたときに調子外れになることがある。*

純正律の音階を使ってピアノを調律したり、（多くの西洋音楽がそうであるように）調をたびたび変えたりすると、さまざまな本質的問題が発生することになる。ピアノ（やほかのすべての鍵盤楽

* 数の遊びが好きな方のなかには、純正律が必ずしも機能しないというさらなる証拠が欲しい方もいるだろう。長音階の音1と音3の差は半音四つ分で、音1と音8の差は半音一二個分となる。当然ながら、半音四つ分の跳躍×3はオクターブと同じ幅になるはずだ。したがって、$4/5 \times 4/5 \times 4/5 = 1/2$ となってしかるべきなのだ。しかし計算してみると、答えは〇・五一二となり、わずかに½よりも大きくなる。

器）を純正律に調律すれば、調子外れな和音が生まれることは絶対に避けられない。そんな理由によって、固定された音をもつ楽器の調律には「等分平均律」と呼ばれる別の調律方式が使われている。

等分平均律

等分平均律（equal temperament、ＥＴ）では、音階のなかの音のサイクル・タイム（周波数）を分数で決めるのではなく、代わりに数式を用いて半音の跳躍の間隔をすべて等しく分けている。

等分平均律は、一五八〇年に中国の学者・朱載堉によって、一五八一年にガリレオ・ガリレイの父ヴィンチェンツォ・ガリレイによってほぼ同時期に別々に導き出された。しかしながら、この調律方式が広く普及したのは一七〇〇年代後半になってからのことで、イギリスのピアノ製造会社ブロードウッドにいたっては一八四六年までＥＴ方式に変えようとしなかった。

ガリレイと朱載堉が気づいたのは、明確かつ論理的に問題を洗い出していけば、等分平均律の計算はとても簡単であるということだった。

1. ある音より一オクターブ高い音は、低い音より二倍の周波数でなければいけない。
2. オクターブは半音ずつ異なる一二段階に分割されなければならない。
3. 一二段階の各間隔はすべて等しくなければならない（一段階離れたふたつの音を比べたとき、二音の周波数の比はつねに同じ）。

この目標にたどり着くために計算を繰り返したふたりの賢者は、半音離れた二音のあいだで、周波数が五・九四六三パーセント増加する必要があるということを導き出した。* これに従えば、等分平均律のほとんどの音は、純正律の音よりもピッチが微妙に上下にずれることになる。

では、純正律と等分平均律のAメジャー・コードの差について見てみよう。構成音はA（ラ）、Cシャープ（ド♯）、E（ミ）。どちらの方式でも440HzのAを出発地点として使っているものの、ほかのふたつの音の周波数はわずかに異なる。純正律ではAより高いEの周波数が、440のちょうど1½倍の660Hzになる。しかしながら、等分平均律ではそれが659・2Hzに微調整されている。Cシャープの差はさらに大きく、純正律では550Hz、等分平均律では554・4Hzとなる。

こういった細かな差のせいで、純正律のAメジャー・コードの響きがとてもなめらかなのに対し、等分平均律のほうはそこそこなめらかにしか聞こえない。ところが、等分平均律にはこれを補うメリットがある。純正律のシステムで作られた和音には明らかに調子外れになるものがある一方で、等分平均律で作られた和音はどれもそこそこなめらかに聞こえるのだ。

二〇〇年以上にわたり、等分平均律は音楽家たちのあいだで激しい議論を巻き起こしてきた。このテーマについては、音楽学者ロス・W・ダフィンによる優れた著書『*How Equal Temperament Ruined Harmony (and Why You Should Care)*』（等分平均律がハーモニーを台無しにしたワケ

---

* たとえば、もしA（ラ）の周波数が110Hzなら、半音高い音（Aシャープ〔ラ♯〕、あるいはBフラット〔シ♭〕）の周波数は110×1.059463、すなわち116・54Hzになる。次に高いB（シ）は、116.54×1.059463で123・47Hz……と続く。

〔そして、それを無視してはいけないワケ〕）がとくに詳しい。タイトルを見ただけで、彼がどちら側の意見の持ち主かは一目瞭然だろう。とはいえ、あなたが聴いたことのある多くの音楽、とりわけ鍵盤楽器のソロ曲は、等分平均律の調律システムを使って演奏されている。だとすれば、大成功を収めた〝妥協〟だったことはまちがいない。

一八五〇年ごろ以降、固定された音をもつ西洋音楽の定音楽器のための調律システムとしては、等分平均律が圧倒的な人気を誇っている。もちろん、なかには純正律の熱心なファンもおり、そういった人々はさまざまな方法を使って、より優れた響きを作り出そうと試行錯誤している。もし興味があれば、ＹｏｕＴｕｂｅで「音律（musical temperament）」というキーワードを検索してみてほしい。多種多様な調律システムを比べる動画がいくつもあるはずだ。

12章の終わりで説明したとおり、キーボードなどの定音楽器の演奏では等分平均律がほぼ独占的に使われているものの、ピッチを調整できる作音楽器（歌声、バイオリンなど）だけを用いる演奏においては、いまでも純正律が使われることがある。とくに、ゆっくりとしたハーモニーの曲には純正律がぴったり合う。高い技術をもつ作音楽器の演奏者は、音のピッチを変化させることによって純正律が抱える問題を補い、等分平均律よりも純粋な響きのハーモニーを奏でることができるのだ。

謝辞

前作『響きの科学』と同じように、この本の良い部分はすべてわたしの手柄であり、一部の目ざとい読者の皆さんが気づくであろう誤りや抜け落ち、そのほかの重大なミスはすべて（自分以外の）誰かのせいだと宣言してしまいたい。しかしあいにく、このようなズルい計画はどうせ失敗するとわかっている。なぜなら、この四年のあいだ、多くの人がわたしを助けてくれたことを認めないわけにはいかないからだ。

まず、驚くほどの知識量を誇る優れた担当編集者トレーシー・ベーハーと、リトル・ブラウン社の彼女の同僚であるジーン・ガーネット、ジュヌビエーヴ・ニールマン、ベン・アレンの助言と協力に感謝したい。また、細部にいたる校閲でサポートしてくれたアマンダ・ヘラーにも謝意を表したい。

数多くの音楽の専門家や心理学者が本書のさまざまなセクションを読み、励ましの言葉や意見をくれた。とくに、この分野の第一人者であるダイアナ・ドイチュ教授は、寛大にも多くの時間を割いて数章を読んでくれた。さらに、ニッキー・ディッベン教授、デイヴィッド・ハーグリーヴス、ジョン

・スロボダ、サンドラ・トレハブにもお礼を述べたい。
勇敢なガールフレンドのキムには金メダルを贈りたい。彼女は一〇バージョンほどの異なる原稿を読んで細かく内容を修正し、わたしのパソコンがバカなことや意地悪をするたびに冷静かつ専門的なサポートをしてくれた。

そしてほかの誰でもなく、友人のジョン・ワイクス博士に最大の感謝の意を示したい。ジョンによる一連のすばらしい助言、有益な情報、厳しい指示のおかげで、わたしはいつも気を引き締め、より正確な説明を目指すことができた！

さらに、友人のロッド・オコナー、ピエール・ラフランス、ジム・カーペンター、ウィット、ジョン・ディングル、パトリシア・ランカスター、ミニ・グレイ、ジョー・グレイ、ボブ＆ジェン・マローン、デイヴィッド・オズボーン、DJ・フレッシュにも感謝したい。みんなからの最高の手助けと助言がなければ、この本をまとめ上げることはできなかっただろう。

誤りや抜け落ち、そのほかの重大なミスについては、わたしにはいっさいの責任がないことをはっきりさせておきたい。そのようなことの責任は、わたしの中学時代の地理教師ナイジェル・ジョーンズが負うべきだろう。否定的な評価、訴訟、損害賠償の要求があれば、ランカシャー州、エックルズ、モンテバンク・クローズ14Bのジョーンズ先生まで直接連絡してほしい。


ありがとう。

ジョン

メールはこちらへ：howmusicworks@yahoo.co.uk

訳者あとがき

本書を読んで私がまっさきに思い浮かべたのは、某有名CDショップが使う「NO MUSIC, NO LIFE」（音楽なしじゃ生きていけない）というキャッチフレーズだった。調べてみると、この宣伝文句が使われはじめたのは、もう二〇年も前の話だという。私は当初、この文言を「音楽大好き！」「音楽最高！」というメッセージを大げさに強調したものだと考えていた。でも本書を読むと、このキャッチフレーズが文字通りの意味だとわかってくる。つまり、「音楽がなければ、人間は生存できない」という意味だと。音楽が人間の生存にとっていかに不可欠なものか、なぜ私たちは音楽を愛するのか、という謎を本書は見事に解き明かしてくれる。

著者のジョン・パウエルは、イギリスで物理学と音楽音響学を教える大学教授である。この経歴だけを聞くと、いかにも小難しそうな作品だと予想する方も多いかもしれない。しかし前作を読んだ方はすでにおわかりのとおり、その語り口はきわめて平易でウィットに富んだものだ。前作『響きの科学――名曲の秘密から絶対音感まで』（ハヤカワ・ノンフィクション文庫）は、いわゆる「音楽理論」を数式や物理学の専門用語をほとんど用いずに、わかりやすく解説した作品だった。言い換えれば、本来は専門的で難解な内容を、音楽に詳しくない読者のためにかみ砕いたものだった。一方の今作『ドビュッシーはワインを美味にするか？』で著者が注目したのは、音楽が人間に与える心理的側面だ。つまり、私たちの生活のなかにある身の回りの音楽が人間に与える影響を解説した本であり、前作よりも「生活密着型の音楽」の謎に迫るものだといえる。たとえば、人の性格と音楽の好みの関係は？　ＢＧＭによって人の購買活動や味覚がどう変わるのか？　歌詞がもつ力とは？　音楽を聴くと頭がよくなるのか？　映画音楽が観客に与える影響とは？　心理学者や音楽学者による研究や実験の結果を引用しながら、パウエルは「音楽家たちが聴き手に魔法をかける方法」を解明していく。

とはいえ、音楽の心理的側面を論じるうえで、基本的な音楽理論の説明を避けることはできない。そのため後半では、前作と同じように、音階や周波数、和音やメロディの仕組みや成り立ちについても説明されている。前作と重複する部分が少しあるものの、今作では専門用語を徹底的に排除しようとする作者の意図がより強く感じられる。前作の読者にはおなじみの「やっかいな詳細」（難解な音楽理論を徹底解説する巻末のセクション）でも、今回はほとんど専門用語が使われていない（本作を読んだあとに前作を読むと、音楽理論の理解がさらに深まる気がする）。

個人的には、訳しながら「そうそう！」と納得し、「なるほど」と思わず膝を打ち、さらに最初から最後まで作者のジョークに笑いっぱなしだった。正直、これほど愉しく、かつ学ぶことが多かった翻訳体験は初めてだった。それと同時に、自分の「音楽人生」を見透かされたような気恥ずかしさも覚えた。どうして私の（音楽の）秘密を知っているんだろう、と。たとえば本書の冒頭と終盤には、人間の音楽への態度や好みの変遷について語られるセクションがある。人は一〇代後半から二〇代前半にもっとも多くの音楽に触れ、歳をとるにつれてシンプルな音楽から複雑な音楽を好むようになる。また、歳とともに、新しい音楽を探す情熱が薄れるという。このような説明を読んでいると、あたかも自分の音楽人生について語られているような気さえしてきたのだった。

さらに、楽器の学習経験についても、本書の解説にきっと多くの人が共感を覚えるはずだ。ここでも私は、著者に音楽人生をのぞき見られたような気分になった。私の楽器学習の歴史は、親に楽器を買ってもらう（あるいは音楽教室に通う）→少しがんばる→ろくすっぽ練習しない、というパターンの連続だった。幼稚園時代にはエレクトーン教室に通わされたが、後半はほとんど練習した覚えがない。小学校のときにはハーモニカ、中学生のときにはキーボードを買ってもらったが、そのうち飽きて練習をしなくなった。高校時代には、自分に歌の才能があるかどうかをどうしても一度確かめたくて声楽を習いはじめたものの、才能などあるわけもなく、一年ほどで投げ出してしまった――。自分には音楽の才能がない、と私はこれまで思いつづけて生きてきた。でも本書によれば、私になかったのは音楽の才能ではなく、「練習する才能」だったのかもしれない。この本を読んで、若いころにあきらめた楽器の練習を再び始めよう、と考える方もいるかもしれない。あるいは、やはり練習する才能がなさそうだと尻込みする人もいるだろう。いずれにしても、本書はあなたの音楽人生になんらかの標《しるし》を残してくれるはずだ。

ところで、すでに本文を読み終えた方、あるいは前作を読んだ方はおわかりだと思うが、著者のジヨン・パウエル氏はブリティッシュ・ジョークが大好きだ。皮肉いっぱいのブリティッシュ・ジョークの数々に、翻訳しながらずっと笑わせてもらった。こんなにブラックでいいの？　と訳者としてドキッとする箇所もあった。また一部において、難解あるいはシュールすぎて日本の読者に伝わりそうもないジョークや比喩がいくつかあった。私自身も理解に苦しみ、どうしてもわからないときには、解釈について著者にメールで質問した。すると、驚くほど丁寧なメールがすぐさま返ってきて（たった一行の質問に対して十数行にもわたって説明してくれることもあった）、イギリスに住むイギリス人でなければ意味をとるのがむずかしいジョークであると解説してくれた。一部のジョークについては、著者自身が「日本バージョン」に書き換えてくれた（原著者にこういった質問をした場合、「そちらで勝手にカットしてください」と言われることがほとんどだが、わざわざ書き換えてまでジョークを残そうとするあたりに、著者の真摯な執筆姿勢とジョーク愛を垣間見た気がした）。くわえて、原書内で例として使われる楽曲の一部を、著者の了解のもと、日本の読者になじみ深いものに差し替えたほか、本篇の後の「やっかいな詳細」の一部を割愛した。

音楽の力は計り知れない――ジョン・パウエルは読者にそう訴える。音楽は人の命を救うこともある。音楽は自己確立のプロセスの中心的な役割を担うものだ、と。なぜ人は音楽が好きなのか？　なぜ特定の人が特定のジャンルを好むのか？　本書を通して、読者はその謎を知ることになる。そのカラクリを理解したとき、いままで以上に音楽が愉しいものになり、音楽人生がさらに豊かになることはまちがいない。

最後に、本書を担当してくださった早川書房の編集者、一ノ瀬翔太さんと、校正者の宮崎千恵さんに感謝を申し上げたい。一ノ瀬さんは学生時代にはバンドを組み、ドラムや作曲を担当していたというアマチュア・ミュージシャンでもある。今回はたんなる文字・文章レベルの編集ということのほかに、音楽用語の選択、音楽理論の理解などについてもたいへんお世話になった。ありがとうございました。

二〇一七年一〇月

音楽・映像のおすすめリスト

A. 音楽

以下の短いリストでは、読者のみなさんに愉しんでもらえそうな作品を列挙したが、クラシック、ジャズ、ワールド・ミュージックのジャンルでそれぞれ5作品までという制限を設けることにした。でなければ、リストはいつまでも続いてしまうからだ。それに、わたしの大好きな1970年代のプログレッシブ・ロックを紹介したところで、興味をもつ人は誰もいないと思う。

みなさんのお気に入りの作品が見つかることを望むばかりだ。

ワールド・ミュージック

1. 『Real World 25』――ここ25年にわたってリアル・ワールド・レコード社が発表した作品から名曲ばかりを集めたベストアルバム。これがわたしのいちばんのお勧め。
2. マドレデウス『O Paraíso』（風薫る彼方へ）――抒情的な曲調と女性ボーカルの美しい歌声が特徴のポルトガルのアコースティック・バンド。
3. ライ・クーダー＆V・M・バット『A Meeting by the River』――スライド・ギターによる東西の融合。
4. 『The Very Best of Éthiopiques』――アフリカン・ジャズの名曲集（同じタイトルの作品が何枚か存在する。わたしがここでお勧めしているのはManteca というレーベルのもので、ジャケットには上を指さす女性が写っている）。
5. ヌスラト・ファテー・アリー・ハーン『Mustt Mustt』――世界的に有名なパキスタン人歌手の作品。

ジャズ

1. マイルス・デイヴィス『Kind of Blue』――トランペット、サクソフォーン、ピアノ、ベース、ドラムによるセクシーなジャズ。
2. キース・ジャレット『The Köln Concert』――ピアノの即興演奏によるジャズ。
3. ジム・ホール＆ビル・エヴァンス『Undercurrent』――ピアノとギターのデュエットによるジャズのスタンダード曲集。
4. E.S.T.『Seven Days of Falling』――21世紀を代表するジャズ・トリオ。
5. ジャンゴ・ラインハルト＆ステファン・グラッペリ『Souvenirs』――パリで

生まれた熱いスウィング。

クラシック

1. ホアキン・ロドリーゴ「アランフエス協奏曲」――世界でもっとも有名なギター協奏曲。わたしのいちばん好きなバージョンは、ギタリストのジョン・ウィリアムズとユージン・オーマンディ指揮によるフィラデルフィア管弦楽団の演奏（1965年）。「ある貴紳のための幻想曲」が一緒に収録されているアルバムも多いが、こちらも名曲であり、いかにもスペインらしい愉しく明るい楽曲。
2. W・A・モーツァルト「クラリネット協奏曲」――「オーボエ協奏曲」「ファゴット協奏曲」が同時収録されていることが多い。
3. レイフ・ヴォーン・ウィリアムズ「トマス・タリスの主題による幻想曲」――同じく美しい響きの作品「揚げひばり」と同時収録されていることが多い。わたしのお勧めはネヴィル・マリナー指揮、アカデミー室内管弦楽団演奏のＣＤ（ARGO 414595-2）。
4. Ｊ・Ｓ・バッハ「リュート組曲」――わたしがいちばん好きなバージョンは、アメリカ人ギタリスト、シャロン・イスビン演奏によるＣＤ。
5. ジョン・アダムズ「Harmonium」（ハルモニウム）――ジョン・アダムズは現代的なミニマル・ミュージックのテクニックと旋律の美しさを見事に融合。わたしがいちばん好きなバージョンは、エド・デ・ワールト指揮、サンフランシスコ交響楽団演奏によるＣＤ（ECM 821 465-2）。

Ｂ．映像作品

以下の短いリストにおいて、わたしがYouTubeで偶然見つけた（あるいは人に教えられた）動画のうち、読者の方々に興味をもっていただけると感じたものを紹介したい。

1. 「The world's oldest musical instrument (40,000 BCE). Mammoth ivory and bird bone flutes from Germany」（世界最古の楽器〔紀元前4万年〕、ドイツで発見されたマンモスの象牙と鳥の骨のフルート）――15章の冒頭で説明したもの。
2. 「The Concert for George, Anoushka Shankar, HD, parts 2–4」（ジョージのためのコンサート、アヌーシュカ・シャンカール）――アヌーシュカはシタールを演奏し、同時に西洋・東洋の楽器演奏者と歌手を指揮。エリック・クラプトンがギターを担当。
3. 「KT Tunstall "Black Horse and the Cherry Tree," Jools Holland debut, RAVE, HD」（ＫＴタンストール「ブラック・ホース・アンド・ザ・チェリー・トゥ

リー」ジョールズ・ホランドの番組でのデビュー、音楽チャンネル「RAVE HD」より）（訳注／現在は視聴不可。彼女のループ演奏はほかの動画でも視聴できる）――ＫＴタンストールのテレビ・デビュー映像。演奏に使われるのは声、ギター、タンバリンのみ。ループを用いた巧みな演奏に注目してほしい（足元に置かれたループペダルを踏むと演奏中の音楽が録音され、それが次の演奏に重なり、響きの層がみるみる積み重なっていく）。

4. 「Just intonation versus equal temperament」（純正律 vs. 等分平均律）――異なる音階システムについて。
5. 「Extraordinaire instrument de musique」（驚くべき楽器）――楽器をテーマにした愉しいアニメ。

参考資料・文献

（訳注／以下で提示されるダイアナ・ドイチュ編 *The Psychology of Music* はおもに第二版と三版を指しており、一部をのぞき、初版を翻訳した日本語版『音楽の心理学』〔寺西立年・宮崎謙一・大串健吾監訳、西村書店、1987 年〕に該当する章はない。また、パトリック・ジュスリン＆ジョン・スロボダ編による *Handbook of Music and Emotion: Theory, Research, Applications*（2011）は *Music and Emotion: Theory and Research*（2001）を大幅に改訂・増補した作品。後者は『音楽と感情の心理学』〔大串健吾・星野悦子・山田真司監訳、誠信書房、2008 年〕として日本語版が出版されている。該当する章がある場合には示した）

A. 主要な参照テキストとおすすめの参考文献

１章　音楽の好み

Adrian North and David Hargreaves, "Musical Preference and Taste," chap. 3 of *The Social and Applied Psychology of Music* (Oxford University Press, 2008).

Peter J. Rentfrow and Jennifer A. McDonald, "Preference, Personality, and Emotion," chap. 24 of *Handbook of Music and Emotion: Theory, Research, Applications*, ed. Patrick Juslin and Justin Sloboda (Oxford University Press, 2010).

２章　歌詞と音楽の意味

Adrian North and David Hargreaves, *The Social and Applied Psychology of Music* (Oxford University Press, 2008).

３章　音楽と人間の感情

Patrik Juslin and John Sloboda, "Music and Emotion," chap. 15 of *The Psychology of Music*, 3rd ed., ed. Diana Deutsch (Academic Press, 2013).

John Sloboda, "Music in Everyday Life: The Role of Emotions," chap. 18 of *Handbook of Music and Emotion: Theory, Research, Applications*, ed. Patrik Juslin and John Sloboda (Oxford University Press, 2010).

４章　繰り返し、驚き、鳥肌

Elizabeth Hellmuth Margulis, *On Repeat: How Music Plays the Mind* (Oxford University Press, 2014).

David Huron, *Sweet Anticipation: Music and the Psychology of Expectation* (MIT Press, 2006).

Patrik Juslin and John Sloboda, "Music and Emotion," chap. 15 of *The Psychology of Music*, 3rd ed., ed. Diana Deutsch (Academic Press, 2013).

5章　薬としての音楽

Suzanne B. Hanser, "Music, Health and Well-Being," chap. 30 of *Handbook of Music and Emotion: Theory, Research, Applications*, ed. Patrik Juslin and John Sloboda (Oxford University Press, 2010).

Adrian North and David Hargreaves, "Music, Business, and Health," chap. 5 of *The Social and Applied Psychology of Music* (Oxford University Press, 2008).

6章　音楽で頭がよくなる？

E. Glenn Schellenberg and Michael W. Weiss, "Music and Cognitive Abilities," chap. 12 of *The Psychology of Music*, 3rd ed., ed. Diana Deutsch (Academic Press, 2013).

7章　映画音楽の力　『サイコ』から『スター・ウォーズ』まで

Kathryn Kalinak, *Film Music: A Very Short Introduction* (Oxford University Press, 2010).

Siu-Lan Tan, Annabel Cohen, Scott Lipscombe, and Roger Kendall, eds., *The Psychology of Music in Multimedia* (Oxford University Press, 2013).

Annabel Cohen, "Music as a Source of Emotion in Film," chap. 31 of *Handbook of Music and Emotion: Theory, Research, Applications*, ed. Patrik Juslin and John Sloboda (Oxford University Press, 2010).〔以下を大幅に改訂したもの。『音楽と感情の心理学』よりアナベル・コーエン著「第6章：映画における感情の源泉としての音楽」大串健吾・星野悦子・山田真司監訳、誠信書房、2008年〕

8章　あなたには音楽の才能があるか？

Geoff Colvin, *Talent Is Overrated* (Nicholas Brealey Publishing, 2008).〔ジョフ・コルヴァン『究極の鍛錬：天才はこうしてつくられる』米田隆訳、サンマーク出版、2010年〕

Adrian North and David Hargreaves, "Composition and Musicianship," chap. 2 of *The Social and Applied Psychology of Music* (Oxford University Press, 2008).

Isabelle Peretz, "The Biological Foundations of Music: Insights from Congenital Amusia," chap. 13 of *The Psychology of Music*, 3rd ed., ed. Diana Deutsch (Academic Press, 2013).

9章　音《ノート》についての覚え書《ノート》き

John Powell, *How Music Works: The Science and Psychology of Beautiful Sounds, from Beethoven to the Beatles and Beyond* (Little, Brown and Company, 2010).〔ジョン・パウエル『響きの科学：名曲の秘密から絶対音感まで』小野木明恵訳、ハヤカワ・ノンフィクション文庫、2016年〕

Charles Taylor, *Exploring Music: The Science and Technology of Tones and Tunes* (IOP Publishing, 1992).〔チャールズ・テイラー『音の不思議をさぐる：音楽と楽器の科学』佐竹淳・林大訳、大月書店、1998年〕

Ian Johnston, *Measured Tones* (IOP Publishing, 1989).

10章　メロディって何？

David Huron, *Sweet Anticipation: Music and the Psychology of Expectation* (MIT Press, 2006).

Aniruddh D. Patel and Steven M. Demorest, "Comparative Music Cognition: Cross-Species and Cross-Cultural Studies," chap. 16 of *The Psychology of Music*, 3rd ed., ed. Diana Deutsch (Academic Press, 2013).

David Temperley, *Music and Probability* (MIT Press, 2010).

11章　伴奏からメロディを抜き出す

Diana Deutsch, "Grouping Mechanisms in Music," chap. 6 of *The Psychology of Music*, 3rd ed., ed. Diana Deutsch (Academic Press, 2013).〔内容は変更されているものの、この本の初版を翻訳した日本語版『音楽の心理学』（寺西立年・宮崎謙一・大串健吾監訳、西村書店、1987年）には「第4章：音楽における群化のしくみ」がある〕

12章　聞こえるものすべてを信じるな

William Forde Thompson, "Intervals and Scales," chap. 4 of *The Psychology of Music*, 3rd ed., ed. Diana Deutsch (Academic Press, 2013).

John A. Sloboda, "Music, Language, and Meaning," chap. 2 of *The Musical Mind: The Cognitive Psychology of Music* (Oxford University Press, 1985).

13章　不協和音

Isabelle Peretz, "Towards a Neurobiology of Musical Emotions," chap. 5 of *Handbook of Music and Emotion: Theory, Research, Applications*, ed. Patrik Juslin and John Sloboda (Oxford University Press, 2010).〔以下を大幅に改訂したもの。『音楽

と感情の心理学』よりイザベル・ペレツ著「第3章：脳に耳を傾けて――音楽的感情についての生物学的展望」大串健吾・星野悦子・山田真司監訳、誠信書房、2008年〕
William Forde Thompson, "Intervals and Scales," chap. 4 of *The Psychology of Music*, 3rd ed., ed. Diana Deutsch (Academic Press, 2013).

14章　音楽家はどうやって聴き手の感情ボタンを押す？

Andreas C. Lehman, John A. Sloboda, and Robert H. Woody, *Psychology for Musicians* (Oxford University Press, 2007).
Eric Clarke, Nicola Dibben, and Stephanie Pitts, *Music and Mind in Everyday Life* (Oxford University Press, 2010).
Bruno Nettl, "Music of the Middle East," chap. 3 of Bruno Nettl et al., *Excursions in World Music*, 2nd ed. (Prentice-Hall, 1997).
Reginald Massey and Jamila Massey, "Ragas," chap. 10 of *The Music of India* (Stanmore Press, 1976).

15章　わたしたちが音楽を愛する理由

Marjorie Shostak, *Nisa: The Life and Words of a !Kung Woman* (Routledge, 1990).〔マージョリー・ショスタック『ニサ：カラハリの女の物語り』麻生九美訳、リブロポート、1994年〕
Laurel J. Trainor and Erin E. Hannon, "Musical Development," chap. 11 of *The Psychology of Music*, 3rd ed., ed. Diana Deutsch (Academic Press, 2013).
Raymond MacDonald, David J. Hargreaves, and Dorothy Miell, "Musical Identities," chap. 43 of *The Oxford Handbook of Music Psychology*, ed. Susan Hallam, Ian Cross, and Michael Thaut (Oxford University Press, 2009).

B．原注

以下に掲載したのは、わたしが本書の執筆のための情報源として利用した、心理学者、社会学者、音楽学者、そのほか多くの○○学者による著作の詳細である。関係する研究者の方へ――引用が不正確な場合、あるいは引用元を示していない箇所を見つけた際には、ご連絡いただければと思います。将来の改訂版にて修正させていただきます。失礼がありましたこと、心よりお詫び申し上げます。

1章　音楽の好み

1. Peter J. Rentfrow and Jennifer A. McDonald, "Preference, Personality and

Emotion," chap. 24 of *Handbook of Music and Emotion: Theory, Research, Applications*, ed. P. N. Juslin and J. A. Sloboda (Oxford University Press, 2010), sec. 24.2.

2. 原注 1 の section 24.3.2. を参照。
3. P. J. Rentfrow and S. D. Gosling, "The Do Re Mi's of Everyday Life: The Structure and Personality Correlates of Music Preferences," *Journal of Personality and Social Psychology* 84 (2003): 1236–56.
4. Adrian North and David Hargreaves, "Musical Preference and Taste,"chap. 3 of *The Social and Applied Psychology of Music* (Oxford University Press, 2008).
5. M. B. Holbrook and R. M. Schindler, "Age, Sex and Attitude towards the Past as Predictors of Consumers' Aesthetic Tastes for Cultural Products,"*Journal of Marketing Research* 31 (1994): 412–422. 以下も参照：M. B. Holbrook, "An Empirical Approach to Representing Patterns of Consumer Tastes, Nostalgia, and Hierarchy in the Market for Cultural Products," *Empirical Studies of the Arts* 13 (1995): 55–71. And M. B. Holbrook and R. M. Schindler, "Commentary on 'Is There a Peak in Popular Music Preference at a Certain Song- Specific Age? A Replication of Holbrook and Schindler's 1989 Study,' " *Musicae Scientiae* 17, no. 3 (2013): 305–308.
6. A. C. North, D. J. Hargreaves, and S. A. O'Neill, "The Importance of Music to Adolescents," *British Journal of Educational Psychology* 70, no. 2 (June 2000): 255–272.
7. Carl Wilson, *Let's Talk about Love: A Journey to the End of Taste* (Bloomsbury, 2007), p. 91.
8. North and Hargreaves, "Musical Preference and Taste"（原注 4）.
9. Vladimir Konecni and Dianne Sargent-Pollock, "Choice between Melodies Differing in Complexity under Divided-Attention Conditions," *Journal of Experimental Psychology: Human Perception and Performance* 2 (1976): 347–356.
10. R. G. Heyduk, "Rated Preference for Musical Composition as It Relates to Complexity and Exposure Frequency," *Perception and Psychophysics* 17 (1975): 84–91. 以下も参照：North and Hargreaves, "Musical Preference and Taste"（原注 4）.
11. A. C. North and D. Hargreaves, "Responses to Music in Aerobic Exercise and Yogic Relaxation Classes," *British Journal of Psychology* 87, no. 4 (1996): 535–547.
12. Adrian North, David Hargreaves, and Jennifer McKendrick, "The Influence of In-Store Music on Wine Selections," *Journal of Applied Psychology* 84, no. 2 (1999): 271–276. 以下も参照：Adrian North and David Hargreaves, "Music, Business,

and Health," chap. 5 of *The Social and Applied Psychology of Music* (Oxford University Press 2008).

13. Charles Areni and David Kim, "The Influence of Background Music on Shopping Behaviour: Classical versus Top Forty Music in a Wine Store," *Advances in Consumer Research* 20 (1993): 336–340.
14. Adrian North, "Wine and Song: The Effect of Background Music on the Taste of Wine," *British Journal of Psychology* 103, no. 3 (August 2012): 293–301.
15. Peter Stone and Susan Hickey, "Sound Matters," documentary on Irish radio station RTE, broadcast December 10, 2011.
16. Ronald Milliman, "Using Background Music to Affect the Behavior of Supermarket Shoppers," *Journal of Marketing* 46 (1982): 86–91.
17. Ronald Milliman, "The Influence of Background Music on the Behavior of Restaurant Patrons," *Journal of Consumer Research* 133 (1986): 286–289.
18. Clare Caldwell and Sally Hibbert, "The Influence of Music Tempo and Musical Preference on Restaurant Patrons' Behavior," *Psychology and Marketing* 19 (2002): 895–917.
19. T. C. Robally, C. McGreevy, R. R. Rongo, M. L. Schwantes, P. J. Steger, M. A. Wininger, and E. B. Gardner, "The Effect of Music on Eating Behavior," *Bulletin of the Psychonomic Society* 23 (1985): 221–222.
20. North and Hargreaves, "Music, Business, and Health"（原注 12）. 以下も参照：Adrian North and David Hargreaves, "The Effect of Music on Atmosphere and Purchase Intentions in a Cafeteria," *Journal of Applied Social Psychology* 28 (1998): 2254–73.
21. North and Hargreaves, "Music, Business, and Health"（原注 12）, p. 290.

２章　歌詞と音楽の意味

1. V. Stratton and A. H. Zalanowski, "Affective Impact of Music vs. Lyrics," *Empirical Studies of the Arts* 12 (1994): 129–140.
2. Vladimir Konecni, "Elusive Effects of Artists' 'Messages,' " in *Cognitive Processes in the Perception of Art*, ed. W. R. Crosier and A. J. Chapman (Elsevier, 1984), pp. 71–93.
3. J. Leming, "Rock Music and the Socialisation of Moral Values in Early Adolescence," *Youth and Society* 18 (June 1987): 363–383.
4. William Drabkin, notes to mini-score, Beethoven Symphony no. 6, Eulenburg ed., no. 407 (Eulenburg 2011), p. 8.
5. Eric F. Clarke, "Jimi Hendrix's 'Star Spangled Banner,' " chap. 2 of *Ways of*

Listening: An Ecological Approach to the Perception of Musical Meaning (Oxford University Press, 2005).
6. Jostein Gaarder, *Sophie's World: A Novel about the History of Philosophy* (1991; Orion, 2000).〔『ソフィーの世界：哲学者からの不思議な手紙（上下）』池田香代子訳、NHK 出版、2011 年［新装版］〕
7. Adrian North and David Hargreaves, *The Social and Applied Psychology of Music* (Oxford University Press, 2008), p. 79.
8. Philip Ball, *The Music Instinct: How Music Works and Why We Can't Do Without It* (Bodley Head, 2010), p. 241.〔『音楽の科学：音楽の何に魅せられるのか？』夏目大訳、河出書房新社、2011 年〕

3章　音楽と人間の感情

1. N. H. Frijda, "The Laws of Emotion," *American Psychologist* 43, no. 5 (May 1988): 349–358.
2. Patrik Juslin and John Sloboda, "Music and Emotion," chap. 15 of *The Psychology of Music*, 3rd ed., ed. Diana Deutsch (Academic Press, 2013).
3. Robert Plutchik, *Emotions and Life: Perspectives from Psychology, Biology, and Evolution* (American Psychological Association, 2003).
4. Deryck Cooke, *The Language of Music* (Oxford University Press, 1959), p. 115.
5. 原注 4, p. 55.
6. W. F. Thomson and B. Robitaille, "Can Composers Express Emotions through Music?" *Empirical Studies of the Arts* 10 (1992): 79–89.
7. P. N. Juslin, S. Liljestrom, P. Laukka, D. Vastfjall, and L.-O. Lundqvist, "Emotional Reactions to Music in a Nationally Representative Sample of Swedish Adults: Prevalence and Causal Influences," *Musicae Scientiae* 15 (July 2011): 174–207.
8. L.-O. Lundqvist, F. Carlsson, P. Hilmersson, and P. N. Juslin, "Emotional Responses to Music: Experience, Expression and Physiology," *Psychology of Music* 37 (2009): 61–90.
9. Juslin and Sloboda, "Music and Emotion"（原注 2）.
10. Lars Kuchinke, Herman Kappelhoff, and Stefan Koelsch, "Emotion in Narrative Films: A Neuroscientific Perspective," chap. 6 of *The Psychology of Music in Multimedia*, ed. Siu-Lan Tan, Annabel Cohen, Scott Lipscombe, and Roger Kendall (Oxford University Press, 2013).
11. Anne Blood and Robert Zatorre, "Intensely Pleasurable Responses to Music Correlate with Activity in Brain Regions Implicated in Reward and Emotion," *Proceedings of the National Academy of Sciences* 98 (September 2001): 11818–23.

12. Stefan Koelsch, T. Fritz, D. Y. von Cramon, K. Muller, and A. D. Friederici, "Investigating Emotion with Music: An FMRI Study," *Human Brain Mapping* 27 (2006): 239–250.

13. Juslin and Sloboda, "Music and Emotion"（原注 2）.

14. Juslin and Sloboda, "Music and Emotion"（原注 2）.

15. P. N. Juslin, S. Liljestrom, D. Vastfjall, G. Barradas, and A. Silva, "An Experience Sampling Study of Emotional Reactions to Music: Listener, Music and Situation," *Emotion* 8 (2008): 668–683.

16. William Forde Thompson, *Music, Thought, and Feeling: Understanding the Psychology of Music*, 2nd ed. (Oxford University Press, 2015), p. 179.

17. John Sloboda, *Exploring the Musical Mind: Cognition, Emotion, Ability, Function* (Oxford University Press, 2004), pp. 319–331.

18. John Sloboda, "Music in Everyday Life: The Role of Emotions," chap. 18 of *Handbook of Music and Emotion: Theory, Research, Applications*, ed. Patrik Juslin and John Sloboda (Oxford University Press, 2010).

19. E. Bigand, S. Filipic, and P. Lalitte, "The Time Course of Emotional Response to Music," *Annals of the New York Academy of Science* 1060 (2005): 429–437.

20. Sloboda, "Music in Everyday Life: The Role of Emotions"（原注 18）, p. 495.

21. J. H. McDermott and M. D. Hauser, "Nonhuman Primates Prefer Slow Tempos but Dislike Music Overall," *Cognition* 104 (2007): 654–668.

22. Aniruddh Patel and Steven Demorest, "Comparative Music Cognition: Cross-Species and Cross-Cultural Studies," chap. 16 of Deutsch, *The Psychology of Music*（原注 2）.

23. K. E. Gfeller, "Musical Components and Styles Preferred by Young Adults for Aerobic Fitness Activities," *Journal of Music Therapy* 25 (1988): 28–43. 以下も参照：Suzanne B. Hanser: "Music, Health and Well-Being," chap. 30 of Juslin and Sloboda, *Handbook of Music and Emotion*（原注 18）.

24. Sloboda, "Music in Everyday Life"（原注 18）, p. 508. 以下も参照：John Sloboda, A. M. Lamont, and A. E. Greasley, "Choosing to Hear Music: Motivation, Process and Effect," in *The Oxford Handbook of Music Psychology*, ed. Susan Hallam, Ian Cross, and Michael Thaut (Oxford University Press, 2009), pp. 431–440.

25. Elizabeth Margulis, "Attention, Temporality, and Music That Repeats Itself," chap. 3 of *On Repeat: How Music Plays the Mind* (Oxford University Press, 2014).

26. T. Shenfield, S. E. Trehub, and T. Nakota, "Maternal Singing Modulates Infant Arousal," *Psychology of Music* 31 (2003): 365–375.

27. J. M. Standley, "The Effect of Music-Reinforced Non-nutritive Sucking on

Feeding Rate of Premature Infants," *Journal of Paediatric Nursing* 18, no.3 (June 2003): 169–173.

28. Juslin and Sloboda, "Music and Emotion"（原注 2）.
29. John A. Sloboda, *The Musical Mind: The Cognitive Psychology of Music* (Oxford University Press, 1985), p. 213.
30. S. Dalla Bella, I. Peretz, L. Rousseau, and N. Gosselin, "A Developmental Study of the Affective Value of Tempo and Mode in Music," *Cognition* 80 (2001): B1–B10.
31. D. Huron and M. J. Davis, "The Harmonic Minor Scale Provides an Optimum Way of Reducing Average Melodic Interval Size, Consistent with Sad Affect Cues," *Empirical Musicology Review* 7, no. 3–4 (2012): 103–117.
32. Patrik Juslin and Petri Laukka, "Communication of Emotions in Vocal Expression and Music Performance: Different Channels, Same Code?" *Psychological Bulletin* 129, no. 5 (2003): 770–814. 以下も参照：Aniruddh Patel, *Music, Language, and the Brain* (Oxford University Press, 2010). And E. Coutinho and N. Dibben, "Psychoacoustic Cues to Emotion in Speech Prosody and Music," *Cognition and Emotion* (2012), DOI:10.1080/02699931.2012.732559.
33. Dwight Bolinger, *Intonation and Its Parts: Melody in Spoken English* (Stanford University Press, 1986).
34. Thompson, *Music, Thought, and Feeling*（原注 16）, p. 315.
35. David Huron, "The Melodic Arch in Western Folksongs," *Computing in Musicology* 10 (1996): 3–23.
36. Diana Deutsch, "The Processing of Pitch Combinations," chap. 7 of Deutsch, *The Psychology of Music*（原注 2）.
37. Patel, *Music, Language, and the Brain*（原注 32）.
38. G. Ilie and W. F. Thompson, "A Comparison of Acoustic Cues in Music and Speech for Three Dimensions of Affect," *Music Perception* 23 (2006): 310–329.
39. Eric Clarke, Nicola Dibben, and Stephanie Pitts, *Music and Mind in Everyday Life* (Oxford University Press, 2010), pp. 18–19.
40. Deutsch, "The Processing of Pitch Combinations"（原注 36）.
41. Juslin and Sloboda, "Music and Emotion"（原注 2）. 以下も参照：Patrik N. Juslin, Simon Liljestrom, Daniel Vastfjall, and Lars-Olov Lundqvist, "How Does Music Evoke Emotions? Exploring the Underlying Mechanisms,"chap. 22 of Juslin and Sloboda, *Handbook of Music and Emotion*.

4章　繰り返し、驚き、鳥肌

1. Elizabeth Hellmuth Margulis, *On Repeat: How Music Plays the Mind* (Oxford

University Press, 2014), pp. 15–16.

2. Peter Kivy, *The Fine Art of Repetition: Essays in the Philosophy of Music* (Cambridge University Press, 1993), p. 356.
3. Margulis, *On Repeat*（原注 1), p. 15.
4. J. S. Horst, K. L. Parsons, and N. M. Bryan, "Get the Story Straight: Contextual Repetition Promotes Word Learning from Storybooks," *Frontiers in Psychology* 2, no. 17, DOI:10.3389/fpsyg.2011.00017.
5. D. Deutsch, T. Henthorn, and R. Lapidis, "Illusory Transformation from Speech to Song," *Journal of the Acoustical Society of America* 129, no. 4 (April 2011): 2245–52.
6. R. Brochard, D. Abecasis, D. Potter, R. Ragot, and C. Drake, "The 'Ticktock' of Our Internal Clock: Direct Brain Evidence of Subjective Accents in Isochronous Sequences," *Psychological Science* 14, no. 4 (July 2003): 362–366. 以下も参照："Expectation in Time," chap. 10 of *Sweet Anticipation: Music and the Psychology of Expectation* (MIT Press, 2006).
7. Robert B. Zajonc, "Attitudinal Effects of Mere Exposure," *Journal of Personality and Social Psychology*, monograph suppl. 9 no. 2, pt. 2 (June 1968): 1–27.
8. David Huron, "Surprise," chap. 2 of *Sweet Anticipation: Music and the Psychology of Expectation* (MIT Press, 2006).
9. Huron, "Surprise"（原注 8), p. 38.
10. C. He, L. Hotson, and L. J. Trainor, "Development of Infant Mismatch Responses to Auditory Pattern Changes between 2 and 4 Months Old," *European Journal of Neuroscience* 29, no. 4 (February 2009): 861–867. 以下も参照：Laurel J. Trainor and Robert Zatorre, "The Neurobiological Basis of Musical Expectations," chap. 16 of *The Oxford Handbook of Music Psychology*, ed. Susan Hallam, Ian Cross, and Michael Thaut (Oxford University Press, 2009), pp. 431–440.
11. Huron, "Surprise"（原注 8).
12. John Sloboda, "Music Structure and Emotional Response: Some Empirical Findings," *Psychology of Music* 19 (1991): 110–120. 以下も参照：Patrik Juslin and John Sloboda, "Music and Emotion," chap. 15 of *The Psychology of Music*, 3rd ed., ed. Diana Deutsch (Academic Press, 2013).
13. R. R. McCrae, "Aesthetic Chills as a Universal Marker of Openness to Experience," *Motivation and Emotion* 31, no. 1 (2007): 5–11.
14. Sloboda, "Music Structure and Emotional Response"（原注 12).
15. L. R. Bartel, "The Development of the Cognitive-Affective Response Test — Music." *Psychomusicology* 11 (1992): 15–26.

5章　薬としての音楽

1. セロトニンに関しては以下を参照：S. Evers and B. Suhr, “Changes in Neurotransmitter Serotonin but Not of Hormones during Short Time Music Perception,” *European Archives of Psychiatry and Clinical Neuroscience*, no. 250 (2000): 144–147; ドーパミンに関しては以下を参照：V. Menon and D. Levitin, “The Rewards of Music Listening: Response and Physiological Connectivity in the Mesolimbic System,” *Neuroimage* 28 (2005): 175–184.
2. M. H. Thaut and B. L. Wheeler, “Music Therapy,” chap. 29 of *Handbook of Music and Emotion: Theory, Research, Applications*, ed. Patrik Juslin and John Sloboda (Oxford University Press, 2010).
3. S. B. Hanser and L. W. Thompson, “Effects of a Music Therapy Strategy on Depressed Older Adults,” *Journal of Gerontology* (1994): 49 265–269. 以下も参照：S. B. Hanser, “Music, Health and Well-Being,”chap. 30 of *Handbook of Music and Emotion: Theory, Research, Applications*, ed. Patrik Juslin and John Sloboda (Oxford University Press, 2010).
4. Hanser, “Music, Health and Well-Being”（原注 3), p. 868.
5. C. J. Brown, A. Chen, and S. F. Dworkin, “Music in the Control of Human Pain,” *Music Therapy* 8 (1989): 47–60.
6. Adrian North and David Hargreaves, “Music, Business, and Health,” chap. 5 of *The Social and Applied Psychology of Music* (Oxford University Press, 2008), pp. 301–311. 以下も参照：L. A. Mitchell, R. A. R. MacDonald, C. Knussen, and M. A. Serpell, “A Survey Investigation of the Effects of Music Listening on Chronic Pain,” *Psychology of Music* 35 (2007): 39–59. And William Forde Thompson, *Music, Thought, and Feeling: Understanding the Psychology of Music*, 2nd ed. (Oxford University Press, 2015), p. 220.
7. L. A. Mitchell and R. A. R. MacDonald, “An Experimental Investigation of the Effects of Preferred and Relaxing Music on Pain Perception,” *Journal of Music Therapy* 63 (2006): 295–316.
8. Oliver Sacks, “Speech and Song: Aphasia and Music Therapy,” chap. 16 in *Musicophilia: Tales of Music and the Brain* (Knopf, 2007).〔『音楽嗜好症《ミュージコフィリア》：脳神経科医と音楽に憑かれた人々』大田直子訳、ハヤカワ・ノンフィクション文庫、2014 年〕
9. Hanser, “Music, Health and Well-Being”（原注 3), p. 870.
10. Sacks, *Musicophilia*（原注 8), p. 252.〔『音楽嗜好症《ミュージコフィリア》』〕
11. North and Hargreaves, “Music, Business, and Health”（原注 6), p. 308.
12. S. A. Rana, N. Akhtar, and A. C. North, “Relationship between Interest in Music,

Health and Happiness," *Journal of Behavioural Sciences* 21, no. 1 (June 2011): 48.
13. Laszlo Harmat, Johanna Takacs, Robert Bodizs, "Music Improves Sleep Quality in Students," *Journal of Advanced Nursing* 62, no. 3 (2008): 327–335.
14. Hui-Ling Lai and Marion Good, "Music Improves Sleep Quality in Older Adults," *Journal of Advanced Nursing* 49, no. 3 (2005): 234–244.
15. D. Chadwick and K. Wacks, "Music Advance Directives: Music Choices for Later Life," 11th World Congress of Music Therapy, Brisbane, Australia, July 2005, cited in Hanser, "Music, Health and Well-Being"（原注 3）.

６章　音楽で頭がよくなる？

1. F. H. Rauscher, G. L. Shaw, and K. N. Ky, "Music and Spatial Task Performance,"*Nature* 365 (October 1993): 611.
2. Adrian North and David Hargreaves discuss "the Mozart effect" in "Composition and Musicianship," chap. 2 of *The Social and Applied Psychology of Music* (Oxford University Press, 2008), pp. 70–74.
3. J. Pietschnig, M. Voracek, and A. K. Formann, "Mozart Effect–Shmozart Effect: A Meta-Analysis," *Intelligence* 38 (2008): 314–323.
4. K. M. Nantais and E. G. Schellenberg, "The Mozart Effect: An Artifact of Preference," *Psychological Science* 10 (1999): 370–373. 以下も参照：E. Glenn Schellenberg and Michael W. Weiss, "Music and Cognitive Abilities," chap. 12 of *The Psychology of Music*, 3rd ed., ed. Diana Deutsch (Academic Press, 2013).
5. M. Isen, "A Role for Neuropsychology in Understanding the Facilitating Influence of Positive Affect on Social Behavior and Cognitive Processes," in *The Oxford Handbook of Positive Psychology*, 2nd ed., ed. S. J. Lopez and C. R. Snyder (Oxford University Press, 2011), pp. 503–518.
6. F. G. Ashby, A. M. Isen, and A. U. Turken, "A Neuropsychological Theory of Positive Affect and Its Influence on Cognition," *Psychological Review* 106 (1999): 355–386.
7. W. F. Thompson, E. G. Schellenberg, and G. Hussain, "Arousal, Mood, and the Mozart Effect," *Psychological Science* 12 (2001): 248–251.
8. E. G. Schellenberg and S. Hallam, "Music Listening and Cognitive Abilities in 10 and 11 Year Olds: The Blur Effect," *Annals of the New York Academy of Sciences* 1060 (2005): 202–209.
9. William Forde Thompson, *Music, Thought, and Feeling: Understanding the Psychology of Music*, 2nd ed. (Oxford University Press, 2015), p. 302. 以下も参照：Gabriela Ilie and William Forde Thompson, "Experiential and Cognitive Changes

Following Seven Minutes Exposure to Music and Speech," *Music Perception* 28, no. 3 (February 2011): 247–264.
10. D. Miscovic, R. Rosenthal, U. Zingg, D. Metzger, and L. Janke, "Randomized Control Trial Investigating the Effect of Music on the Virtual Reality Laparoscopic Learning Performance of Novice Surgeons," *Surgical Endoscopy* 22 (208): 2416–20.
11. K. Kallinen, "Reading News from a Pocket Computer in a Distracting Environment: Effects of the Tempo of Background Music," *Computers in Human Behavior* 18 (2002): 537–551.
12. Daniel Kahneman, *Thinking Fast and Slow* (Farrar, Straus and Giroux, 2013), p. 55.〔『ファスト＆スロー：あなたの意思はどのように決まるか？（上下）』村井章子訳、ハヤカワ・ノンフィクション文庫、2014 年〕
13. C. F. Lima and S. L. Castro, "Speaking to the Trained Ear: Musical Expertise Enhances the Recognition of Emotions in Speech Prosody," *Emotion* 11 (2011): 1021–31.
14. S. Moreno, E. Bialystok, R. Barac, E. G. Schellenberg, N. J. Cepeda, and T. Chau, "Short-Term Music Training Enhances Verbal Intelligence and Executive Function," *Psychological Science* 22 (2011): 1425–33.
15. L. M. Patston and L. J. Tippett, "The Effect of Background Music on Cognitive Performance in Musicians and Non-musicians," *Music Perception* 29 (2011): 173–183.
16. D. Southgate and V. Roscigno, "The Impact of Music on Childhood and Adolescent Achievement," *Social Science Quarterly* 90 (2009): 13–21.
17. J. Haimson, D. Swain, and E. Winner, "Are Mathematicians More Musical Than the Rest of Us?" *Music Perception* 29 (2011): 203–213.
18. E. G. Schellenberg, "Music Lessons Enhance IQ," *Psychological Science* 15 (2004): 511–514.

７章　映画音楽の力　『サイコ』から『スター・ウォーズ』まで

1. Annabel Cohen, "Music as a Source of Emotion in Film," chap. 31 of *Handbook of Music and Emotion: Theory, Research, Applications*, ed. Patrik Juslin and John Sloboda (Oxford University Press, 2010).〔以下を大幅に改訂したもの。『音楽と感情の心理学』より「第 6 章：映画における感情の源泉としての音楽」大串健吾・星野悦子・山田真司監訳、誠信書房、2008 年〕
2. Kathryn Kalinak, *Film Music: A Very Short Introduction* (Oxford University Press, 2010), p. 44.
3. Cohen, "Music as a Source of Emotion in Film"（原注 1）.

4. W. F. Thompson, F. A. Russo, and D. Sinclair, "Effects of Underscoring on the Perception of Closure in Filmed Events," *Psychomusicology* 13 (1994): 9–27.
5. M. G. Boltz, "Musical Soundtracks as a Schematic Influence on the Cognitive Processing of Filmed Events," *Music Perception* 18, no. 4 (2001): 427–454, 以下内の引用より：David Bashwiner, "Musical Analysis for Multimedia: A Perspective from Music Theory," chap. 5 of *The Psychology of Music in Multimedia*, ed. Siu-Lan Tan, Annabel Cohen, Scott Lipscombe, and Roger Kendall (Oxford University Press, 2013).
6. Cohen, "Music as a Source of Emotion in Film"（原注 1）; A. J. Cohen, K. A. MacMillan, and R. Drew, "The Role of Music, Sound Effects and Speech on Absorption in a Film: The Congruence-Associationist Model of Media Cognition," *Canadian Acoustics* 34 (2006): 40–41.
7. Kalinak, *Film Music*（原注 2）, p. 27.
8. Kalinak, *Film Music*（原注 2）, pp. 14–15.
9. R. Y. Granot and Z. Eitan, "Musical Tension and the Interaction of Dynamic Auditory Parameters," *Music Perception* 28 (2011): 219–245.
10. Zohar Eitan, "How Pitch and Loudness Shape Musical Space and Motion," chap. 8 of Tan, Cohen, Lipscombe, and Kendall, *The Psychology of Music in Multimedia*（原注 5）.
11. William Forde Thompson, *Music, Thought, and Feeling: Understanding the Psychology of Music*, 2nd ed. (Oxford University Press, 2015), p. 162.
12. M. G. Boltz, M. Schulkind, and S. Kantra, "Effects of Background Music on the Remembering of Filmed Events," *Memory and Cognition* 19, no. 6 (1991): 593–606, 以下内の引用より：Berthold Hoeckner and Howard Nusbaum, "Music and Memory in Film and Other Multimedia: The Casablanca Effect," chap. 11 of Tan, Cohen, Lipscombe, and Kendall, *The Psychology of Music in Multimedia*（原注 5）.
13. E. S. Tan, *Emotion and the Structure of Narrative Film: Film as an Emotion Machine* (Routledge, 1995).
14. E. Eldar, O. Ganor, R. Admon, A. Bleich, and T. Hendler, "Feeling the Real World: Limbic Response to Music Depends on Related Content," *Cerebral Cortex* 17 (2007): 2828–40, cited in Annabel Cohen, "Congruence Association Model of Music and Multimedia: Origin and Evolution," chap. 2 of Tan, Cohen, Lipscombe, and Kendall, *The Psychology of Music in Multimedia* .
15. Kalinak, *Film Music*（原注 2）, p. 63.
16. Roger Kendall and Scott Lipscombe, "Experimental Semiotics Applied to Visual, Sound and Musical Structures," chap. 3 of Tan, Cohen, Lipscombe, and Kendall,

The Psychology of Music in Multimedia .
17. “Diegetic Music, Non-diegetic Music and Source Scoring,” www.filmmusicnotes.com, posted April 21, 2013, by Film Score Junkie.
18. Kalinak, *Film Music*（原注 2）, p. 102.
19. Hoeckner and Nusbaum, “Music and Memory in Film and Other Multimedia”（原注 12 を参照）.
20. Kalinak, *Film Music*（原注 2）, p. 105.
21. Sandra K. Marshall and Annabel J. Cohen, “Effects of Musical Soundtracks on Attitudes toward Animated Geometric Figures,” *Music Perception* 6, no. 1 (Fall 1988): 95–112.
22. Cohen, “Congruence Association Model”（原注 14）.
23. Carolyn Bufford, “The Psychology of Film Music,” Psychologyinaction.org, posted November 5, 2012.
24. Kendall and Lipscombe, “Experimental Semiotics Applied to Visual, Sound and Musical Structures”（原注 16）.
25. L. A. Cook and D. L. Valkenburg, “Audio-Visual Organization and the Temporal Ventriloquism Effect between Grouped Sequences: Evidence that Unimodal Grouping Precedes Cross-Modal Integration,” *Perception* 38, no. 8 (2009): 1220–33.
26. G. L. Fain, *Sensory Transduction* (Sinauer Associates, 2003).
27. Scott Lipscombe, “Cross-Modal Alignment of Accent Structures in Multimedia,” chap. 9 of Tan, Cohen, Lipscombe, and Kendall, *The Psychology of Music in Multimedia*（原注 5）, p. 196.
28. Herbert Zettl, *Sight, Sound, Motion: Applied Media Aesthetics*, 7th ed. (Wadsworth Publishing Co., 2013), p. 80.
29. Marilyn Boltz, “Music Videos and Visual Influences on Music Perception and Appreciation: Should You Want Your MTV?” chap. 10 of Tan, Cohen, Lipscombe, and Kendall, *The Psychology of Music in Multimedia*（原注 5）.
30. Lipscombe, “Cross-Modal Alignment of Accent Structures in Multimedia”（原注 27, p. 208）.

８章　あなたには音楽の才能があるか？

1. John A. Sloboda, Jane W. Davidson, Michael J. A. Howe, and Derek G. Moore, “The Role of Practice in the Development of Performing Musicians,” *British Journal of Psychology* 87 (1996): 287–309.
2. K. Anders Ericsson, Ralf Th. Krampe, and Clemens Tesch-Romer, “The Role of Deliberate Practice in the Acquisition of Expert Performance,” *Psychological*

Review 100, no. 3 (1993): 363–406, 以下内の引用より：Geoff Colvin, *Talent Is Overrated* (Nicholas Brealey Publishing, 2008), pp. 57–61.〔『究極の鍛錬：天才はこうしてつくられる』米田隆訳、サンマーク出版、2010年〕
3. Anthony Kemp and Janet Mills, "Musical Potential," in *The Science and Psychology of Musical Performance*, ed. Richard Parncut and Gary E. McPherson (Oxford University Press, 2002), pp. 3–16.
4. Sloboda, Davidson, Howe, and Moore, "The Role of Practice in the Development of Performing Musicians"（原注 1）, p. 301.
5. J. W. Davidson, M. J. A. Howe, D. G. Moore, and J. A. Sloboda, "The Role of Teachers in the Development of Musical Ability," *Journal of Research in Music Education* 46 (1998): 141–160.
6. S. Hallam and V. Prince, "Conceptions of Musical Ability," *Research Studies in Music Education* 20 (2003): 2–22.
7. Isabelle Peretz, "The Biological Foundations of Music: Insights from Congenital Amusia," chap. 13 of *The Psychology of Music*, 3rd ed., ed. Diana Deutsch (Academic Press, 2013).

10章　メロディって何？

1. Paul Roberts, *Images: The Piano Music of Claude Debussy* (Amadeus Press, 1996), p. 121.
2. David Huron, "Statistical Properties of Music," chap. 5 of *Sweet Anticipation: Music and the Psychology of Expectation* (MIT Press, 2006).
3. David Temperley, *Music and Probability* (MIT Press, 2010), p. 58.
4. Huron, "Statistical Properties of Music"（原注 2）, p. 65.
5. Huron, "Statistical Properties of Music"（原注 2）, p. 195.
6. Temperley, *Music and Probability*（原注 3）, p. 147.
7. David Temperley, "Revision, Ambiguity, and Expectation" chap. 8 of *The Cognition of Basic Musical Structures* (MIT Press, 2004).
8. Diana Deutsch, "The Processing of Pitch Combinations," chap. 7 of *The Psychology of Music*, 3rd ed., ed. Diana Deutsch (Academic Press, 2013).
9. C. Liegeois, I. Peretz, M. Babei, V. Laguitton, and P. Chauvel, "Contribution of Different Cortical Areas in the Temporal Lobes to Music Processing," *Brain* 121 (1998): 1853–67.
10. Aniruddh Patel and Steven Demorest, "Comparative Music Cognition: Cross-Species and Cross-Cultural Studies," chap. 16 of Deutsch, *The Psychology of Music*（原注 8）.

11. P. C. M. Wong, A. K. Roy, and E. H. Margulis, "Bimusicalism: The Implicit Dual Enculturation of Cognitive and Affective Systems," *Music Perception* 27 (2009): 291–307.
12. S. M. Demorest, S. J. Morrison, L. A. Stambaugh, M. N. Beken, T. L. Richards, and C. Johnson, "An fMRI Investigation of the Cultural Specificity of Musical Memory," *Social Cognitive and Affective Neuroscience* 5 (2010): 282–291.
13. H. H. Stuckenschmidt, *Schoenberg: His Life, World and Work*, trans. Humphrey Searle (Schirmer Books, 1977), p. 277.〔『シェーンベルク』吉田秀和訳、音楽之友社、1959 年〕
14. Howard Goodall, *The Story of Music* (Chatto and Windus, 2013), p. 219.〔『音楽の進化史』夏目大訳、河出書房新社、2014 年〕
15. G. A. Miller. "The Magical Number Seven, Plus or Minus Two: Some Limits on Our Capacity for Processing Information," *Psychological Review* 63, no. 2 (March 1956): 81–97.
16. Anthony Pople, *Berg: Violin Concerto* (Cambridge University Press, 1991), pp. 39, 40, 65, and passim.
17. Keith Richards and James Fox, *Life* (Weidenfeld and Nicolson, 2011), p. 511.〔『ライフ：キース・リチャーズ自伝』棚橋志行訳、サンクチュアリ出版、2011年〕
18. R. Brauneis, "Copyright and the World's Most Popular Song," GWU Legal Studies Research Paper no. 392, *Journal of the Copyright Society of the USA* 56, no. 355 (2009).
19. 原注 18, p. 11.
20. T. S. Eliot, "Philip Massinger," in *The Sacred Wood: Essays on Poetry and Criticism*, Bartleby.com.

11 章　伴奏からメロディを抜き出す

1. Diana Deutsch, "Grouping Mechanisms in Music," chap. 6 of *The Psychology of Music*, 3rd ed., ed. Diana Deutsch (Academic Press, 2013).〔内容は変更されているものの、この本の初版を翻訳した日本語版『音楽の心理学』（寺西立年・宮崎謙一・大串健吾監訳、西村書店、1987 年）には「第 4 章：音楽における群化のしくみ」がある〕

12 章　聞こえるものすべてを信じるな

1. John Backus, *The Acoustical Foundations of Music*, 2nd ed. (W. W. Norton and Co., 1977), pp. 238–239.
2. J. Chen, M. H. Woollacott, S. Pologe, and G. P. Moore, "Pitch and Space Maps of

Skilled Cellists: Accuracy, Variability, and Error Correction," *Experimental Brain Research* 188, no. 4 (July 2008): 493–503. 以下も参照：J. Chen, M. H. Woollacott, and S. Pologe, "Accuracy and Underlying Mechanisms of Shifting Movements in Cellists," *Experimental Brain Research* 174, no. 3 (2006): 467–476.
3. John A. Sloboda, *The Musical Mind: The Cognitive Psychology of Music* (Oxford University Press, 1985), p. 23.
4. A. M. Liberman, K. S. Harris, J. A. Kinney, and H. Lane, "The Discrimination of the Relative Onset Time of the Components of Certain Speech and Non-speech Patterns," *Journal of Experimental Psychology* 61 (1961): 379–388.
5. S. Locke and L. Kellar, "Categorical Perception in a Non-linguistic Mode," *Cortex* 9, no. 4 (December 1973): 355–369.
6. J. A. Siegel and W. Siegel, "Categorical Perception of Tonal Intervals: Musicians Can't Tell Sharp from Flat," *Perception and Psychophysics* 21, no. 5 (1977): 399–407. 以下も参照：William Forde Thompson, "Intervals and Scales," chap. 4 of *The Psychology of Music*, 3rd ed., ed. Diana Deutsch (Academic Press, 2013).
7. B. C. J. Moore, "Frequency Difference Limens for Short-Duration Tones," *Journal of the Acoustical Society of America* 54 (1973): 610–619.
8. C. Micheyl, K. Delhommeau, X. Perrot, and A. J. Oxenham, "Influence of Musical and Psychoacoustical Training on Pitch Discrimination," *Hearing Research* 219 (2006): 36–47.

13章　不協和音

1. A. J. Blood, R. J. Zatorre, P. Bermudez, and A. C. Evans, "Emotional Responses to Pleasant and Unpleasant Music Correlate with Activity in Paralimbic Brain Regions," *Nature Neuroscience* 2 (1999): 382–387.
2. L. J. Trainor and B. M. Heinmiller,"The Development of Evaluative Responses to Music: Infants Prefer to Listen to Consonance over Dissonance," *Infant Behavior and Development* 21 (1998): 77–88. 以下も参照：William Forde Thompson, "Intervals and Scales," chap. 4 of *The Psychology of Music*, 3rd ed., ed. Diana Deutsch (Academic Press, 2013).
3. C. Chiandetti and G. Vallortigara, "Chicks Like Consonant Music," *Psychological Science* 22 (2011): 1270–73.
4. Isabelle Peretz, "Towards a Neurobiology of Musical Emotions," chap. 5 of *Handbook of Music and Emotion: Theory, Research, Applications*, ed. Patrik Juslin and John Sloboda (Oxford University Press, 2010).〔以下を大幅に改訂したもの。『音楽と感情の心理学』より「第３章：脳に耳を傾けて――音楽的感情につ

いての生物学的展望」大串健吾・星野悦子・山田真司監訳、誠信書房、2008年〕

14章　音楽家はどうやって聴き手の感情ボタンを押す？

1. Andreas C. Lehman, John A. Sloboda, and Robert H. Woody, *Psychology for Musicians* (Oxford University Press, 2007), p. 85.
2. J. A. Sloboda, "Individual Differences in Music Performance," *Trends in Cognitive Sciences* 4, no. 10 (October 2000): 397–403.
3. A. Penel and C. Drake, "Sources of Timing Variations in Music Performance: A Psychological Segmentation Model," *Psychological Research* 61 (1998): 12–32.
4. E. Istok, M. Tervaniemi, A. Friberg, and U. Seifert, "Effects of Timing Cues in Music Performances on Auditory Grouping and Pleasantness Judgments," conference paper, Tenth International Conference on Music Perception and Cognition, Sapporo, Japan, August 25–29, 2008.
5. Lehman, Sloboda, and Woody, *Psychology for Musicians*（原注 1), p. 97.
6. Eric Clarke, Nicola Dibben, and Stephanie Pitts, *Music and Mind in Everyday Life* (Oxford University Press, 2010), p. 40.
7. B. H. Repp, "The Aesthetic Quality of a Quantitatively Average Music Performance: Two Preliminary Experiments," *Music Perception* 14 (1997): 419–444.
8. Richard Ashley, "All His Yesterdays: Expressive Vocal Techniques in Paul McCartney's Recordings," unpublished manuscript, referenced in Lehman, Sloboda, and Woody, *Psychology for Musicians*, p. 90.
9. Howard Goodall, *The Story of Music* (Chatto and Windus, 2013), p. 304.〔『音楽の進化史』夏目大訳、河出書房新社、2014 年〕
10. David Huron, "Creating Tension," chap. 15 of *Sweet Anticipation: Music and the Psychology of Expectation* (MIT Press, 2006), p. 324.
11. Ashley Kahn, *Kind of Blue: The Making of the Miles Davis Masterpiece* (Granta Books, 2001), p. 29.〔『マイルス・デイヴィス「カインド・オブ・ブルー」創作術：モード・ジャズの原点を探る』川嶋文丸訳、DU BOOKS、2014 年〕
12. *Last Word* (obituary program), BBC Radio 4, December 7, 2012.
13. Bruno Nettl, "Music of the Middle East," chap. 3 of Bruno Nettl et al., *Excursions in World Music*, 2nd ed. (Prentice-Hall, 1997), p. 62.
14. Reginald Massey and Jamila Massey, "Ragas," chap. 10 of *The Music of India* (Stanmore Press, 1976), p. 104.
15. Kathryn Kalinak, *Film Music: A Very Short Introduction* (Oxford University

Press, 2010), p. 13.
16. David Huron, “Mental Representation of Expectation (II),” chap. 12 of *Sweet Anticipation*（原注 10）, p. 235.
17. K. L. Scherer and J. S. Oshinsky, “Cue Utilization in Emotion Attribution from Auditory Stimuli,” *Motivation and Emotion* 1, no. 4 (1977): 331–346.
18. Lehmann, Sloboda, and Woody, *Psychology for Musicians*（原注 1）, p. 86.

15章　わたしたちが音楽を愛する理由

1. N. J. Conrad, M. Malina, and S. C. Munzel, “New Flutes Document the Earliest Musical Tradition in South-Western Germany,” *Nature* 460, no. 7256 (2009): 737–740.
2. Jared Diamond, “Farmer Power,” chap. 4 of *Guns, Germs and Steel: A Short History of Everybody for the Last 13,000 Years* (Vintage, 2000), p. 86.〔『銃・病原菌・鉄：一万三〇〇〇年にわたる人類史の謎（上下）』倉骨彰訳、草思社文庫、2012 年〕
3. Peter Gray, “Play as a Foundation for Hunter-Gatherer Social Existence,” *American Journal of Play* (Spring 2009): 476–522.
4. Marjorie Shostak, *Nisa: The Life and Words of a !Kung Woman* (Routledge, 1990), p. 10.〔『ニサ：カラハリの女の物語り』麻生九美訳、リブロポート、1994 年〕
5. Nicolas Gueguen, Sebastien Meineri, and Jacques Fischer-Lokou, “Men’s Music Ability and Attractiveness to Women in a Real-Life Courtship Context,” *Psychology of Music* 42, no. 4 (July 2014): 545–549.
6. Laurel J. Trainor and Erin E. Hannon, “Musical Development,” chap. 11 of *The Psychology of Music*, 3rd ed., ed. Diana Deutsch (Academic Press, 2013).
7. Mary B. Schoen-Nazzaro, “Plato and Aristotle on the Ends of Music,” *Laval Theologique et Philosophique* 34, no. 3 (1978): 261–273.
8. Trainor and Hannan, “Musical Development”（原注 6）, p. 425.
9. T. Nakata and S. Trehub, “Infants’ Responsiveness to Maternal Speech and Singing,” *Infant Behaviour and Development* 27 (2004): 455–464.
10. Tali Shenfield, Sandra Trehub, and Takayuki Nakata, “Maternal Singing Modulates Infant Arousal,” *Psychology of Music* 31, no. 4 (2003): 365–375.
11. Sandra Trehub, Niusha Ghazban, and Marieve Corbell, “Musical Affect Regulation in Infancy,” *Annals of the New York Academy of Sciences* 1337 (2015): 186–192.
12. Sandra Trehub, personal communication, April 22, 2015.
13. Raymond MacDonald, David J. Hargreaves, and Dorothy Miell, “Musical

Identities," chap. 43 of *The Oxford Handbook of Music Psychology*, ed. Susan Hallam, Ian Cross, and Michael Thaut (Oxford University Press, 2009), pp. 431–440.

14. Marc J. M. Delsing, Tom F. M. Ter Bogt, Rutger C. M. E. Engels, and Wim H. J. Meeus, "Adolescents' Music Preferences and Personality Characteristics," *European Journal of Personality* 22 (2008): 109–130.
15. M. B. Holbrook and R. M. Schindler, "Age, Sex and Attitude towards the Past as Predictors of Consumers' Aesthetic Tastes for Cultural Products," *Journal of Marketing Research* 31 (1994): 412–422.
16. Adrian North and David Hargreaves, *The Social and Applied Psychology of Music* (Oxford University Press, 2008), p. 111.
17. R. Zatorre and V. Salimpoor, "From Perception to Pleasure: Music and Its Neural Substrates," *Proceedings of the National Academy of Sciences* 110, suppl. 2, June 18, 2013, 10430–437.

やっかいな詳細

1. P. von Hippel and D. Huron, "Why Do Skips Precede Reversals? The Effect of Tessitura on Melodic Structure," *Music Perception* 18, no. 1 (2000): 59–85.

ドビュッシーはワインを美味《びみ》にするか?
音楽の心理学
2017年11月10日　初版印刷
2017年11月15日　初版発行
＊
著　者　ジョン・パウエル
訳　者　濱《はま》野《の》大《ひろ》道《みち》
発行者　早　川　　浩
＊
印刷所　精文堂印刷株式会社
製本所　大口製本印刷株式会社
＊
発行所　株式会社　早川書房
東京都千代田区神田多町2－2
電話　03-3252-3111（大代表）
振替　00160-3-47799
http://www.hayakawa-online.co.jp
定価はカバーに表示してあります
ISBN978-4-15-209720-0　C0073
Printed and bound in Japan
乱丁・落丁本は小社制作部宛お送り下さい。
送料小社負担にてお取りかえいたします。

響きの科学
——名曲の秘密から絶対音感まで

How Music Works
ジョン・パウエル
小野木明恵訳
ハヤカワ文庫ＮＦ

音楽の喜びがぐんと深まる名ガイド！

音楽はなぜ心を揺さぶるのか？　その科学的な秘密とは？　ミュージシャン科学者が、ピアノやギターのしくみから、絶対音感の正体、ベートーベンとレッド・ツェッペリンの共通点、効果的な楽器習得法まで、クラシックもポップスも俎上にのせて語り尽くす名講義。